# Innerstädtisches Brachflächenrecycling als Ausdruck komplexer gesellschaftlicher und ökonomischer Wandlungsprozesse

# Rhein-Mainische Forschungen

Die Rhein-Mainischen Forschungen werden seit 1925 in Frankfurt publiziert und zählen zu den ältesten regionalgeographischen Reihen Deutschlands. Sie werden herausgegeben vom Direktorium des Instituts für Humangeographie. In der Reihe werden wissenschaftliche Arbeiten und Tagungsberichte mit regionalem Bezug publiziert. Sie bietet damit zahlreiche Einblicke in die sozialen, ökonomischen und natürlichen Strukturen der Rhein-Main-Region. Zur Reihe gehören auch zwei Atlanten: Der „Rhein-Mainische Atlas" (1929) und der „Regionalatlas Rhein-Main" (2000) vermitteln anschaulich, wie sich die Rhein-Main-Region in 75 Jahren verändert hat.

Der Autor und die Herausgeber danken den folgenden Organisationen für die finanzielle Unterstützung der vorliegenden Publikation:

Georg und Franziska Speyersche Hochschulstiftung

Prof. Dr. Julius Wagner und Frau Irmgard Stiftung

 Gesellschaft für regionalwissenschaftliche Forschung Rhein-Main (REGIO - RHEIN - MAIN) e.V., Frankfurt am Main

 GWH Gemeinnützige Wohnungsgesellschaft mbH Hessen

# Rhein-Mainische Forschungen

Herausgegeben vom Institut für Humangeographie
der Johann Wolfgang Goethe-Universität Frankfurt am Main

Band 126

ALEXANDER THEISS

**Innerstädtisches Brachflächenrecycling als Ausdruck komplexer gesellschaftlicher und ökonomischer Wandlungsprozesse**

Dargestellt an Aushandlungsprozessen dreier Frankfurter Revitalisierungsprojekte

D 30 • SELBSTVERLAG • FRANKFURT AM MAIN • 2007

**Bibliographische Informationen der Deutschen Nationalbibliothek**

Die Deutschen Nationalbibliothek verzeichnet diese Publikation in der Deutschen Nationalbibliographie; detaillierte bibliographische Daten sind im Internet über http://ddb.de abrufbar.

(Rhein-Mainische Forschungen, Band 126)

ALLE RECHTE VORBEHALTEN

© Copyright 2007

Selbstverlag „Rhein-Mainische Forschung"
des Instituts für Humangeographie
der Johann Wolfgang Goethe-Universität Frankfurt am Main

ISSN 0080-2662
ISBN 978-3-923184-32-3

Umschlaggestaltung und Layout: ÖMER ALPASLAN

# Inhaltsverzeichnis

1 **Einleitung** ............................................................................................................... **9**
   1.1 Ausgangslage ................................................................................................. 9
   1.2 Fragestellung ................................................................................................ 12
   1.3 Aufbau der Arbeit ........................................................................................ 13

2 **Theoretischer Rahmen, Methode und Verfahren** ............................................ **15**
   2.1 Forschungsstand ........................................................................................... 15
   2.2 Raum als eine knapper und wertvoller werdende Ressource ...................... 16
   2.3 Exkurs Begriffsklärungen ............................................................................ 20
        2.3.1 Flächenrecycling und Brachflächen .................................................. 20
        2.3.2 Public Private Partnership ................................................................. 23
   2.4 Theoretische Grundlagen ............................................................................. 28
        2.4.1 Handeln und Handlungen – WERLENS Sozialgeographie
             alltäglicher Regionalisierungen ......................................................... 30
        2.4.2 Strukturationstheoretische Erweiterung ............................................ 34
        2.4.3 Das Verhältnis von Macht und Handeln ........................................... 38
   2.5 Flächenrecycling und Geographie – Konsequenzen aus den theoretischen
      Gedanken und Forschungsfrage der Arbeit ................................................. 38
   2.6 Forschungsdesign, Methode und angewandte Verfahren ............................ 41

3 **Entstehungsgründe für Recyclingflächen** .......................................................... **50**
   3.1 Gewerbe- und Industriebrachen ................................................................... 50
   3.2 Verkehrsbrachen .......................................................................................... 60
   3.3 Militärbrachen bzw. Konversionsflächen .................................................... 61
   3.4 Dienstleistungsbrachen ................................................................................ 63
        3.4.1 Zusammenfassung ............................................................................. 64

4 **Neuausrichtung der Frankfurter Stadtentwicklungspolitik und
Stadtentwicklungsplanung** ................................................................................... **68**
   4.1 Der Frankfurter Wohnungsmarkt seit Mitte der 1980er Jahre ..................... 69
        4.1.1 Die Ausgangssituation ...................................................................... 69
        4.1.2 Konsequenzen dieser Tendenzen für die Stadt Frankfurt am Main
             und ihren Wohnungsmarkt ................................................................. 75
        4.1.3 Zwischenfazit .................................................................................... 79
        4.1.4 Neue Ziele der Stadtentwicklungspolitik in Frankfurt am Main ...... 80
   4.2 Die Rolle von Recyclingflächen für die Frankfurter Stadtentwicklung der
      1990er Jahre .................................................................................................. 83
   4.3 Der City-Leitplan (1983) und das städtebauliche Gutachten Mainzer
      Landstrasse (1986) von SPEERPLAN ....................................................... 85
   4.4 Das Consilium zur Entwicklung des Stadtraumes Main ............................. 88
   4.5 Zusammenfassung ....................................................................................... 93

| | | |
|---|---|---|
| 5 | **Flächenrecyclingprojekte in Frankfurt am Main** ............................................... | **96** |
| | 5.1 Einleitung und Begründung der Auswahl der Fallbeispiele .................................. | 96 |
| | 5.2 Adlerwerke / Galluspark ..................................................................................... | 98 |
| |     5.2.1 Der Wandel des Geländes der Adlerwerke im Frankfurter Gallusviertel zum Galluspark ................................................................. | 100 |
| |     5.2.2 Nutzungskonzept und Stand des Projektes ........................................... | 109 |
| |     5.2.3 Organisatorischer Rahmen der Revitalisierung – Beteiligte Akteure, Finanzen ............................................................................ | 112 |
| |     5.2.4 Das Projekt Galluspark im Spiegel der Akteure ................................... | 114 |
| | 5.3 Deutschherrnviertel ............................................................................................ | 119 |
| |     5.3.1 Der Wandel des Schlachthofgeländes – Eine wechselvolle Geschichte .......................................................................................... | 121 |
| |     5.3.2 Nutzungskonzept und Stand des Projekts ............................................ | 128 |
| |     5.3.3 Organisatorischer Rahmen der Revitalisierung – Beteiligte Akteure, Finanzen ............................................................................ | 133 |
| |     5.3.4 Das Projekt Deutschherrnviertel im Spiegel der Akteure .................... | 135 |
| | 5.4 Westhafen ........................................................................................................... | 142 |
| |     5.4.1 Der Wandel des Hafengeländes .......................................................... | 145 |
| |     5.4.2 Nutzungskonzept und Stand des Projektes .......................................... | 156 |
| |     5.4.3 Organisatorischer Rahmen der Revitalisierung – Beteiligte Akteure, Finanzen ............................................................................ | 161 |
| |     5.4.4 Das Projekt Westhafen im Spiegel der Akteure .................................. | 164 |
| | 5.5 Kritische Momente .............................................................................................. | 174 |
| |     5.5.1 Kritische Momente des Projektes Galluspark ..................................... | 175 |
| |     5.5.2 Kritische Momente des Projektes Deutschherrnviertel ....................... | 177 |
| |     5.5.3 Kritische Momente des Projektes Westhafen ..................................... | 180 |
| |     5.5.4 Kritische Momente von Großprojekten im Kontext von Flächenrecycling ................................................................................. | 183 |
| 6 | **Konsequenzen für künftige Flächenrecycling-Vorhaben** ................................... | **186** |
| 7 | **Zusammenfassung** ................................................................................................. | **196** |
| 8 | **Summary** ................................................................................................................. | **197** |
| 9 | **Schriftenverzeichnis** ............................................................................................... | **198** |
| | 9.1 Publikationen ...................................................................................................... | 198 |
| | 9.2 Zeitungsartikel .................................................................................................... | 209 |
| | 9.3 Internetquellen und Graue Literatur .................................................................... | 211 |
| 10 | **Gesprächspartner** ................................................................................................... | **213** |

# Abkürzungsverzeichnis

| | |
|---|---|
| AS & P | Albert Speer & Partner (bis 1985 SPEERPLAN), Planungsbüro Frankfurt am Main |
| BauGB | Baugesetzbuch |
| BauROG | Bau- und Raumordnungsgesetz der Bundesrepublik Deutschland |
| BBR | Bundesamt für Bauwesen und Raumordnung |
| BGF | Bruttogeschossfläche |
| BI | Bürgerinitiative |
| BMU | Bundesministerium für Umwelt, Naturschutz und Reaktorsicherheit |
| B-Plan | Bebauungsplan |
| CDU | Christlich Demokratische Union |
| Difu | Deutsches Institut für Urbanistik |
| FAAG | Frankfurt Aufbau AG |
| FAZ | Frankfurter Allgemeine Zeitung |
| FFVB | Frankfurter Fleischmarkt und Verbundbetriebe Beteiligungsgesellschaft |
| FNP | Flächennutzungsplan |
| FrNP | Frankfurter Neue Presse |
| FR | Frankfurter Rundschau |
| GFZ | Geschossflächenzahl |
| GRZ | Grundflächenzahl |
| GWG | Grundstücksgesellschaft Westhafen GmbH |
| IPL | International Properties Limited |
| IV | Individueller Personenverkehr |
| MI | Mischgebiet |
| MK | Kerngebiet |
| MPG | Mainufer Projektentwicklungsgesellschaft mbH |
| OBR | Ortsbeirat |
| ÖPNV | Öffentlicher Personennahverkehr |
| OFP | Offenbach Post |
| PPP | Public Private Partnership |
| ROG | Raumordnungsgesetz |
| SPD | Sozialdemokratische Partei Deutschlands |
| STVV | Stadtverordnetenversammlung |
| SZ | Süddeutsche Zeitung |
| TA | Triumph-Adler AG |
| VW AG | Volkswagen AG |
| WA | Allgemeines Wohngebiet |
| WHI | Westhafeninitiative |
| WOBIG | Wohnraumbeschaffungsinitiative Gutleut |
| WPG | Westhafenprojektentwicklungsgesellschaf |

# 1 Einleitung

## 1.1 Ausgangslage

Sowohl Stadtentwicklungsplanung als auch die von ihr zu erfüllenden Aufgaben unterliegen einem steten Wandel. Die Bedeutung und Rolle, die Stadtentwicklungsplanung zugeschrieben wurde und wird, glich in den vergangenen Jahrzehnten einer „Achterbahnfahrt", die soweit reichte, dass sie bisweilen für tot erklärt wurde, um jedoch sofort wieder geboren zu werden. Diese Kritik setzte an dem jeweiligen Stellenwert in Politik und Gesellschaft, aber auch an den jeweiligen Methoden und Instrumenten an. In jüngerer Zeit wurde deshalb aufgrund der Erfahrungen der letzten Jahrzehnte zugunsten des „perspektivischen Inkrementalismus" (vgl. GANSER 1991: 59) von einer umfassenden Rahmenplanung Abstand genommen.

Aber nicht nur die Rolle der Stadtentwicklungsplanung selbst, sondern auch die ihr zugeschriebenen Aufgaben haben sich verändert. Galt es bis ca. 1960 den Wiederaufbau voranzutreiben und zu bewältigen, so wurde diese Phase in den darauf folgenden 15 Jahren von einer Planung abgelöst, die Wachstum und Verdichtung – unter massivem Einfluss des „wissenschaftlichen Städtebaus" und der „integrierten Entwicklungsplanung" – verfolgte. Neben der Stadtsanierung standen der Neubau von (Groß-)Wohnsiedlungen, Stadtvierteln und ganzen Städten im Mittelpunkt der Arbeit der Stadtplaner. Ein erneuter massiver Einschnitt – in dieser holzschnittartig dargelegten Stadtplanungsgeschichte – ergab sich, seit dem in den 1980er Jahren von der „integrierten Entwicklungsplanung" Abstand genommen wurde. Seither ist die Rede von „perspektivischem Inkrementalismus" oder der „offenen Planung", die auf eine projektorientierte und mittelfristige Planung abzielt. Dabei geht es darum, „Zielkonflikte rechtzeitig zu erkennen, Entwicklungschancen [zu] nutzen und Korrekturprozesse frühzeitig [einzuleiten]" (Magistrat der Stadt Frankfurt am Main – Amt für kommunale Gesamtentwicklung und Stadtplanung 1995: 4). Es sind also „nicht mehr die großen Entwürfe gefragt, sondern ein effizientes Stadtmanagement, das nicht Besserwisserei und Belehrung zum Inhalt hat, sondern in erster Linie Entwicklungschancen aufzeigen und nutzen will" (SZ 23. OKTOBER 1996). Aufgabe der Stadtentwicklungsplanung ist es demnach „projektbezogene Strategien, Maßnahmen und Leitlinien zur Steuerung öffentlicher und privater Investitionen zu definieren" (Magistrat der Stadt Frankfurt am Main – Amt für kommunale Gesamtentwicklung und Stadtplanung 1995: 4).

Dieser Paradigmenwechsel hängt nach Ansicht des Verfassers stark mit den zu bewältigenden Aufgaben zusammen. Die Zeiten der großflächigen Entwicklungen am Stadtrand und auf der „Grünen Wiese" sind größtenteils vorüber; dennoch werden nach wie vor auch neue Stadtteile vor den Toren der Städte errichtet. Dies trifft vor allem für ostdeutsche Städte zu, in denen von großen Bevölkerungsteilen der Neubau stärker nachgefragt wird, als die „Platte" oder der (häufig noch nicht) sanierte Altbau in den Stadtzentren. Aber auch in expandierenden westdeutschen (Groß-)Städten finden in Teilen noch derartige Entwicklungen statt (bspw. der neue Stadtteil Riedberg in Frankfurt am Main).

Insgesamt ist jedoch eine Tendenz hin zur Innenentwicklung der Städte zu beobachten (Stadtumbau, Nachverdichtung, Brachflächenrecycling und Konversion), einerseits vorangetrieben durch neue Leitbilder wie bspw. das der „Nachhaltigen Entwicklung", andererseits auch forciert durch einen ökonomischen Strukturwandel, der massive raumstrukturelle Veränderungen auf den Gemarkungen der Städte nach sich zieht. Stilllegungen von Bahn- und Militärflächen kommen ebenso hinzu, wie neuerdings auch Dienstleistungsbrachen. Flächenrecycling von einst gewerblich genutzten Flächen und Konversion ehemaliger Militärflächen beherrschen die Arbeit der Stadtplaner und stellen zugleich eine große Herausforderung – aber auch Chance für die Zukunft unserer Städte – dar. So stellte das „Frankfurter Consilium zur Entwicklung des Stadtraumes Main" bereits 1992 fest: „In der fachlichen Diskussion um zweckmäßige und sinnvolle Entwicklungen von Städten ist es heute offensichtlich geworden, dass die innere Erneuerung und Entwicklung von Städten wie Frankfurt Vorrang vor der Ausdehnung der städtischen Agglomerationen haben muss. Eine weitere erhebliche Ausdehnung der Siedlungsflächen würde weitere Landschaften beeinträchtigen [...], den Anteil des öffentlichen Verkehrs senken, die räumliche Trennung von Bevölkerungsgruppen fördern, den Unterhalt und den Betrieb der Infrastrukturen erhöhen und die Städte als urbane Orte gefährden" (Magistrat der Stadt Frankfurt am Main – Amt für kommunale Gesamtentwicklung und Stadtplanung 1992a, 100). Diese innere Erneuerung Frankfurts erhält darüber hinaus einen ganz anderen Stellenwert, wenn man sich vor Augen führt, dass Frankfurt an die Grenzen seines Wachstums stößt. Daher bietet sich Frankfurt auch besonders gut für eine Untersuchung an, die sich mit Brachflächenrecycling befasst.

Nach einer Studie des BBR standen 1998 bundesweit rund 40.000 ha an Flächen in Verdichtungsräumen zur Verfügung, die einem Flächenrecycling zugeführt werden könnten (BMU 2004). Lediglich drei Jahre später beziffert die Difu-Studie „Flächenrecycling als kommunale Aufgabe" den Bestand an Brachflächen auf 128.000 ha (vgl. TOMERIUS und PREUß 2001: 90). Dies entspricht in etwa der fünffachen Gemarkungsfläche Frankfurts oder den Gemarkungen von Berlin und Köln zusammen. In diesen Flächenreserven liegt folglich ein enormes Potential. Es stellt jedoch zugleich eine große Herausforderung für die künftige Entwicklung unserer Städte dar. Diese ist dergestalt, dass mit der Entwicklung von Brachflächen zahlreiche Schwierigkeiten verbunden sein können. Dazu zählen u.a. die Verlagerung ehemaliger Nutzer, ein enormes Investitionsvolumen, die Altlastenentsorgung und vor allem zahlreiche Akteure mit unterschiedlichsten Verwertungsideen und -interessen für die betroffenen Gebiete.

Die besondere Bedeutung von Flächenrecycling wird u.a. durch das 1998 novellierte BauGB herausgestellt, in dem die Pflicht zum sparsamen Umgang mit Boden in der Bauleitplanung verstärkt wird (§1 Abs. 7). Ebenfalls gesetzlich verankert ist die Forderung eines sparsamen und schonenden Umgangs mit den Ressourcen „Grund und Boden" in der Bodenschutzklausel im BauGB (§1a Abs.1) (vgl. SÖFKER 2004: 10). Allein dies rechtfertigt die Fokussierung auf Brachflächen, können sie doch einen zentralen Baustein des von der Bundesregierung verfolgten Ziels der Reduzierung des Flächenverbrauchs bilden. Denn durch die Wiedernutzung von Brachen, also die Reintegration in den Grundstückskreislauf, kann verhindert werden, dass neue Flächen zusätzlich versiegelt werden.

*Flächenrecycling in Frankfurt am Main*

Auch in Frankfurt am Main boten sich seit Ende der 1980er Jahre Chancen für die innerstädtische Entwicklung und den Stadtumbau im Kontext von Flächenrecycling. Einige größere Bereiche in zentraler Innenstadtlage standen für eine neue Nutzung kurz- und mittelfristig zur Verfügung: Die Rolle und die Funktion des Mains und einiger seiner angrenzenden Bereiche waren im Wandel begriffen. Für den bis dahin vom Stadtkern abgewandten Arbeitsraum bot sich durch Planungsmaßnahmen und Strukturveränderung die Möglichkeit der Reintegration in das städtische Leben und der Rückgewinnung für die Bevölkerung, ihm dadurch „[...] den Charakter eines zentralen ‚Aufenthaltsraumes' für die Wohnbevölkerung, für Beschäftigte in der Innenstadt und für Erholungssuchende aus dem ganzen Stadtgebiet zu geben. Es handelt sich dabei um eine jener Gelegenheiten zu weitgehender Neugestaltung, die in der Entwicklungsgeschichte einer Stadt selten sind und deshalb entschlossen und zielstrebig wahrgenommen werden müssen, will man sie optimal nutzen" (Magistrat der Stadt Frankfurt am Main – Amt für kommunale Gesamtentwicklung und Stadtplanung 1992a, 11).

Zu den im Wandel begriffenen Gebieten auf Frankfurter Gemarkung zähl(t)en u.a. der Osthafen, das südliche Ostend und der Großmarktbereich, der gesamte innere Mainraum, das Gelände der Adlerwerke (Galluspark), der Westhafen und das Gelände des Alten Schlachthofs (vgl. Abb. 1).

Folgende Merkmale sind dabei allen Gebieten gemein:
1. Sie bringen jeweils anders geartete Ausgangsvoraussetzungen für einen Nutzungswandel mit sich. Dazu zählen unterschiedlichste Sachverhalte, wie bspw. der Grad der Altlastenverseuchung, potentiell zu erhaltende Bauten (Denkmalschutz), die Besitzverhältnisse der betroffenen Grundstücke, die Verwertungsinteressen verschiedener Akteure oder die eventuell mit der Nutzungsänderung verbundene Umsiedlung ehemaliger Nutzer etc. Somit ist auch ein breites Spektrum an unterschiedlichsten Instrumenten, Maßnahmen und Strategien notwendig, um eine effiziente Projektentwicklung (und somit gleichzeitig Stadtentwicklung) voranzutreiben.
2. Jegliche Maßnahme im Kontext von Konversion und Flächenrecycling ist eine Angebotsplanung, so dass hier keine Antwort auf eine unmittelbare und kurzfristige Nachfrage gefordert ist, sondern eine in die Zukunft blickende, vorausschauende Prognose und Planung. Dies stellt in Zeiten eines schwachen Immobilienmarktes eine große Herausforderung für die Kommunen dar, da sie für „ihre" Grundstücke – und sofern vorhanden für „ihre" Ideen – bei potentiellen Investoren Interesse wecken müssen.
3. Umnutzungsmaßnahmen erfordern i.d.R. enorme finanzielle Ressourcen, einerseits aufgrund der Größe der Areale und des zu investierenden Kapitals, andererseits durch mögliche hohe finanzielle Vorleistungen für die Altlastensanierung oder Verlagerung bestehender Betriebe und Pächter.

Diese Rahmenbedingungen machen deutlich, dass Städte und ihre zuständigen Ämter und Dezernate hier vor neuen Herausforderungen stehen, die sie alleine kaum bewältigen können.

Abb. 1: Größere Recyclingflächen in Frankfurt am Main

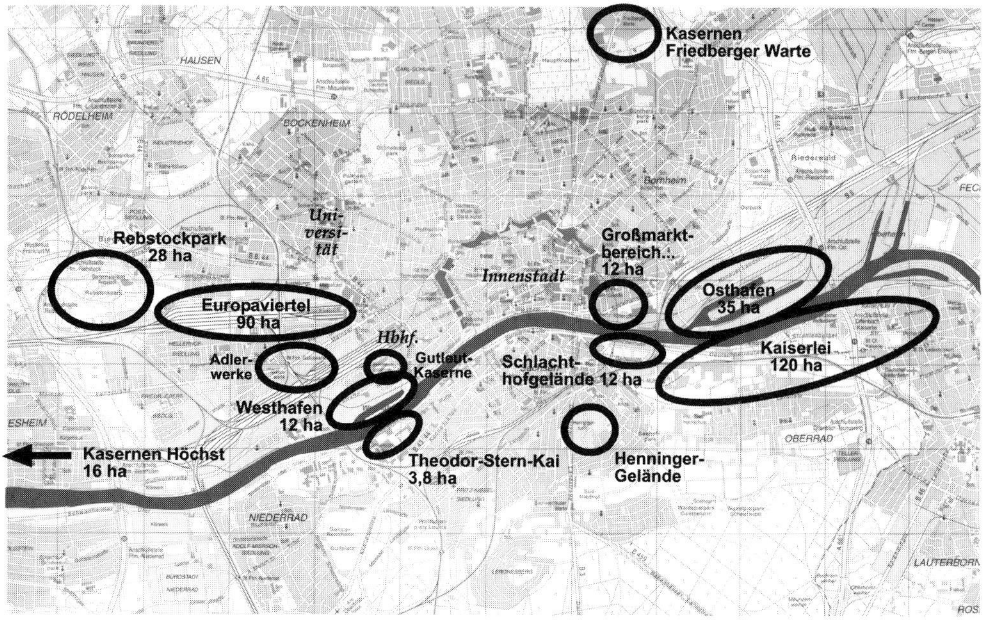

Quelle: Eigene Abbildung. Kartengrundlage: Stadtkarte Frankfurt am Main 1:30.000.

## 1.2 Fragestellung

Wie noch gezeigt wird, sind im Kontext von Flächenrecycling Maßnahmen häufig mit Problemen und Konflikten verbunden (vgl. HÖHMANN 2000: 11-29). Mehrere Akteure verfolgen unterschiedliche Verwertungsinteressen an einem bestimmten Ort. Damit werden die Handlungen der beteiligten Akteure zu räumlichem Handeln und gelangen in den Fokus der geographischen Forschung. Vor diesem Hintergrund stellt sich nun die Frage, wie solche Projekte entwickelt wurden oder in der Zukunft entwickelt werden können, welche Instrumente dabei Anwendung fanden, welche Akteure beteiligt waren, welche Organisationsformen zugrunde lagen und vor allem welche Probleme und Konflikte es zu bewältigen galt. In Verbindung mit den in Kapitel 1.1 skizzierten Entwicklungen lässt sich folgende Hypothese für diese Arbeit ableiten:

**Hypothese**
**Aufgrund neuer gesellschaftlicher und städtebaulicher Leitbilder steigt die Bedeutung innerstädtischer Brachflächen für die künftige Stadtentwicklung kontinuierlich an, da sie einen Beitrag zur Reduzierung des Flächenverbrauchs in den Städten und deren Umland leisten können. Die Entwicklung dieser Brachflächen ist jedoch aufgrund ihres historischen Erbes, der in der Regel beträchtlichen Größe, dem mit Brachflächen verbundenem Problempotential (Altlasten, Nutzer, kollidierende Verwertungsinteressen) und ihrer zentralen Lage potentiell mit Konflikten behaftet, da unterschiedlichste Akteure konkurrierende Ansprüche an die immer knapper werdende Ressource Raum – insbesondere in großstädtischen Gebieten – stellen.**

Zur Überprüfung dieser Hypothese werden untenstehende Leitfragen herangezogen, die sich aus den theoretischen Ausführungen heraus begründen lassen (vgl. hierzu Kap. 2.6).

- Wie entstehen Brachflächen (vgl. Kap.3)?
- Welche allgemeinen gesellschafts- und planungspolitischen Rahmenbedingungen haben Einfluss auf Projekte im Kontext von Flächenrecycling (Kap. 4)?
- Welche Akteure sind an den jeweiligen Projekten beteiligt (Kap. 5.2, 5.3, 5.4)?
- Welche Ausgangsvoraussetzungen bringen einzelne Projekte mit sich (vgl. Kap. 5.2.1, 5.3.1, 5.4.1)?
- Welche Finanzierungsinstrumente, organisatorischen Strukturen und planerischen Instrumente finden Verwendung (Kap. 5.2.3, 5.3.3, 5.4.3)?
- Welchen Stellenwert nehmen die organisatorischen Rahmenbedingungen gegenüber den Projekten/den Projektverlauf ein?
- Treten Probleme oder Konflikte im Projektverlauf auf und falls ja worin sind diese begründet (Kap. 2.6, 5.3.4, 5.4.4)?
- Welche „kritischen Momente" der untersuchten Projekte im Rahmen von Flächenrecycling können identifiziert werden (vgl. Kap. 5.5)
- Welche Handlungsempfehlungen für künftige Vorhaben im Kontext von Flächenreycling sind als Ergebnis der Untersuchung abzuleiten (vgl. Kap. 6).

## 1.3 Aufbau der Arbeit

Die vorliegende Arbeit lässt sich in drei große Blöcke gliedern: den theoretisch-methodischen Rahmen (Kap. 2–4), den empirischen Teil (Kap. 5) und schließlich die Darlegung der Konsequenzen, die aus der vorliegenden Untersuchung abgeleitet werden können (Kap. 6).

Nachdem in Kapitel 2.1 zunächst der Forschungsstand zum Thema der Arbeit dargelegt wird, folgt in Kapitel 2.2 die Darstellung der Relevanz und der Aktualität des Themas für eine angewandt ausgerichtete geographische Forschungsarbeit. Im Anschluss werden im Kapitel 2.3 die wichtigsten grundlegenden Begriffe diskutiert und definiert. Das theoretische Konzept der Arbeit folgt mit Kapitel 2.4 und umfasst die Darstellung der für diese Arbeit bedeutsamen Elemente aus WERLENS handlungstheoretischen Sozialgeographie (vgl. u.a. WERLEN 1987; 1995; 1997), sowie der relevanten Bausteine aus GIDDENS Strukturationstheorie (vgl. GIDDENS 1997). In Kapitel 2.5 werden dann aus dem theoretischen Konzept heraus die Hypothese und die Forschungsfrage der Arbeit abgeleitet und schließlich in Kapitel 2.6 das Forschungsdesign der Arbeit und die der Studie zugrunde liegenden Methoden vorgestellt.

Im Anschluss daran folgt mit den Kapiteln 3 und 4 die Dokumentation und Ableitung der Grundlagen und Rahmenbedingungen für die untersuchten Projekte. Dazu zählt zunächst die Darstellung des Prozesses der Entstehung von Brachflächen (Kap. 3). Darauf folgt die Untersuchung der wohnungs- und planungspolitischen Situation in Frankfurt am Main zu Beginn der 1980er Jahre, wodurch die grundlegenden Probleme, Herausforderungen, planerischen Maßnahmen, Motive und Leitbilder der Stadtplanung und Stadtentwicklung Frankfurts am Main dieser Zeit offen gelegt werden sollen (Kap.4).

Das Kapitel 5 schließlich bildet den empirischen Teil der Arbeit, in dem zunächst die Auswahl der untersuchten Projekte begründet wird (Kap. 5.1). In den Kapiteln 5.2–5.4 werden dann die Projektbiographien der drei untersuchten Projekte Galluspark (Kap. 5.2), Deutschherrnviertel (Kap. 5.3) und Westhafen (Kap. 5.4) aufgearbeitet. Diese drei Kapitel sind in sich jeweils gleich strukturiert und umfassen als erstes Unterkapitel die Rekonstruktion der Geschichte der betroffenen Areale (Kap. 5.X.1), als zweites Unterkapitel die Erläuterung der mit den Projekten verfolgten Nutzungsstruktur sowie den Stand der Entwicklung (Kap. 5.X.2). Das dritte Unterkapitel befasst sich mit den organisatorischen Strukturen, die den Projekten zugrunde liegen (Kap. 5.X.3). Im jeweils letzten Unterkapitel (5.X.4) werden schließlich die aus den mit den Akteuren geführten Interviews resultierenden Ergebnisse wiedergegeben. Abschließend bildet das Kapitel 5.5 die Zusammenfassung der kritischen Momente der betrachteten Projekte als Grundlage für die Ableitung von Handlungsempfehlungen, die in Kapitel 6 formuliert werden.

# 2 Theoretischer Rahmen, Methode und Verfahren

## 2.1 Forschungsstand

Das Thema Flächenrecycling steht allgegenwärtig auf der Tagesordnung. Zahlreiche Forschungsprojekte befassen sich mit den Problemen in diesem Themenfeld. Eine erste Sichtung der aktuellen Literatur verdeutlicht darüber hinaus, dass es sich um ein interdisziplinäres Forschungsfeld mit jeweils anders gelagerten Themenfeldern (technische Seite der Altlastenentsorgung/Umwelt, Stadtentwicklung/kommunales Flächenmanagement, Nachhaltige Entwicklung, Projektmanagement etc.) handelt.

Erste Forschungen zum Thema Flächenrecycling in Deutschland reichen bis in die Mitte der 1970er Jahre zurück (vgl. ILS 1984) – einem Zeitpunkt, als der Begriff „Flächenrecycling" (vgl. 2.3.1) noch nicht geprägt war. 1985 veröffentlichte das BMBAU (1985) eine erste Studie, in der anhand von drei Fallbeispielen Möglichkeiten der Wiedernutzung von Brachflächen und die damit zusammenhängende Altlastenproblematik diskutiert werden. Darüber hinaus befasst sich diese Studie auch mit der Frage nach geeigneten Möglichkeiten zur Erfassung von Brachflächen (ILS 1984: 47) und Ansätzen für Planungsinstrumente (Städtebauförderungsgesetz) für Brachflächenreaktivierungen (vgl. ILS 1984: 247ff).

Beschränkt sich die wissenschaftliche Forschung anfangs auf altindustrielle Regionen, so zeigten HENKEL, NOPPER & KNOPF (1985), dass es sich hier jedoch um eine bundesweite Problematik handelt. Die Verstärkung des Interesses ist sicherlich auch im Kontext der Bodenschutz- und Altlastendiskussion zu sehen, die seit Mitte der 1980er Jahre stetig zunahm (vgl. BMU 2004).

Ende der 1980er Jahre wurden dann zahlreiche Forschungsprojekte und Modellvorhaben des Flächenrecyclings initiiert, wobei sich gleichzeitig der Schwerpunkt der Forschung verlagerte. Die technische Seite der Altlastenproblematik trat zusehends in den Hintergrund der Diskussion, die Kostenseite hingegen wird stets eine große Bedeutung bei der Umnutzung von Brachflächen beibehalten. Dafür wurde das Interesse auf städtebauliche und regionalpolitische Fragen gelenkt. Allen voran kann an dieser Stelle die IBA Emscher Park als eines der ersten größeren Projekte im Kontext von Flächenrecycling in Deutschland angeführt werden (vgl. SIEVERTS 1991; STRUBELT 1999). Diese Verlagerung des Forschungsschwerpunktes wird besonders deutlich durch die Veröffentlichungen des Experimentellen Wohnungs- und Städtebaus (EXWOST), in denen zahlreiche anwendungsbezogene städtebauliche Modellprojekte dargestellt werden (Bundesamt für Bauwesen und Raumordnung 1999a; 1999b; 1998; Bundesforschungsanstalt für Landesplanung und Raumordnung 1992). Eine ebenfalls anwendungsbezogene Arbeit, die der Frage der Revitalisierungsmöglichkeiten extensiv bzw. ungenutzter Flächen im Frankfurter Stadtgebiet nachgeht, wurde 1991 als Dissertation von BERGE im Rahmen der Rhein-Mainischen Forschungen veröffentlicht (vgl. BERGE 1991). Die ebenfalls anwendungsbezogene Arbeit von ODENAHL (1994) befasst sich mit der Frage der Nachfolgenutzung militärischer Liegenschaften.

Im Kontext nachhaltiger Entwicklung ist das Forschungsvorhaben „Revitalisierung von Altstandorten versus Inanspruchnahme von Naturflächen" des Umweltbundesamtes (DOETSCH & RÜPKE 1998) zu sehen.

In einigen jüngeren Veröffentlichungen werden unter anderem folgende Themenfelder, die es weiter zu erforschen gilt, genannt:
- das städtebauliche Instrumentarium,
- Anpassungserfordernisse und -strategien von Planungs- und Nutzungskonzeptionen,
- Kooperations- und Planungskultur und
- Organisatorische Verbesserungen im Projektmanagement, den behördlichen Zuständigkeiten und der Koordination von Genehmigungsverfahren (vgl. BUNZEL 1999; TOMERIUS & PREUß 2001).

In diese Themenfelder kann auch die vorliegende Arbeit eingeordnet werden.

## 2.2 Raum als eine knapper und wertvoller werdende Ressource

Vielfach wurde in der Geographie sowohl aus theoretischer als auch aus empirischer Perspektive darauf hingewiesen, dass Raum, betrachtet als physisch-materieller Raum, eine immer knapper und (deshalb) wertvoller werdende Ressource darstellt (vgl. u.a. HÖHMANN 1999; 2000; OSSENBRÜGGE 1983; 1984; REUBER 1996; 1999; WIEGANDT 1997). Aber auch in anderen Wissenschaften und außerhalb der wissenschaftlichen Diskussion kann vielfach festgestellt werden, dass der nur begrenzt verfügbaren und nicht vermehrbaren Ressource – insbesondere in Verdichtungsräumen – immer stärker in den Focus des Interesses rückt. Besonders eindrücklich ist dies in zahlreichen Gesetzen nachzuvollziehen:

Gesetzlich verankert ist die Forderung eines sparsamen und schonenden Umgangs mit der Ressource Grund und Boden in der Bodenschutzklausel im BauGB (§1a Abs. 2)[1]. Dort heißt es:

> „Mit Grund und Boden soll sparsam und schonend umgegangen werden; dabei sind zur Verringerung der zusätzlichen Inanspruchnahme von Flächen für bauliche Nutzungen die Möglichkeiten der Entwicklung der Gemeinde insbesondere durch Wiedernutzbarmachung von Flächen, Nachverdichtung und andere Maßnahmen zur Innenentwicklung zu nutzen sowie Bodenversiegelungen auf das notwendige Maß zu begrenzen".

Als rahmengebendes Bundesgesetz können auch einige Hinweise im Raumordnungsgesetz (ROG) gefunden werden, die auf den hohen Stellenwert des Gutes Boden hindeuten. Allen voran muss die Leitvorstellung der Nachhaltigen Entwicklung genannt werden: „Leitvorstellung bei der Erfüllung der Aufgabe [der Raumordnung] ist eine nachhaltige Raumentwicklung, die die sozialen und wirtschaftlichen Ansprüche an den Raum mit seinen ökologischen Funktionen in Einklang bringt […]" (§1 Abs. (2) ROG). In den

---

[1] Alle zitierten Gesetze aus dem BauGB und ROG beziehen sich auf die 36. Ausgabe des Deutschen Taschenbuch Verlags mit dem Stand 1. August 2004 (vgl. auch Literaturverzeichnis SÖFKER 2004).

Grundsätzen der Raumordnung sind weitere dahingehende Richtlinien zu finden. So soll nach §2 Abs. (2) Nr. 2 der Wiedernutzung brachgefallener Siedlungsflächen der Vorrang vor der Inanspruchnahme von Freiflächen gegeben werden. Darüber hinaus enthält „§2 Abs. 2 Nr. 8 Satz 5 des Raumordnungsgesetz (ROG) [...] als Grundsatz der Raumordnung die Aussage, dass bei dauerhaft nicht mehr genutzten Flächen der Boden in seiner Leistungsfähigkeit erhalten oder wiederhergestellt werden soll" (KNOCHE 2003: 2). Außerdem sollen die Naturgüter, insbesondere Wasser und Boden, sparsam und schonend in Anspruch genommen werden (§2 Abs. (2) Nr. 8 ROG).

Ferner wird die Bedeutung der Ressource Boden im 'Städtebaulichen Bericht zur nachhaltigen Stadtentwicklung' (BFLR [HRSG.] 1996: 3) deutlich herausgestellt. Denn dort heißt es: „Der Vorrang der Wiedernutzung von Flächen im Bestand vor einer Neuausweisung im Außenbereich ist also die erste wichtige Strategie einer haushälterischen Bodenpolitik" (BFLR [HRSG.] 1996: 72). Ebenso weisen die Ergebnisse der Enquête-Kommission „Schutz des Menschen und der Umwelt – Ziele und Rahmenbedingungen einer nachhaltig zukunftsträchtigen Entwicklung" in diese Richtung (Deutschland und Enquête-Kommission Schutz des Menschen und der Umwelt – Ziele und Rahmenbedingungen einer nachhaltig zukunftsträchtigen Entwicklung 1998).

Mit §164b BauGB wiederum findet sich ein „Gesetz zur besonderen Förderung innerstädtischer Brachen (Städtebauförderung)", das die Bedeutung der Reaktivierung dieser Flächen unter Inanspruchnahme von Mitteln aus der Städtebauförderung betont:

*„(2) Schwerpunkt für den Einsatz solcher Finanzhilfen [Städtebauförderung] sind [...]die Wiedernutzung von Flächen, insbesondere der in Innenstädten brachliegenden Industrie-, Konversions- oder Eisenbahnflächen, zur Errichtung von Wohn- und Arbeitsstätten, Gemeinbedarfs- und Folgeeinrichtungen unter Berücksichtigung ihrer funktional sinnvollen Zuordnung (Nutzungsmischung) sowie von umweltschonenden, kosten- und flächensparenden Bauweisen".*

Letztendlich hat die Bundesregierung Anfang 2002 in der „Nationalen Nachhaltigkeitsstrategie" diese allgemeinen Zielsetzungen auch konkretisiert (vgl. Bundesregierung 2002). So soll der bundesweite Zuwachs an Siedlungs- und Verkehrsflächen bis zum Jahre 2020 nur noch 30 ha$^2$ pro Tag betragen" (WIEGANDT 2003: 125).

Hintergrund und Grundlage für diese eindeutige, in eine Richtung weisende Gesetzgebung muss die – überspitzt formuliert – „Bedrohung" der Ressourcen Grund und Boden bzw. allgemeiner des Raumes sein; zumindest aber scheint ein Mangel zu drohen oder zu existieren, der den Gesetzgeber veranlasst solche Maßnahmen, Gesetze und Leitbilder zu verabschieden. Die Bedrohung bzw. der Mangel gestalten sich derart, dass die Sicherung der natürlichen Ressource Raum für nachfolgende Generationen nicht mehr ohne normative Eingriffe gewährleistet werden kann – und damit dem raumordnerischen Postulat der Nachhaltigkeit zuwiderlaufen würde. Unterschiedlichste Ansprüche verschiedener Nutzer werden an den Raum gestellt. So soll er sowohl Wohnwünsche erfüllen, als auch Platz für Arbeitsstätten bieten. Dies sind zwei konkurrierende Nutzungen, die sich häufig nicht nebeneinander vertragen und im gegenseitigen Wettbewerb zueinander stehen. Wachsende

---

[2] Vgl. hierzu auch WIEGANDT (1997: 621), der das Ende der 1990er Jahre täglich verbrauchte Volumen an Flächen für Wohnungen, Gewerbe- und Verkehrseinrichtungen mit 100-120 ha beziffert.

Ansprüche an das „Wohnen", also bspw. an das Wohnumfeld und die Verfügbarkeit an Wohnfläche, die häufig in dem Wunsch nach dem Eigenheim im Grünen resultieren, dokumentieren einen Trend des ausufernden Flächenfraßes – insbesondere von Großstädten – in ihr Umland. Daher bezeichnet WIEGANDT auch die stetig wachsende Nachfrage nach mehr Wohnfläche pro Kopf als Hauptursache für den steigenden Flächenkonsum (vgl. WIEGANDT 2003: 126). So hat sich die durchschnittliche Pro-Kopf-Wohnfläche in der BRD seit 1950 von 14m² bis 2002 mit 40,2m² nahezu verdreifacht (vgl. Abb. 2). Dieser Flächenkonsum ist häufig mit einer Entmischung der verschiedenen Funktionen Arbeiten, Wohnen, sich Erholen und sich Versorgen verbunden, wodurch zusätzlicher Verkehr induziert wird.

Abb. 2: Entwicklung der Pro-Kopf-Wohnfläche in der BRD seit 1950[3]

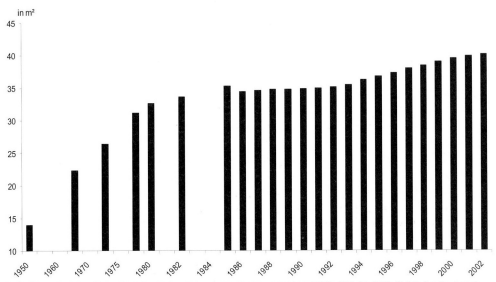

Quelle: Eigene Abbildung. Daten: Stadt Frankfurt am Main – Amt für Statistik und Wahlen (2004b; 1992; 96; 2003), Statistisches Bundesamt (2000) (keine durchgängigen Zeitreihen verfügbar; bis 1985 nur alte Bundesländer).

Steigende Ansprüche an die Qualität des Wohnens lassen sich aber nicht nur am Pro-Kopf-Konsum messen. Auch die durchschnittliche Wohnfläche pro Wohnung ist in den letzten Jahrzehnten deutlich angestiegen (vgl. Abb. 3). Die durchschnittliche Wohnfläche pro Wohnung stieg zwischen 1956 bis 1998 von 60,8m² auf 86,9m² um rund 43%. Besonders eindrücklich ist der Abbildung zu entnehmen, dass insbesondere der Unterschied zwischen den Neuen und den Alten Bundesländern schnell ausgeglichen wurde. Sank die durchschnittliche Fläche pro Wohnung nach der statistischen „Vereinigung" aufgrund durchschnittlich kleinerer Wohnungen im Osten Deutschlands, so wurde diese Differenz bis Ende der 1990er Jahre aufgeholt.

Zusätzlich wurden durch die in den letzten Jahrzehnten kontinuierlich wachsende individuelle Freizeit immer mehr Tätigkeiten „raus" in die „Natur" verlagert. Konsequenz ist der Bau zahlreicher Sport- und Freizeiteinrichtungen zur Naherholung – einschließlich der

---

[3] In sämtlichen Diagrammen werden Datenreihen stets bis zum jüngst verfügbaren Zeitpunkt dargestellt.

dazugehörigen Verkehrswege, die mittlerweile fast 40% der Siedlungs- und Verkehrsfläche ausmachen (vgl. WIEGANDT 2003: 126).

**Abb. 3:   Entwicklung der durchschnittlichen Wohnfläche pro Wohnung**

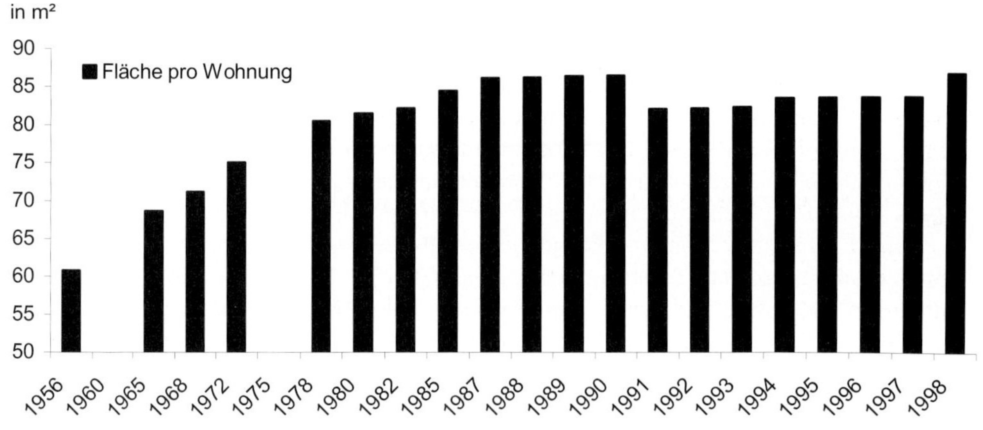

in m²

[Balkendiagramm: Fläche pro Wohnung von 1956 (ca. 61 m²) steigend bis 1998 (ca. 87 m²); Werte u.a. 1960: 69, 1965: 71, 1968: 75, 1972: ~75, 1975: ~78, 1978: 81, 1980: 82, 1982: 82, 1985: 85, 1987: 86, 1988: 86, 1989: 86, 1990: 87, 1991: 83, 1992: 83, 1993: 83, 1994: 84, 1995: 84, 1996: 84, 1997: 84, 1998: 87]

Quelle: Eigene Abbildung. Daten: Statistisches Bundesamt (2000); keine durchgängigen Zeitreihen verfügbar; bis 1990 nur alte Bundesländer, ab 1991 Gesamt-Deutschland.

Ein ähnlicher Trend ist bei Gewerbeflächen nachzuvollziehen. Während in den 1960er Jahren noch 200 Arbeitsplätze auf einem Hektar Gewerbefläche untergebracht wurden, so waren es in den 1990er Jahren lediglich noch 70 Beschäftigte pro Hektar, womit sich die Flächeninanspruchnahme pro Arbeitsplatz nahezu verdreifacht hat (vgl. DOSCH & BECKMANN 1999: 829). Gründe für diese Entwicklung sind bspw. die Umstellung auf ebenerdig organisierte Produktionsstrukturen, aufwendige Betriebsumfeldgestaltungen und wachsende Abstandsflächen (vgl. HÖHMANN 1999: 7).

Aber es sind nicht nur einzelne Bürger oder wirtschaftlich orientierte Nutzungen, die für den voranschreitenden Flächenverbrauch verantwortlich zeichnen, sondern auch die Kommunen, „die in Deutschland in einer Konkurrenzsituation stehen und in ihrem Gemeindegebiet Bauland ausweisen, also ein Angebot für den Wohnungsbau, aber auch für die gewerblichen Nutzungen schaffen" (WIEGANDT 2003: 126). Hier handelt es sich also um handfeste finanzielle Interessen an potentiellen Steuereinnahmen und den Kampf um die Ansiedlung von Gewerbe und zahlungskräftigen Bürgern zur Sicherung und Erhöhung der jeweiligen Kommunalfinanzen. Es ist davon auszugehen, dass sich diese Entwicklung tendenziell weiter verstärken wird, da die Kommunalhaushalte auch künftig aller Wahrscheinlichkeit nach mit immer geringeren Mitteln werden wirtschaften müssen.

Diese nur kurz angerissenen Tendenzen der voranschreitenden Bodenversiegelung stellen eine große Belastung und Bedrohung für die Ressource Raum dar, denn in aller Regel wurden die wachsenden Ansprüche nicht im bestehenden Siedlungsgebiet, sondern vor den Toren der Stadt auf der Grünen Wiese, also im suburbanen Raum, realisiert (vgl. hierzu ausführlich bspw. SIEVERTS 1998). Dieser „ungebremste Verstädterungsprozess wird hier sehr stark durch die Entwicklung gewerblicher Neubauflächen bestimmt. Es entstehen Standortkonzentrationen betrieblicher Einrichtungen, die zunehmend zu Kristallisationspunkten einer flächenbeanspruchenden und verkehrsabhängigen Lebens- und Wirtschaftsweise werden. Dazu gehören etwa Verbraucher- und Fachmärkte des Einzelhandels, Shopping-Center mit regionalem Einzugsgebiet, kommerzielle Freizeitimmobilien mit unterschiedlichen Themen und in digitale Kommunikationsnetze eingebundene Bürozentren" (SCHELTE 1999: 15). Insbesondere kommt es zu einer starken Beeinträchtigung der ökologisch schutzwürdigen natürlichen Funktionen, wie dem Abfluss von Regenwasser, den Grün- und Freiflächen als für das Stadtklima bedeutsamen Bereichen und einer Reduzierung der Erholungsflächen für die Bevölkerung. Demzufolge tut sich hier ein Spannungsfeld auf, denn in aller Regel sind mit knappen Ressourcen häufig auch divergierende Interessen verbunden (hierzu später mehr). Insofern sind in diesem Blickwinkel freiwerdende, ehemals gewerblich/industriell, militärisch oder von Verkehrsanlagen beanspruchte Flächen besonders interessant, denn sie können einen Beitrag zur Reduzierung des Flächenverbrauchs durch gezielte Innenentwicklung als Beitrag zu einer ressourcenschonenden Siedlungspolitik leisten und somit dem Ziel einer zukunftssichernden nachhaltigen Entwicklung, das sich die Bundesregierung zum Ziel gemacht hat, näher zu kommen.

## 2.3 Exkurs Begriffsklärungen

### 2.3.1 Flächenrecycling und Brachflächen

Der oben erwähnte Prozess der Wiedernutzung von Flächen wird im Allgemeinen als Flächenrecycling – bzw. im Sonderfall ehemaliger Militärflächen – als Konversion bezeichnet. Zu unterscheiden sind dabei Flächen, die ehemals gewerblich/industriell genutzt wurden (Gewerbe-/Industriebrachen) von ehemaligen Militärflächen (Konversionsflächen) und einst von Verkehrsanlagen belegten Flächen, wie Flächen der Bahn oder ehemalige Hafenanlagen (Verkehrsbrachen) (zu den Entstehungsgründen vgl. Kap. 3). Als neuere Entwicklung ist zudem das Brachfallen von Bürogebäuden zu betrachten. In diesem Fall spricht man von Dienstleistungsbrachen (bspw. ehemalige Gebäude der Post, vgl. hierzu auch den jahrelangen Leerstand der ehemaligen Frankfurter Hauptpost auf der Zeil) (vgl. WIEGANDT 1997: 622; 2003: 131-133). Der Begriff Recyclingflächen wird in dieser Arbeit synonym als Sammelbegriff der o. g. vier Kategorien angewendet.
Flächenrecycling[4], wird in dieser Arbeit definiert als

> *der Prozess der Um- bzw. Wiedernutzung ehemals von anderen Funktionen und Nutzungen belegten, vorwiegend innerstädtischen, Arealen – wie stillgelegten Industrie- oder Gewerbebetrieben, Militärliegenschaften (darunter Kasernen, aber auch Wirtschaftsgebäuden), Verkehrsflächen u.a. –, der den „komplexen Vorgang der Freisetzung, planerischen Zielfindung, Wiederaufbereitung und Folgenutzung"* (HÖHMANN 1999: 5) *der betroffenen Areale mit dem vorrangigen Ziel der Innenentwicklung der Städte umfasst.*

---
[4] Zur Begriffsvielfalt als weiterführende Literatur vgl. HÖHMANN (1999, 5).

Eine Auswahl an mit Flächenrecycling verbundenen Themenfeldern ist der Abb. 4 zu entnehmen.

Entgegen anders lautenden Definitionen[5] wird das Vorhandensein von Altlasten explizit nicht vorausgesetzt, da dies nach Ansicht des Verfassers eine zu starke Einengung des Begriffs bedeutet. So würde bspw. die neue Kategorie der Dienstleistungsbrache nicht von einer solchen Definition erfasst.

„Bei weitgehender oder vollständiger Änderung der Nutzung im Stadterneuerungsgebiet spricht man auch von Stadtumbau; er ist vor allem in den altindustrialisierten Gebieten infolge des Brachfallens vieler Industrieflächen eine besonders aktuelle und bedeutende Aufgabe. Auch die Konversion ehemals militärisch genutzter Flächen im Stadtgebiet fällt in diese Kategorie" (ALBERS 1995: 905).

Flächenrecycling trat – vor allem im Vergleich zu anderen Ländern[6] – in den letzten Jahrzehnten immer stärker in den Vordergrund der bundesdeutschen städtebaulichen Diskussion und Planung. Dies ist sicherlich auf einen Paradigmenwechsel und damit zusammenhängenden neu aufgetretenen Leitbildern, wie Nachverdichtung, Innenentwicklung oder nicht zuletzt Nachhaltigkeit im Städtebau zurückzuführen (s.o.). Andererseits entsteht durch das Brachfallen innerstädtischer Flächen schlicht ein Handlungsbedarf bei den städtischen Entscheidungsträgern. Diese stehen vor der Aufgabe, eine Angebotsplanung durchzuführen.

Hintergrund ist jedoch ein vorangegangener weit reichender ökonomischer Umstrukturierungsprozess, der durch Aufgabe eines Betriebes bzw. dessen steigenden Raumanspruchs durch neue Produktionsmethoden, die innerstädtisch nicht mehr erfüllbar waren/sind, zum Entstehen von innerstädtischen Brachen führte. In den 1990er Jahren kamen zu den ehemals gewerblich/industriell genutzten Flächen noch Bahn- und Militärflächen und neuerdings auch Büroflächen hinzu (vgl. WIEGANDT 1997: 622).

Diese i.d.R. innerstädtischen Flächen stellen eine große Chance für die (Innen)Entwicklung der Städte dar, können sie doch einen Beitrag dazu leisten, das Flächenwachstum in den suburbanen Raum zu bremsen.

Recyclingflächen sind also sowohl als Missstand als auch als Chance zu begreifen: Als Missstand, „weil städtebaulich wertvolle, im allgemeinen gut erschlossene und oft auch im Flächennutzungsplan dargestellte Flächen nicht genutzt werden, während sich der Siedlungsdruck auf Grün- und Freiflächen richtet" aber auch als „Chance, weil Brach- und Konversionsflächen ein erhebliches Baulandpotential sind, dessen Nutzung viele Vorteile aufweist" (BFLR 1996: 73).

---

[5] vgl. bspw. die aktuelle Definition im Lexikon der Geographie, die Flächenrecycling als die „Wiederaufbereitung von […] Brachflächen [definiert], die durch die vorangegangene Nutzung mit Schadstoffen belastet sind" (N.N. 2002: 383)

[6] vgl. hierzu WIEGANDT 622, der explizit darauf hinweist, dass in Westdeutschland bereits in den 1970er Jahren Brachflächen reaktiviert wurden und diese in Westdeutschland bereits damals einen wesentlich höheren städtebaulichen Stellenwert genossen haben, als dies in den USA oder anderen europäischen Ländern der Fall gewesen sei.

Abb. 4: Themenkomplex „Flächenrecycling"

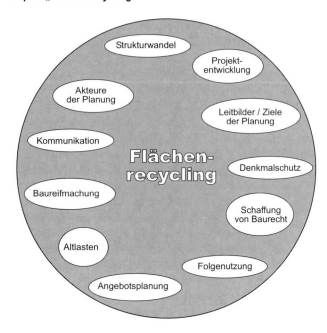

Quelle: Eigene Abbildung.

Die Reaktivierung innerstädtischer Brachen bietet im Vergleich zu Neubaugebieten auf der Grünen Wiese zusätzlich eine Reihe von Vorteilen:
Brachflächen
- haben meist eine zentrale/innenstadtnahe Lage,
- sind aus städtebaulichen und ökonomischen Gründen für eine feinkörnige Nutzungsmischung prädestiniert,
- sind für Investoren aufgrund ihrer Lage interessant,
- bringen den Vorteil der bereits vorhandenen, um das Gebiet gelegenen, Infrastruktur mit,
- können zu einer Aufwertung des (angrenzenden) Stadtgebietes führen (vgl. WIEGANDT 1997: 626),
- ermöglichen die Bereitstellung von innerstädtischem Wohnraum ohne in die ohnehin stark umkämpften wichtigen Grün-, Frei- und Erholungsbereiche einzugreifen und
- erhöhen ggf. die Auslastung der kommunalen Infrastruktur und tragen so zu einem besseren Kosten-Nutzenverhältnis bei.

Mit der Reaktivierung von Brachflächen sind jedoch auch bestimmte Aufgaben verbunden. Dazu zählen u.a. die – in der Regel kostspielige – Altlastensanierung, die städtebauliche Planung, das Erstellen von Infrastrukturen und die Entwicklung von Nutzungskonzepten.

Insbesondere die Frage nach der Verantwortlichkeit und der Konsequenzen der Entsorgung der Altlasten kann zu großen Schwierigkeiten führen und befindet sich im Spannungsfeld zweier Rechtsprinzipien: „Auf der einen Seite der Wunsch des Gesetzgebers, in möglichst großem Umfang ein Flächenrecycling [...] herbeizuführen. Auf der anderen Seite das Postulat der Rechtssprechung, unter Amtshaftungsgesichtspunkten nach Möglichkeit von einer Überplanung belasteter oder ehemals belasteter Flächen Abstand zu nehmen" (KNOCHE 2003: 4). Die technische Seite der Entsorgung von Altlasten, also der Prozess selbst, stellt heutzutage jedoch kein Problem mehr dar.

Weitere Probleme können in den Eigentumsverhältnissen, Nachbarschaftskonflikten, und in der bestehenden alten Bausubstanz auftreten.

Um diesen – an dieser Stelle nur in aller Kürze dargestellten – Herausforderungen zu begegnen und Aufgaben gerecht zu werden, um ein Flächenrecycling zügig voranzutreiben, ist ein kooperatives Vorgehen aller an der Planung Beteiligten von Anfang an anzustreben. Zu diesen Akteuren zählen:
- die planende Kommune
- der/die Grundstückseigentümer
- der/die Investoren bzw. Projektentwickler
- ggf. finanzierende Banken, Immobilienfonds, Versicherungen
- betroffene Behörden; bei vorhandenen Altlasten Bodenschutzbehörde
- sonstige Institutionen (Wirtschaftsförderung, staatl. Aufsichtsbehörden) und
- betroffene und interessierte BürgerInnen bzw. Initiativen.

Sowohl KNOCHE als auch WIEGANDT stellen dabei die Wichtigkeit einer engen Kooperation der Öffentlichen Hand mit privaten Investoren und Projektentwicklern heraus, um den mit Flächenrecycling verbundenen Problemen angemessen begegnen zu können und einen nachhaltigen Stadtumbau voranzutreiben (vgl. KNOCHE 2003; WIEGANDT 1997). Diese Zusammenarbeit kann fruchtbar in Form von Public Private Partnerships erfolgen.

### 2.3.2 Public Private Partnership

Befasst man sich mit der Frage, was eine PPP genau ist, so stößt man schnell an Grenzen und muss feststellen, dass keine präzise allgemeingültige Definition für diesen Begriff existiert. Eine erste Annäherung nach HEINZ lautet:

*„Public Private Partnership (PPP) ist kein spezifisches, gesetzlich definiertes Instrument, kein in bestimmte verbindliche Schritte gegliedertes Verfahren, sondern Sammelbegriff für die unterschiedlichsten Formen eines Zusammenwirkens von Hoheitsträgern mit privaten Wirtschaftssubjekten: formelle wie informelle, vertraglich fixierte oder 'per Handschlag' geregelte. [...PPP ist ein Begriff,] der Kooperationsbereitschaft signalisiert und Fortschrittlichkeit suggeriert, zugleich aber auch den Charme des Unverbindlichen versprüht" (HEINZ 1998: 210).*

Diese Definition macht deutlich, dass eine hohe Variabilität bei der Verwendung des Begriffs PPP besteht und er auf die jeweilige Situation „zurechtgeschnitten" werden kann. Dies kann sowohl als Stärke, als auch als Schwäche des Begriffs angesehen werden.

In einer Studie zur Stadtentwicklung wird der Begriff PPP von HEINZ (1993) – unter Anlehnung an den angloamerikanischen Sprachraum – wie folgt verwendet:

PPPs sind

> *"institutionalisierte Formen der Zusammenarbeit zwischen öffentlichen oder halböffentlichen Körperschaften, Organisationen und Institutionen und den unterschiedlichsten privaten Akteuren zum Zweck der Planung und Durchführung oder auch Koordination komplexer Erneuerungs- und Entwicklungsstrategien oder -vorhaben"* (HEINZ 1993: 487).

Während man – unter Berücksichtigung der Häufigkeit der Verwendung und des Auftretens des Begriffs PPP – annehmen könnte, dass es sich hierbei um eine neuere Form der Kooperation handelt, so stellt man bei genauerer Betrachtung fest, dass PPP ein schon seit langer Zeit genutztes Modell der Zusammenarbeit von privaten und öffentlichen Akteuren darstellt, das jedoch eine Entwicklung hin zu einer „stärkeren Formalisierung und Institutionalisierung der Zusammenarbeit sowie ein verändertes Rollenverständnis der öffentlichen, in der Regel kommunalen Partner – von der bloßen Regulierung zur Initiierung, Moderation und Koordination von Entwicklungsprogrammen sowie tendenzieller Anpassung an Logik und Prinzipien der Privatwirtschaft" (HEINZ 1993: 488) durchgemacht hat.

Nach HEINZ können unter anderem folgende Faktoren als Auslöser für PPPs angesehen werden:
- eine sich verschärfende Wettbewerbssituation,
- knapper werdende kommunale Mittel,
- kommunale Marketingstrategien,
- städtebauliche Großvorhaben und Projektplanungen auf bisher für Produktion, Transport oder Lagerung genutzten innerstädtischen Flächen (Brachflächen),
- Größere Instandhaltungs-, Sanierungs- und Modernisierungsmaßnahmen als Folge wirtschaftlichen Strukturwandels und technologischer Neuerungen,
- veränderte Schwerpunktsetzung in der Wirtschaftspolitik hin zu Deregulierung und Privatisierung und
- ein Umbau- und Transformationsprozess der kommunalen Verwaltung seit Anfang der 1990er Jahre (Verwaltungsumbau, partielle oder vollständige Privatisierungen öffentlicher Einrichtungen).

Als zusammenfassende These formuliert HEINZ:

> *"Public Private Partnerships im Rahmen von Stadterneuerung und Stadtentwicklung sind [...] logische Konsequenz eines umfangreichen, gegenwärtig wirksamen Faktorenbündels: eine Verknüpfung von wirtschaftlichem Strukturwandel, räumlichen Umstrukturierungsnotwendigkeiten, veränderten, jedoch in starkem Maße konjunktur-abhängigen wirtschaftlichen Investitionsinteressen und einem politisch-ideologischen, neoliberalen Richtungswechsel auf gesamtstaatlicher Ebene. Diese Faktoren zwingen die Kommunen, in einem gleichzeitig sich verschärfenden internationalen Wettbewerb zur Bewältigung anstehender Aufgaben neue Wege einzuschlagen"* (HEINZ 1993: 494).

Diese „neuen Wege" bzw. PPPs lassen sich nach LAWLESS in vier Typen von Partnerschaften unterscheiden (vgl. HEINZ 1993: 495):
- Sektoral tätige Partnerschaften (Einfluss auf einen bestimmten Sektor),

- auf bestimmte Gebiete oder Vorhaben begrenzte Partnerschaften (Projekte in den Downtown-Areas bzw. auf Brach- bzw. Konversionsflächen),
- stadtweit agierende Partnerschaften mit dem Ziel der Entwicklungsförderung einer ganzen Stadt und
- auf Ballungsraum- oder regionaler Ebene agierende Partnerschaften mit dem Ziel als Entwicklungskatalysator für den gesamten Ballungsraum zu fungieren.

An dieser Stelle sei angemerkt, dass diese Einteilung insofern inkonsistent ist, da die erste Kategorie thematisch ausgerichtet ist, die drei folgenden jedoch anhand räumlicher Kriterien voneinander zu unterscheiden sind.

Von besonderem Interesse dieser Arbeit sind allerdings die *auf bestimmte Gebiete oder Vorhaben begrenzten Partnerschaften*. Dieser Typus ist zugleich auch die am weitesten verbreitete Form der PPP.

Die Tab. 1 gibt einen Überblick über die möglichen Leistungen der beteiligten Akteure. Hierbei zeigt sich, dass die öffentliche Hand (also der public-part) in erster Linie für die grundlegenden Vorarbeiten, der oder die privaten Akteure hingegen hauptsächlich für die Umsetzung und Finanzierung des jeweiligen Projekts verantwortlich sind. Diese Aufgabenteilung garantiert der öffentlichen Hand eine Einflussnahme (bspw. durch die Erstellung eines Bebauungsplans (i. F. B-Plan)) bei (verhältnismäßig) geringem eigenen wirtschaftlichem Risiko. Den privaten Akteuren hingegen wird eine gewisse Sicherheit geboten (bspw. Bereitstellung der Grundstücke, Baurecht etc.). Allgemein werden Projekten, die durch PPPs durchgeführt werden, Beschleunigungseffekte zugeschrieben.

Die Abb. 5 zeigt unterschiedliche potentielle Interessen der öffentlichen oder privaten Akteure bei PPPs. Es wird deutlich, dass durchaus beide Seiten Vorteile durch die Bildung von PPPs erzielen können. So bezeichnet bspw. KIRSCH (1996: 4ff) PPP als Instrument zur Effizienzsteigerung bei der öffentlichen Leistungserstellung. Es soll aber gleichfalls nicht verschwiegen werden, dass andere wissenschaftliche Publikationen zu dem Schluss kommen, dass es im Rahmen von PPP zu einer Vernachlässigung der Beteiligungsrechte von Bürgern kommen kann (vgl. bspw. SELLE 1996) oder die Gemeinwohlorientierung der öffentlichen Hand zu Gunsten marktwirtschaftlicher Interessen aufgegeben wird (vgl. GANSER 1990; HELMS 1992).

Tab. 1: Mögliche Leistungen der öffentlichen bzw. privaten Partner bei Stadtentwicklungsmaßnahmen

| Öffentliche Partner | Private Partner |
| --- | --- |
| - Bereitstellung öffentlicher Grundstücke oder Regelung der Besitzverhältnisse<br>- Ermöglichung wertsteigernder Maßnahmen<br>- Bereitstellung der Infrastruktur (Erschließung)<br>- Änderung oder Aufhebung bestehender Vorschriften und Beschränkungen bzw. Herstellung von Baurecht (Baureifmachung)<br>- Schaffung finanzieller Anreize für potentielle Investoren (bspw. Fördermittel)<br>- Aufsichts- und Kotrollfunktion (Einhaltung von Maßgaben bei Förderprogrammen etc.) | - Projektfinanzierung<br>- Projektdurchführung<br>- Projektmanagement<br>- Vermarktung (Vermietung bzw. Verkauf) der erstellten Immobilien |

Quelle: Eigene Zusammenstellung.

Abb. 5: Komplementäre Interessen und partielle Interessenüberlappung

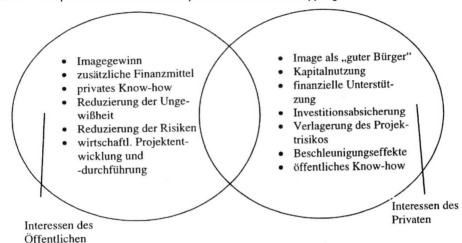

Quelle: ROGGENCAMP (1999: 89).

Bisher wurde eine Einteilung der PPP-Typen nach LAWLESS vorgenommen. Hierbei handelte es sich um eine Einteilung, die sich hauptsächlich am räumlichen Bezug von Projekten orientiert.

Neben dieser Typisierung kann auch eine Unterteilung nach Formen der Kooperation, Rollen und Zuständigkeiten der einzelnen Akteure durchgeführt werden. Dies stellt keine konkurrierende, sondern vielmehr eine ergänzende Typisierung nach anderen Kriterien dar, so dass durchaus beide nebeneinander angewandt werden können, wodurch eine Einordnung der unterschiedlichen Partnerschaften nach verschiedenen Kriterien ermöglicht wird.

HEINZ (1993) unterscheidet drei Typen von Partnerschaftsansätzen:
- informelle Kooperationen lokaler Führungskräfte und „Vorformen" partnerschaftlicher Zusammenarbeit,
- auf den unterschiedlichsten vertraglichen Regelungen basierende Partnerschaftsprojekte und
- Zusammenschlüsse öffentlicher und privater Akteure in gemischtwirtschaftlichen Gesellschaften.

Diese Typen unterscheiden sich in ihrem „Institutionalisierungsgrad" voneinander und können unterschiedlichste Formen annehmen. Auch die Aufgaben und finanziellen Risiken der einzelnen Partner schwanken je nach gewählter Form.

Neben diesen drei Partnerschaftsansätzen existieren noch verschiedene Sonderformen öffentlich-privater Zusammenarbeit, darunter bspw. die vermehrt in Großbritannien auftretenden „Urban Development Corporations", auf kommunaler Ebene eingesetzte Organisationen. Diese stellen jedoch keine öffentlich-privaten Partnerschaften im eigentlichen Sinne mehr dar. „Wenn sie dennoch häufig als Partnerschaften bezeichnet werden, dann vor allem deshalb, weil sie als öffentliche Gesellschaften nach marktwirtschaftlichen Prinzipien operieren [...] und im wesentlichen darauf zielen, private Akteure zu kommunalen Erneuerungs- und Entwicklungsinvestitionen zu stimulieren" (HEINZ 1993: 514).

Im Verlauf der Arbeit wird sich noch zeigen, dass die mit der Realisierung des Projekts Deutschherrnviertel beauftragte Mainufer-Projektentwicklungs-Gesellschaft mbH zu dieser Gruppe gezählt werden kann, während das Projekt Galluspark zur Gruppe 2 (unterschiedliche vertragliche Regelungen) und das Projekt Westhafen zur dritten Gruppe („echte PPP") zählt. Alle drei können zur Gruppe der „auf bestimmte Gebiete oder Vorhaben begrenzte Partnerschaften" gerechnet werden.

**Abb. 6:** Mögliche Kooperationsformen zwischen öffentlicher Hand und Privater Wirtschaft

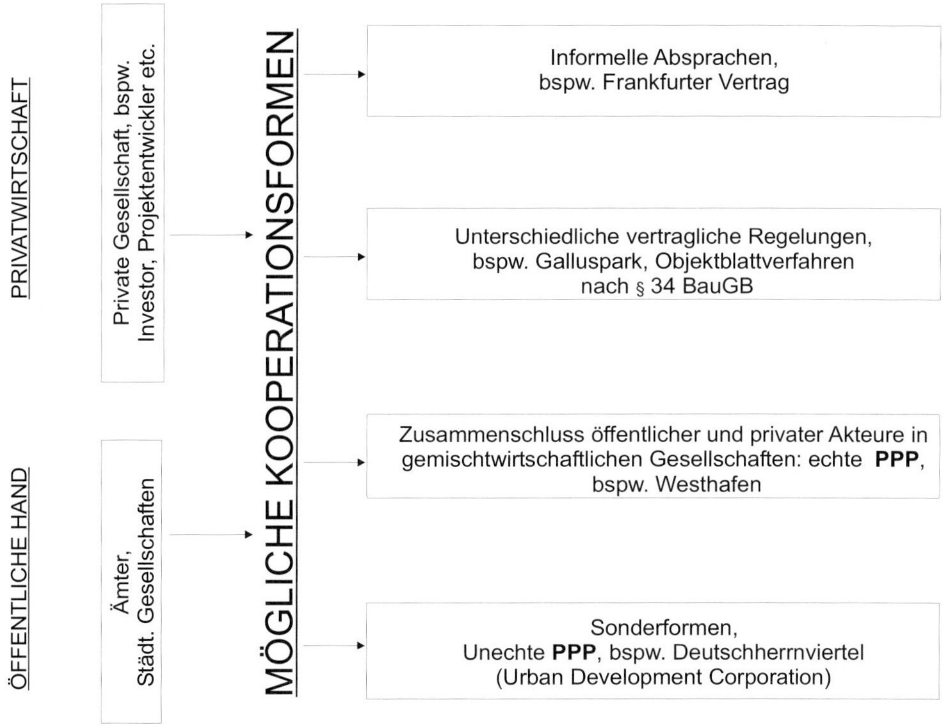

Quelle: Eigene Abbildung.

## Zusammenfassung

Alle hier kurz dargestellten Kooperationsformen zwischen öffentlicher Hand und privaten Akteuren bergen unterschiedliche Risiken, Schwächen und Stärken. Die Wahl einer bestimmten Kooperationsform ist jeweils von den Rahmenbedingungen des angestrebten Projekts abhängig. Dazu zählen bspw. die Besitzverhältnisse des projektierten Geländes, die zur Verfügung stehenden finanziellen Mittel und die angestrebten Ziele, aber auch das politische Umfeld. Abb. 6 gibt einen Überblick über verschiedene Kooperationsformen und zeigt erneut auf, welche Vielfalt existiert.

All diese Faktoren verdeutlichen, weshalb die in diesem Kapitel zitierten Definitionen einen „schwammigen" Beigeschmack hinterlassen und es letztlich nicht ermöglichen, ein eindeutiges Bild von dem, was eine PPP ist, zu erhalten. Wie bereits weiter oben angesprochen, kann diese Tatsache jedoch auch als eine der Stärken von PPPs angesehen werden, wenn sie nicht als starres Gebilde, sondern als dynamisches und anpassungsfähiges Modell begriffen werden.

Am Rande sei angemerkt, dass sich die Schwierigkeit der Definition noch steigert, wenn man den Versuch unternehmen möchte, dieser Frage im internationalen Kontext nachzukommen, da dann zusätzlich unterschiedlichste Verwaltungs- und Politikstrukturen der jeweiligen Länder in die Betrachtung miteinbezogen werden müssen.

Letztlich werden Partnerschaftsansätze den jeweiligen Rahmenbedingungen so angepasst, dass sowohl die öffentliche Hand, als auch der private Part einen Nutzen daraus ziehen (können).

## 2.4 Theoretische Grundlagen

Zu Beginn des Kapitels 2.2 wurde festgestellt, dass die Ressource Raum ein immer knapper werdendes Gut darstellt. Insofern sind Recyclingflächen geradezu prädestiniert dafür, zum strategischen Ziel- und Handlungsobjekt im Rahmen von Stadtentwicklung zu avancieren, da sie nach jahre- oder meist sogar jahrzehnte langer baulicher Persistenz eine Veränderung und somit einen Handlungsspielraum eröffnen, der bis dato nicht gegeben war. Eng damit verbunden ist allerdings auch die Gefahr, dass die Folgenutzung dieser Flächen umstritten ist, da unterschiedlichste gesellschaftliche Akteure sehr verschiedene Ansprüche und Interessen an den Raum stellen. Gleichzeitig sehen sich diese Akteure – wie noch gezeigt wird – aber mit reglementierenden Rahmenbedingungen und unterschiedlichen Machtpotentialen konfrontiert und ausgestattet. Damit ist der theoretische Rahmen dieser Arbeit vorgezeichnet. Im Folgenden wird das dieser Arbeit zugrunde liegende theoretische Grundgerüst vorgestellt. Ausgangspunkt für diese Überlegungen sollen – aufbauend auf weiterzuentwickelnden ursprünglichen Ansätzen der geographischen Konfliktforschung – die eben genannten unterschiedlichen Verwertungsinteressen an den Raum sein.

Bereits 1984 stellte OSSENBRÜGGE fest, dass „sich die gesellschaftlichen Auseinandersetzungen wegen der abnehmenden Verfügbarkeit der Ressource Raum [verdichten]. Gleichzeitig erfolgt eine zunehmende Interessendifferenzierung in der Bevölkerung über Nutzung und Gestaltung einzelner Bauprojekte, Stadtteile oder naturnaher Flächen" (OSSENBRÜGGE 1984: 23) auf der urban-lokalen Ebene. Der Begriff „Auseinandersetzung" kann aber ebenso gut durch den Begriff „Konflikt" ersetzt werden, denn Konflikt ist allgemein zunächst nichts anderes als ein „Kampf zwischen Akteuren oder Gemeinschaften, wie er in bestimmten sozialen Praktiken zum Ausdruck kommt" (GIDDENS 1997: 254). GIESEN definiert Konflikte als strategische Interaktionen und Beziehungen zwischen Akteuren, „bei denen zwei oder mehr Individuen oder Gruppen mit gegensätzlichen Interessen an bestimmten Problemlösungen voneinander unterschieden werden können" (GIESEN 1993: 92).

Damit ist bereits ein Hinweis für die theoretische Ausrichtung dieser Arbeit gegeben, denn Interessen können nur durch Handlungen durchgesetzt werden. Nach WOLF hat die „moderne Humangeographie Handlungen der Menschen auf der Erdoberfläche in ihrer Verbreitung, ihrer Durchführung und in ihren „erdräumlichen" Konsequenzen (materielle Artefakte)" zum Gegenstand (WOLF 1997: 97) (vgl. auch WOLF 1989a, 73). Insofern genügt die GIDDENSCHE Definition einer geographischen Untersuchung, die sich mit materiellen Artefakten als Ergebnis menschlichen Handelns befasst zunächst nicht, sondern sie muss um eine räumliche Komponente erweitert werden. Diese Brücke schlägt REUBER indem er feststellt, dass ein *raumbezogener* Konflikt dann besteht, wenn verschiedene Akteure, „die, von unterschiedlichen Zielen geleitet, verschiedene Verwertungsinteressen an derselben Stelle verfolgen" (REUBER 1999: 7), zusammentreffen. Zum Konflikt kann es aber nur dann kommen, wenn neben verschiedenen Akteuren mit gegensätzlichen – oder zumindest unterschiedlichen – Zielen an dem jeweils betroffenen Ort ein Handlungsspielraum – bspw. durch das Brachfallen eines Gewerbeareals – besteht, wobei der Konflikt sich einerseits an unterschiedlichen Verwertungsinteressen festmachen lässt. Andererseits spielt aber die Persistenz der künftigen Nutzung, als bauliche Manifestation (bzw. Artefakt) betrachtet, eine entscheidende Rolle hierbei, denn die einmal vollzogene bauliche Inwertsetzung von Raum und die damit verbundenen anthropogenen Auswirkungen sind oft nicht (oder zumindest nicht zeitnah bzw. kurzfristig) umkehrbar (vgl. ARLT & PFEIL 1995: 59). Dem Vorschlag SCHMIDS folgend umfasst das Verständnis des Konflikts in dieser Arbeit aber auch die „Vorstufe" der Eskalation, die SCHMID als „latente Konfliktbeziehungen" bezeichnet (vgl. SCHMID 2002: 5), denn somit wird die Möglichkeit eröffnet, auch Konfliktvermeidungsstrategien in den Fokus der Forschung mit einzubeziehen. So soll ermöglicht werden, dass auch die im Vorfeld von Konflikten auftretenden Aushandlungsprozesse erfasst werden können, deren Muster m. E. wesentlich bedeutender sind, als die Untersuchung der Konflikte selbst. Mit diesem Verständnis lässt sich auch der Prozess des Flächenrecyclings einordnen, denn er ist als ein „potentiell konfliktträchtiger, mehrstufiger Entscheidungsprozess [anzusehen], der von verschiedenen, in ihrer Zielsetzung und Entscheidungskompetenz zu unterscheidenden Gruppen von Akteuren getragen wird" (HÖHMANN 1999: 32). „Die gesellschaftliche Bedingtheit der Raumnutzung schließt Nutzungskonflikte ein, deren Ursachen in […] der Konkurrenz oder dem Ausschluss von Nutzungszielen begründet sind" (ARLT & PFEIL 1995: 59). Wie SCHMID bereits eindrücklich dargestellt hat, sollte jedoch trotz des Einbezugs des räumlichen Aspekts „weiterhin der soziale Konflikt im Mittelpunkt stehen. In diesem Sinn spricht OSSENBRÜGGE (1983: 8) zwar von räumlichen Konflikten, verweist aber zugleich auf die analytische Überhöhung des Raumbezugs" (SCHMID 2002: 5-6). „Der Begriff ´räumlicher Konflikt´ dient […] der Veranschaulichung für die analytische Überhöhung der Raum- und Maßstabsbezogenheit, um zu einer umfassenden Erklärung der letztlich immer als soziale Auseinandersetzung zu begreifenden Erscheinungsformen zu gelangen" (OSSENBRÜGGE 1983: 8) (zitiert nach SCHMID 2002: 6).

Ein raumbezogener Konflikt stellt somit eine „Variante menschlicher Interaktion bzw. gesellschaftlichen Handelns" dar (vgl. REUBER 1999: 8). Es ist also nicht der Raumaspekt selbst, sondern vielmehr das menschliche Handeln, das im Mittelpunkt der Forschung steht. Damit wird die Bedeutung des Individuums besonders heraus-, die raumwirksamen Handlungen und vor allem die raumwirksamen Ergebnisse von Handlungen (Artefakte) von Akteuren also ins Zentrum der Forschung gestellt. Im Folgenden wird deshalb der Frage nachgegangen, wie einerseits das Individuum und dessen individuellen Handlungen in eine Theorie eingebettet werden können. Aber allein diese Mikroperspektive wird nicht ausreichend sein, um die im Rahmen von Flächenrecycling ausgetragenen zwischenmenschlichen Interaktionen erklären zu können, denn „Handeln findet immer im sozialen Umfeld statt und kann gerade bei Zielerreichung oder Sicherung der Mittel zur Zielerreichung in einem Ziel- und/oder Mittelkonflikt zu anderen Handelnden und anderen Handlungszielen geraten" (BUTZIN 1982: 108). Es wird also andererseits auch der Frage nachgegangen werden müssen, was oder wer darüber entscheidet, wer sich in einem Konfliktfall wie (mit welchen Mitteln) gegen wen durchsetzen kann bzw. warum sich ein Akteur gegen einen anderen durchsetzt; also wird der handlungstheoretische Ansatz um eine Makroperspektive zu ergänzen sein. Hierfür bietet sich GIDDENS Strukturationstheorie an, auf die weiter unten (vgl. Kap. 2.4.2) deshalb noch einzugehen sein wird.

### 2.4.1 Handeln und Handlungen – WERLENS Sozialgeographie alltäglicher Regionalisierungen

Ausgangspunkt für die weiteren Überlegungen soll zunächst ein Zitat von WERLEN bilden:

> *„Aufgabe der wissenschaftlichen Geographie ist es, [...] das alltägliche „Geographie-Machen" zu untersuchen. Jene Geographien sind also zu erforschen, die täglich von den handelnden Subjekten von unterschiedlichen Machtpositionen aus gemacht und reproduziert werden. Nicht mehr räumliche Klassenbildung beziehungsweise wissenschaftliche Regionalisierung sollen die vorrangigen Hauptanliegen sein, sondern die Rekonstruktion jener Regionalisierungen, die alle Menschen alltäglich mittels ihrer Handlungen vollziehen und leben"* (WERLEN 1995: 6).

In diesem Zitat sind wesentliche Elemente der von WERLEN entwickelten handlungszentrierten Sozialgeographie enthalten. Kernelemente dabei sind: das handelnde Subjekt und dessen alltägliches Geographie-Machen. Als grundlegende These, die auch im obigen Zitat deutlich wird, postuliert WERLEN, dass das handelnde Subjekt in den Fokus sozialgeographischer Forschung treten solle. Als den Basisbereich der Sozialgeographie als „raumorientierte Handlungswissenschaft" schlägt er deshalb die „Analyse menschlicher Handlungen in ihren räumlichen Bezügen" (WERLEN 1998: 96), nicht die Analyse des Raumes selbst vor. Dahinter verbirgt sich das Verständnis, das auch dieser Arbeit zugrunde liegt, dass Raum nicht „an sich" existiert, sondern von Handelnden produziert, sozial konstruiert bzw. durch sog. Alltägliche Regionalisierungen von Einzelakteuren reproduziert wird (vgl. WERLEN 2000: 336-350): „Raum per se hat somit auch keine Wirkkraft auf welche zur Erklärung von Alltagswirklichkeiten zurückgegriffen werden könnte" (WERLEN 2000: 351), sondern ist als handlungsspezifisch konstituiert zu betrachten und nimmt je nach „thematischer Ausrichtung des Handelns eine andere Bedeutung an und wird je in spezifischem Sinne Teil des Handelns" (WERLEN 2000: 351).

Raum wird zum „'Kürzel' für Probleme und Möglichkeiten der Handlungsverwirklichung und der sozialen Kommunikation [...], die sich auf die physisch-materielle Komponente beziehen. Aber statt das 'Kürzel' zu reifizieren, zu verdinglichen, sollten wir uns damit beschäftigen, wofür das Kürzel steht. Konzentrieren sollten wir uns auf die räumliche Bedeutung für das gesellschaftliche Leben." (WERLEN 1995: 243). „Raumprobleme werden damit sehr deutlich zu Handlungsproblemen im Sinne einer Sozialgeographie alltäglicher Regionalisierungen. Das „alltägliche Geographie-Machen" rückt in den Mittelpunkt wissenschaftlicher Forschung – anders formuliert geht es darum zu zeigen, dass alltägliche Geographien der Akteure unsere wahrnehmbare Wirklichkeit in entscheidendem Maße prägen" (WERLEN 1995: 245) bzw. strukturieren. Strukturen stellen dabei das Ergebnis bewusster Handlungen der Subjekte dar (vgl. WERLEN 1995: 77-78).

Folgt man diesen Gedanken, so kann als kurzes Zwischenfazit festgehalten werden:
- Raum wird durch Handeln produziert. Deshalb können Probleme des Raumes auch als Probleme des Handelns aufgefasst werden (vgl. Werlen 2000: 351).
- Raum ist nicht ohne Handlungen vorstellbar, sondern ist immer und ausschließlich als Ergebnis menschlicher Handlungen zu betrachten.
- Aus den ersten beiden Punkten wiederum folgt, dass die Handlungen der Subjekte und deren räumliche Dimension in den Fokus sozialgeographischer Forschung treten müssen, wenn man das alltägliche Geographie-Machen in seiner Gesamtheit erfassen möchte.

Nach WERLEN kann eine Tätigkeit dann als Handeln bezeichnet werden, wenn sie „bewusst und zielorientiert abläuft, bzw. ein bewusst erwogener, nicht determinierter, absichtlich auf ein Ziel hin entworfener Akt" ist (WERLEN 1987: 12). Gegenüber dem in den kognitiven Verhaltenstheorien berücksichtigten Aspekt der Reflexivität, sei in der Handlungstheorie auch die Intentionalität des Handelns als konstitutives Element zu berücksichtigen (vgl. WERLEN 1987: 12).

Handeln stellt demnach ein intentionales Tun dar, durch das in der Welt eine Veränderung bewirkt oder verhindert wird (vgl. WERLEN 1987: 12). Diese Veränderung kann, aber muss nicht unbedingt mit der Intention übereinstimmen, denn „auch die unbeabsichtigten Folgen sind das Resultat des Handelns von Subjekten" (WERLEN 1997: 151). Diese unbeabsichtigten Folgen werden insbesondere auf die begrenzte Wahrnehmungsfähigkeit der Handelnden selbst zurückgeführt. Zwänge können das Erreichen bestimmter Ziele verhindern.

„Handlung" wird in diesem Sinne als vollzogenes Handeln aufgefasst und umfasst neben einer individuellen bzw. subjektiven Komponente, zusätzlich auch eine sozialkulturelle und physisch-materielle (vgl. WERLEN 1995: 64). „Handlungen sind nicht nur Ausdruck körperlicher, physisch-materieller und mentaler Gegebenheiten, sondern auch des sozialkulturellen und somit auch des ökonomischen Kontextes" (WERLEN 1995: 62).

Handlungen werden somit als das „Produkt individueller Präferenzen und gesellschaftlicher Spielregeln begriffen" (REUBER 1999: 11): „denn die Ziele der Handlungen sind immer auch Ausdruck des sozialen Kontextes bzw. der Ergebnisse früherer Handlungen" (vgl. WERLEN 1995: 38). WERLEN formuliert: „Nur Individuen können Akteure sein. Aber es gibt keine Handlungen, die ausschließlich individuell sind. Denn keine Handlung kann auf empirisch angemessene Weise ausschließlich als individuell charakterisiert werden, weil Handlungen immer auch Ausdruck des jeweiligen sozial-kulturellen Kontextes sind" (WERLEN 1995: 65). Ausschließlich Individuen verfügen über die Fähigkeit zu handeln.

Dies kann im Namen eines Kollektives, Staates, einer sozialen Gruppe etc. geschehen, jedoch ist ein Handelnder stets ein Einzelner. Daraus folgt WERLEN, dass soziale und subjektive Aspekte des Handelns als komplementär zu betrachten sind, will man die Handlungen der Akteure verstehen (vgl. WERLEN 1995: 69), denn „das Soziale kann außerhalb von Handlungen der Subjekte einerseits nicht wirksam werden und die sozial-kulturelle Welt kann in handlungstheoretischer Perspektive (...) als nicht anders betrachtet werden, als das Ergebnis von unbeabsichtigten und beabsichtigten Folgen der Handlungen einzelner Akteure" (WERLEN 1995: 65).

Unter Kollektiven wiederum versteht WERLEN „Gesamtheiten, die aus Einzelnen, ihren Absichten, Entscheidungen, Handlungen und den daraus resultierenden Folgen bestehen" (WERLEN 1995: 37). „Handlungen von Kollektiven oder Institutionen werden als die Handlungen der einzelnen Individuen innerhalb der Kollektive oder Institutionen angesehen" (WERLEN 1995: 37). Auf Grundlage der Prämisse, dass nur Individuen handeln können, werden die Handlungen eines Kollektives als Handlungen der Individuen im Namen des Kollektives angesehen" (vgl. WERLEN 1995: 42ff; 1999: 258) (zitiert nach SCHMID 2002: 15). „Gemäß dieser Auffassung des revidierten methodologischen Individualismus ist somit die Existenz von Kollektiven nicht zu leugnen. Hingegen ist damit gemeint, dass die einzig sinnvolle Methodologie der Gesellschaftsforschung darin bestehen kann, die Gesellschaften anhand der Handlungen zu untersuchen. Es sind letztlich immer Akteure im genannten Sinne, die unter bestimmten Umständen […] Ziele formulieren und Entscheidungen treffen […], ihre eigene Geschichte – und man kann hinzufügen: ihre eigenen Geographie – machen" (WERLEN 1995: 37). In einer Replik auf die Kritiken an seiner Handlungstheorie, die sich u.a. auf eine zu starke Subjektzentrierung beziehen, stellt WERLEN darüber hinaus fest, dass der Kern der Position darin besteht, „dass nur den Subjekten Handlungsfähigkeit zukommt, jedoch keine einzige Handlung als alleiniger Ausdruck der Eigenschaften des Subjektes zu verstehen ist. Denn bei allem was ein Subjekt tut, fließen immer auch soziale und materielle Bedingungen und Zwänge in sein Handeln ein" (WERLEN 1999: 258).

An dieser Stelle tut sich ein Spannungsfeld auf, denn nach Ansicht des Verfassers greift WERLENS Verständnis der *handelnden Individuen* zu kurz und kann den Anforderungen an eine Wissenschaft, die sich auch mit sozialen Beziehungen auseinandersetzt, nicht gerecht werden. Deshalb wird WERLENS Verständnis von individuell handelnden Akteuren widersprochen. Erweitert man dieses Verständnis jedoch um die Position MEUSBURGERS, der feststellte, dass Organisationen ebenfalls als zielgerichtete soziale Systeme angesehen werden können, die sich über ihre Ziele definieren und damit das Kriterium der Intentionalität erfüllen, so kann das WERLENSCHE Verständnis vom handelndem Akteur um die Komponenten „Organisation" bzw. „kollektive Akteure" als Handelnde erweitert werden (vgl. MEUSBURGER 1999: 109; STRATMANN 1999: 2). Diese Erweiterung des Verständnisses von Akteuren um die der kollektiven Akteure ist in Hinblick auf die hier vorliegende Untersuchung besonders bedeutsam, denn so können auch die an Planungsprozessen zweifelsohne beteiligten kollektiven Akteure, wie bspw. die „Stadt" (verstanden als alle an der Planung beteiligten Ämter und städtischen (Tochter-) Gesellschaften) oder auch andersartig an den untersuchten Prozessen beteiligten organisierten Akteure, wie bspw. Bürgerinitiativen, aber auch Unternehmen, Zusammenschlüsse bzw. Organisationen, in ein Theoriekonzept eingebettet werden; denn „im Planungsprozess begegnen sich zwar individuelle Akteure, diese stehen aber stellvertretend für ihre Organisation, werden durch sie mit Macht ausgestattet, vertreten primär keine Eigeninteressen, sondern die der Organisation" (DALLGAHS 2001: 30). Nur so ist es bspw. möglich, Ziele (bspw. B-Pläne, Leitbilder, o. ä.), verstanden als Ausdruck des kollektiven – oder zumindest mehrheitlichen – Willens einer Stadt(verwaltung), in eine Untersuchung einzubeziehen. Als Akteure werden in dieser Arbeit deshalb sowohl Einzelpersonen, als auch kollektive Akteure bzw. Organisationen betrachtet, darunter bspw. die „Stadt" (Verwaltung/Politik), Projektentwickler/Investoren, Presse/Medien (einzelne Redakteure, aber auch die Redaktion einer Zeitung als Meinungsvertreter einer bestimmten Position oder politischen Couleur) sowie Bürger und Bürgerinitiativen (vgl. Abb. 7).

**Abb. 7: Potentielle Akteure für eine räumliche Entwicklung**

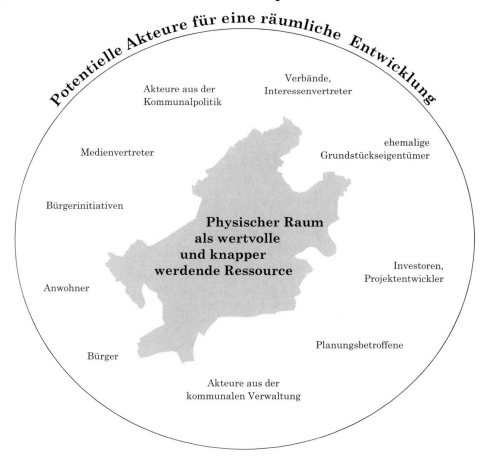

Quelle: Eigene Abbildung.

Die weiter oben dargestellten Überlegungen WERLENS gehen (auch) auf GIDDENS zurück, dessen Theorie der Strukturierung neben „der Integration vom handelnden Individuum und von gesellschaftlichen Zwängen explizit auch räumliche (und zeitliche) Komponenten" (REUBER 1999: 11) beinhaltet.

Damit wird sie für eine raumorientierte Handlungstheorie besonders interessant: „Die Situierung sozialer Interaktion kann man sinnvoll im Verhältnis zu den verschiedenen Orten untersuchen, durch die Alltagsaktivitäten der Individuen koordiniert werden. Orte (locales) sind nicht einfach Plätze (places), sondern *Bezugsrahmen* von und für Interaktionen; [...] die sozialen Akteure [beziehen sich] fortwährend – und weitgehend in stillschweigender Weise – auf diese Bezugsrahmen, um die Sinnhaftigkeit ihrer kommunikativen Handlungen zu konstituieren" (GIDDENS 1997: 39).

Ein besonderes Kennzeichen GIDDENS Theorie der Strukturierung ist die „Dualität von Struktur". Dieses Verständnis soll auch für diese Arbeit in Verbindung mit dem handlungstheoretischen Grundgedanken fruchtbar gemacht werden, da sie Möglichkeiten bietet, unterschiedliche Machtpotentiale in raumbezogene Konfliktsituationen mit einzubeziehen (vgl. Kap. 2.4.3). Außerdem wird durch diese Erweiterung erreicht, dass die auf die handelnden Akteure zweifelsohne Einfluss nehmenden Strukturen (zum Begriff „Struktur" vgl. folgendes Kapitel) mit in ein Theoriekonzept integriert werden können, wodurch gleichzeitig der Brückenschlag zwischen Mikro- und Makroebene erfolgt.

## 2.4.2 Strukturationstheoretische Erweiterung

GIDDENS entwirft mit seiner Theorie der Strukturierung ein Konzept, das Struktur und Handlung systematisch miteinander verschränkt, soziale Systeme als über Raum und Zeit geordnete Handlungszusammenhänge begreift, in denen Struktur rekursiv inbegriffen ist.
„Die Strukturierung sozialer Systeme zu analysieren bedeutet, zu untersuchen, wie diese in Interaktionszusammenhängen produziert und reproduziert werden; solche Systeme gründen in den bewusst vollzogenen Handlungen situierter Akteure, die sich in den verschiedenen Handlungskontexten jeweils auf Regeln und Ressourcen beziehen" (GIDDENS 1997: 77).

GIDDENS geht davon aus, dass alle menschlichen Wesen (kompetente) bewusst handelnde Subjekte sind und sich in hohem Maße – jedoch nicht gänzlich – über die Bedingungen und die Folgen dessen, was sie tun, bewusst sind (vgl. GIDDENS 1997: 335). Damit liegt bei GIDDENS ein ähnliches Verständnis vom Handeln zu Grunde wie bei WERLEN. Dieses menschliche „Handeln nimmt auf spezifische semantische und moralische Regeln, sowie auf autoritative und allokative Ressourcen Bezug" (WERLEN 1995: 81). Regeln und Ressourcen bilden dabei zusammen *Struktur(en)*, „die in die Produktion und Reproduktion sozialer Systeme eingehen" (GIDDENS 1997: 75). Sie stellen sowohl Medium als auch Ergebnis, ermöglichendes Mittel und begrenzenden Zwang des Handelns dar. Darüber hinaus besitzen Strukturen keine Existenz außerhalb des Handelns (vgl. WERLEN 1997: 74f). Daraus resultiert die Annahme, dass Strukturen – als Wissen, wie Dinge getan, gesagt oder geschrieben werden sollen – als Fähigkeiten der Akteure existieren. Jegliches Handeln von Subjekten ist demnach auf Strukturen bezogen. Gleichzeitig produzieren und reproduzieren Subjekte diese Strukturen ständig neu. Dualität von Struktur meint, „dass gesellschaftliche Strukturen sowohl durch das menschliche Handeln konstituiert werden, als auch gleichzeitig das Medium dieser Konstitution sind" (WERLEN 1995: 77). Hier wird der Kerngedanke

GIDDENS Theorie deutlich: Weder Handeln ist der Ausgangspunkt gesellschaftlicher Prozesse, noch Struktur. Beide stehen in einem rekursiven Verhältnis. Handeln produziert Strukturen und ist als strukturiert und strukturierend zu verstehen. Gleichzeitig ist Struktur Handlungsprodukt und Handlungsbedingung. Struktur und Handeln weisen also eine dialektische Beziehung auf (vgl. WERLEN 1995: 78f). Hieraus ergibt sich die Möglichkeit soziale Strukturen von der institutionellen Seite her, aber auch vom Handeln her zu analysieren und zu betrachten (vgl. WERLEN 1995: 78). „Bei der Analyse sollte man sich aber von zwei wesentlichen Fehlinterpretationen lösen: Von der Annahme, dass Individuen in ihrem Handeln völlig frei sind und keinem begrenzenden Zwang der Strukturen unterliegen sowie von der Gefahr einer Überbetonung der strukturellen Aspekte, deren konstitutive Kraft abzulehnen ist (WERLEN 1997: 182)" (SCHMID 2002: 27). GIDDENS Dualität von Struktur und WERLENS methodologischer Dualismus bzw. Subjektivismus sind demnach nahezu äquivalent. „Beide distanzieren sich deutlich vom Subjektzentrismus" (vgl. SCHMID 2002: 15).

**Abb. 8:    GIDDENS´ Konzept der „Struktur" der Gesellschaft**

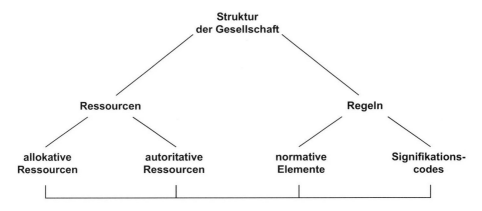

Quelle: REUBER (1999: 21).

Wie bereits angesprochen, versteht GIDDENS (1997) unter Strukturen *Regeln* und *Ressourcen*. „Struktur im Sinne von Regeln kann als generalisierter Leitfaden des Handelns aufgefasst werden, der es ermöglicht, Tätigkeiten routinemäßig zu reproduzieren, zu koordinieren oder zu verändern. Über die Regeln werden hinsichtlich des Handelns konstitutiv Ordnungen hervor gebracht. Regeln sind dabei nicht als Spielregeln zu missverstehen, sondern als Verfahrensweise des Handelns aufzufassen, die eine geordnete und konsistente Form von Gesellschaften hervorbringen. Regeln können somit als akzeptierte Verfahren des Zusammenlebens von Akteuren gewertet werden" (SCHMID 2002: 27-28). Regeln stellen nach GIDDENS „Techniken oder verallgemeinerbare Verfahren dar, die in der Ausführung/Reproduktion sozialer Praktiken angewendet werden" (GIDDENS 1997: 73) und sind inhärente Eigenschaften des Handelns (vgl. WERLEN 1997: 185) „über die eine Ordnung konstitutiv hervorgebracht wird" (WERLEN 1997: 186). GIDDENS unterscheidet zwischen normativen Regeln und Signifikationscodes (vgl. Abb. 8). Normative Regeln beziehen sich bspw. auf Gesetze, Verordnungen, Verfahrensabläufe bei Planungsprozessen und informelle Praktiken, bspw. Kommunikation, Vertrauen (vgl. REUBER 1999: 23-25). Unter Signifikationscodes wiederum sind „die Vielzahl von Zeichen und Symbolen [zu] verstehen, die vom symbolischen Gehalt der Sprache bis zur Architektur ebenfalls an der gesellschaftlichen Reproduktion mitwirken" (REUBER 1999: 23). Dabei sieht er in der Fähigkeit des Akteurs zum flexiblen Interpretationsgeschick den entscheidenden Faktor seiner Durchsetzungsfähigkeit (gegenüber anderen Interessen/Akteuren), „da Regeln ja, wie GIDDENS ausdrücklich betont, keine festen Verfahrenvorschriften darstellen, sondern Spielräume offen lassen" (REUBER 1999: 26). Regeln sind weiterhin zu großem Teil Bestandteil des praktischen Bewusstseins, was dazu führt, dass Situationen „nach bestimmten Regeln gedeutet, und die Beachtung bestimmter Normen [Sorge dafür trägt], dass bestimmte Interpretations spielräume nicht überschritten werden" (WERLEN 1995: 81).

**Abb. 9:** Potentielle Einflussfaktoren auf und Rahmenbedingungen für die räumliche Entwicklung im Kontext von Flächenrecycling

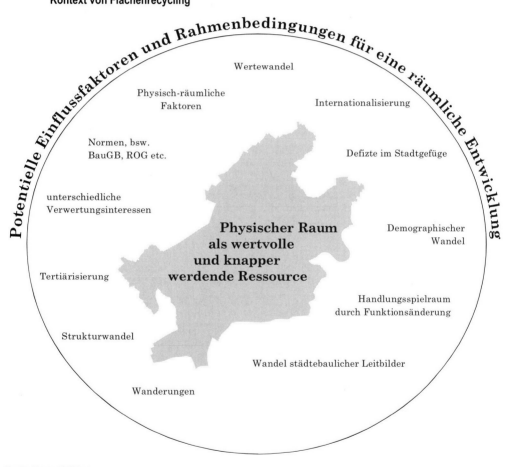

Quelle: Eigene Abbildung.

Den Regeln stehen Ressourcen gegenüber, die in autoritative (bspw. Informationszugang, (politische) Macht, Kompetenz, persönliche Kontakte, Kenntnis der Spielregeln) und allokative (bspw. Rohstoffe, Land, Kapital) unterschieden werden. Autoritative Ressourcen entspringen dabei der Koordination des Handelns des Menschen, allokative hingegen entstammen der Kontrolle über materielle Ressourcen oder ganz bestimmter Aspekte der materiellen Welt (vgl. GIDDENS 1997: 45). Sie werden somit als Vermögens- und Verfügungsbereiche angesprochen, „also die Spannweite dessen, was ein Subjekt zu tun vermag" (WERLEN 1995: 81). Beide Typen von Ressourcen gemeinsam bilden Medien der Macht. REUBER bezeichnet sie als „Ausstattung, auf die ein Akteur in der Auseinandersetzung als Mittel zur Machtausübung zurückgreifen kann" (REUBER 1999: 26), um seine Interessen durchzusetzen bzw. andere zu blockieren (vgl. Abb. 9).

Übertragen auf eine Forschung, die sich mit Planungsfragen befasst und Geographie als raumorientierte Handlungswissenschaft begreift, können als grenzensetzende Rahmenbedingungen politische Regeln des Nutzungskonflikts und darüber hinaus allgemeine Normen und soziale Institutionen der Gesellschaft angesehen werden (vgl. REUBER 1999: 36), denn „soziale Normen, Wertvorstellungen, Gesetze sowie die entsprechenden politischen, administrativen, exekutiven und legislativen Institutionen bilden auch im Raumnutzungskonflikt einen strukturellen Handlungsrahmen, der es dem einzelnen Akteur erschwert, die Regeln, die die anderen einhalten, dann doch zu seinem Vorteil zu brechen" (REUBER 1999: 37) (vgl. Abb. 10).

**Abb. 10:** Konflikthandeln im Spannungsfeld von Individuum, Gesellschaft und Raum

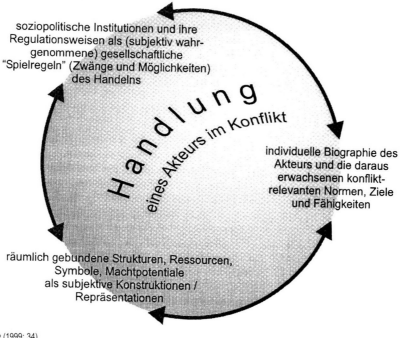

Quelle: REUBER (1999: 34).

### 2.4.3 Das Verhältnis von Macht und Handeln

Folgt man obigen Ausführungen, so ist jeder auf Strukturen bezogenen Handlung Macht immanent. Im Kontext eines raumbezogenen Konflikts sieht REUBER „jedwede Handlung (…) als Strategie zur Erhaltung oder Ausübung seiner Macht" (REUBER 1999: 27). Dies ist in Hinblick auf raumbezogene Fragestellungen ein besonders interessantes Konzept, „denn es impliziert die Frage, wessen Bewertungen bei raumbezogenen Planungen schlussendlich ausschlaggebend sind" (JEKEL 2001: 3).

Dem Akteur stehen dabei unterschiedlichste Handlungsmöglichkeiten zur Verfügung: Ausgleich, Balance, Verhandlung, Koordination, Drohung, Zwang oder Konfrontation sind nur einige davon.

Macht ist also das Mittel, Dinge zu verwirklichen, aber auch zu verhindern (vgl. GIDDENS 1997: 229). Macht selbst stellt keine Ressource dar, vielmehr sind „Ressourcen (…) Medien, durch die Macht als Routineelement der Realisierung von Verhalten in der gesellschaftlichen Reproduktion ausgeübt wird" (GIDDENS 1997: 67). Zwang und Ermöglichung sind beides Bestandteile von Macht (vgl. GIDDENS 1997: 229). „Macht basiert (…) auf der Möglichkeit eines Akteurs, die gesellschaftlichen Regeln und/oder seine autoritativen und allokativen Ressourcen für die Durchsetzung seiner Ziele einzusetzen, denn Regeln und Ressourcen drücken „Formen der Herrschaft und der Macht aus" (GIDDENS 1988: 70)" (REUBER 1999: 25).

## 2.5 Flächenrecycling und Geographie – Konsequenzen aus den theoretischen Gedanken und Forschungsfrage der Arbeit

„Aufgabe der stadtforschungsbezogenen, handlungsorientierten Sozialgeographie ist [es…], die auf den Raum wirkenden und im Raum wirkenden Handlungen nach ihrer Entstehung und nach ihren Zielen anhand gesellschaftsbezogener Theorien zu untersuchen […]" (WOLF 1994: 276). Dass es sich bei Projekten im Kontext von Flächenrecycling um raumwirksame Handlungsfelder der Stadtpolitik handelt, wurde in Kap. 2.3.1 bereits dargelegt. „Für die anwendungsorientierte geographische Stadtforschung ist es […] wichtig, aus dem Alltagsleben ermittelte Befunde für die Anwendung raumverträglicher Entwicklung zu systematisieren und normativ anwendbar zu machen […], denn die anwendungsorientierte geographische Stadtforschung legitimiert sich eher durch ihren Beitrag zur Lösung von Problemen für eine lebenswerte Raumgestaltung als durch die alleinige subtile Durchdringung elaborierter theoretischer Konstrukte – Theorie ja, aber als Beitrag zur Lösung von Problemen!" (WOLF 1999: 97).

Diese Prämisse gilt auch für die vorliegende Arbeit; deren Schwerpunkt wird daher ausdrücklich auf den empirisch-analytischen Teil gelegt, dessen Einbindung bzw. Ableitung aus dem theoretischen Konzept im Folgenden dargestellt werden soll.

Bei den in dieser Arbeit betrachteten Projekten (vgl. Kap. 5) handelt es sich um stadtbedeutsame stadtplanerische Projektentwicklungen auf ehemals gewerblich/industriell genutzten Arealen, die sich alle in der Nähe des Frankfurter Zentrums lokalisieren lassen (vgl. Abb. 32, S. 98). Im Einzelnen handelt es sich um das Projekt Galluspark auf dem ehemaligen Areal der Adlerwerke im Stadtteil Gallus, zum Zweiten um das Projekt Deutschherrnviertel, einst und über hundert Jahre lang Standort des Frankfurter Schlachthofs im Stadtteil Sachsenhausen und zum Dritten um das Projekt Westhafen auf dem Gelände des ehemaligen Frankfurter Westhafens im Stadtteil Gutleut (zur Projektauswahl vgl. Kap. 5.1).

Die Vergangenheit hat gezeigt, dass zwar nicht nur, aber auch die Umnutzung solcher Flächen in Bezug auf ihre künftige Nutzung/Verwertung umkämpft ist. Unterschiedliche Akteure richten ihr Interesse auf diese Areale, die nach meist jahrzehnte-, teilweise sogar jahrhundertlanger Persistenz für eine neue Nutzung zur Verfügung stehen. HÖHMANN (2000) folgend, stellen „innerstädtische Recyclingflächen exponierte Zielobjekte konfliktträchtiger raumbezogener Interessen" dar. Damit bilden sie die „Schaubühne für eine Analyse potentiell konfliktträchtiger raumbezogener Akteursinteressen und -handlungen" (HÖHMANN 2000: 19). Einerseits, da sie aufgrund externer Einflüsse einer Wandlung (Umnutzung) unterliegen. Darüber hinaus erfordern aber auch ihre schiere Größe, ihr spezielles Problempotential (Altlasten, ehemalige Nutzer, verschiedene Verwertungsinteressen) „und ihre meist exponierte Lage in einem gewachsenen Umfeld politischen Handlungs- und Steuerungsbedarf" (HÖHMANN 2000: 20). Als weiterer Vorzug im Kontext geographischer Stadtforschung sind klare räumliche Bezüge feststellbar, eine genaue zeitliche Fixierung möglich und die beteiligten Akteure in aller Regel leicht ausfindig zu machen (wenn auch nicht immer leicht zu kontaktieren und zur Mitarbeit zu überzeugen).

Die weiter oben geschilderten theoretischen Leitgedanken können unter der Prämisse einer konstruktivistischen Perspektive wie folgt zusammengefasst werden: „Zielbildung und Handeln der Akteure beruhen auf ihrer subjektiven Wahrnehmung und Einschätzung der Konfliktkonstellation, der Machtbalance, des strukturierend-regulativen Wirkens soziopolitischer Spielregeln/Institutionen und der Bedeutung der physisch-materiellen Umwelt" (REUBER 1999: 37) und haben Auswirkungen auf die räumliche Entwicklung (vgl. Abb. 11).

Mehrere Akteure verfolgen also unterschiedliche räumliche Verwertungsinteressen an einem bestimmten Ort, wodurch deren Handlungen zu räumlichem Handeln werden und somit gleichzeitig in den Fokus einer geographischen Forschung, die sich als raumorientierte Handlungswissenschaft begreift, treten. Verknüpft mit dem – aus der sinkenden Verfügbarkeit von Baugrund resultierenden – Konfliktpotential, das mit Projekten im Kontext von Flächenrecycling verbunden ist, kann folgende Hypothese abgeleitet werden:

*Aufgrund neuer gesellschaftlicher und städtebaulicher Leitbilder steigt die Bedeutung innerstädtischer Brachflächen für die künftige Stadtentwicklung kontinuierlich an, da sie einen Beitrag zur Reduzierung des Flächenverbrauchs in den Städten und deren Umland leisten können. Die Entwicklung dieser Brachflächen ist jedoch aufgrund ihres historischen Erbes, der in der Regel beträchtlichen Größe, dem mit Brachflächen verbundenem Problempotential (Altlasten, Nutzer, kollidierende Verwertungsinteressen) und ihrer zentralen Lage potentiell mit Konflikten behaftet, da unterschiedlichste Akteure konkurrierende Ansprüche an die immer knapper werdende Ressource Raum – insbesondere in großstädtischen Gebieten – stellen.*

**Abb. 11: Potentielle Einflussfaktoren auf eine räumliche Entwicklung**

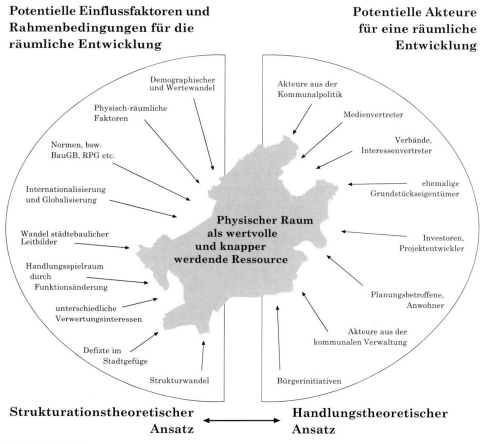

Quelle: Eigene Abbildung.

Zur Überprüfung dieser Hypothese werden untenstehende Leitfragen herangezogen, die sich aus den theoretischen Ausführungen heraus begründen lassen (vgl. hierzu Kap. 2.6).
- Wie entstehen Brachflächen (vgl. Kap. 3)?
- Welche allgemeinen gesellschafts- und planungspolitischen Rahmenbedingungen haben Einfluss auf Projekte im Kontext von Flächenrecycling (Kap. 4)?
- Welche Akteure sind an den jeweiligen Projekten beteiligt (Kap. 5.2, 5.3, 5.4)?
- Welche Ausgangsvoraussetzungen bringen einzelne Projekte mit sich (vgl. Kap. 5.2.1, 5.3.1, 5.4.1)?
- Welche Finanzierungsinstrumente, organisatorischen Strukturen und planerischen Instrumente finden Verwendung (Kap. 5.2.3, 5.3.3, 5.4.3)?
- Welchen Stellenwert nehmen die organisatorischen Rahmenbedingungen auf die Projekte/den Projektverlauf ein?
- Treten Probleme oder Konflikte im Projektverlauf auf und falls ja worin sind diese begründet (Kap. 5.2.4, 5.3.4, 5.4.4)?

- Welche „kritischen Momente" der untersuchten Projekte im Rahmen von Flächenrecycling können identifiziert werden (vgl. Kap. 5.5)
- Welche Handlungsempfehlungen für künftige Vorhaben im Kontext von Flächenreycling sind als Ergebnis der Untersuchung abzuleiten (vgl. Kap. 6).

Im folgenden Kapitel 2.6 wird das Verfahren der Arbeit und die Einbindung der Leitfragen in das theoretische Konzept vorgestellt.

## 2.6 Forschungsdesign, Methode und angewandte Verfahren

Im Folgenden werden die Einbindung der oben genannten Leitfragen in das theoretische Konzept und die Verfahrensweise skizziert. Der dahinter stehende Ansatz ist ein induktiver im Sinne der neueren wissenschaftstheoretischen Diskussion, „die einen reinen Induktivismus ablehnt und Induktion vielmehr als ein methodisches Verhältnis von Theoriebildung und empirischer Forschung im Sinne der Verifikation bzw. Falsifizierbarkeit theoretischer Aussagen betrachtet (HILLMANN 1994)" (CALIENDO 2003: 5).

Aufgrund der Komplexität, die bei Projektentwicklungen gegeben ist (zahlreiche verschiedene Akteure, Einfluss nehmende Rahmenbedingungen etc.) scheint es angebracht unterschiedliche Verfahren miteinander zu kombinieren. WOLF hat Hinweise formuliert, wie dies im Rahmen einer angewandten, stadtgeographischen Untersuchung erfolgen kann: Verfahren, mit deren Hilfe Zusammenhänge aufgezeigt werden sollen, „gleichen manchmal [einer] kriminalistische[n] Kombination und bedienen sich vom Quellenstudium, z.B. aktueller Quellen, wie Berichten in Zeitungen und Rundfunk und Fernsehen, bis hin zu intensiven problemorientierten Gesprächen mit den sog. Handlungsträgern, die interpretierend verarbeitet werden. So kann versucht werden, die mit bestimmten Absichten verbundenen Handlungen in ihrem Handlungsverlauf und in ihren Ergebnissen zu erklären. Häufig kann so nachgewiesen werden, dass z.B. auch und gerade raumrelevantes Handeln sog. „Aushandlungsprozesse" verschiedener Interessengruppen, die nach Interessen-ausgleich, nach Kompromissen streben, entspringt und daher häufig von einer rein rationalen optimaleren Entscheidung weit entfernt ist" (WOLF 1997: 97). Neben diesen Argumenten muss aber auch der Tatsache Rechnung getragen werden, dass „dem qualitativen Vorgehen das eindeutige Ergebnis eines statistischen Testverfahrens (Signifikanz bzw. Falsifikation) fehlt. [Daher] ist die Betrachtung des Gegenstandes aus unterschiedlichen Blickwinkeln, das heißt die Bearbeitung mit unterschiedlichen [...Verfahren], zugleich eine Möglichkeit, Widersprüche zu finden, sie abzugleichen und so die Gültigkeit (Validität) der Befunde zu erhöhen" (POHL 1998: 99). Diese Position POHLS liegt auch dem Verfahren dieser Arbeit zugrunde.

In den vorangegangenen Kapiteln sind bereits einige richtungsweisende Hinweise für das weitere Verfahren angeklungen. Einerseits muss das Verfahren gewährleisten, dass die strukturellen Rahmenbedingungen, die auf die untersuchten Projekte Einfluss nahmen, angemessen in ein Forschungsdesign integriert werden, andererseits wiederum soll auch den einzelnen Akteuren ein entsprechendes Gewicht in dieser Untersuchung zugesichert sein.

Daraus folgt als einzig adäquates Verfahren die Anwendung nicht nur eines einzelnen Verfahrens, sondern die systematische Einbindung und Verknüpfung verschiedener Verfahren zu einem Verfahrensmix. Durch diese Vorgehensweise, die sich aus verschiedenen sozialwissenschaftlichen qualitativen Verfahren aufbaut, soll eine wechselseitige Kontrolle durch die Gegenüberstellung von Informationen aus unterschiedlichen Quellen gewährleistet werden, wodurch wiederum gültige Aussagen zum Fallstudienhergang formuliert werden können (vgl. LAUMANN 1984: 77).

Bezug nehmend auf die vorangegangenen Kapitel ergeben sich einige Konsequenzen für das Forschungsdesign der vorliegenden Arbeit. Es wurde bereits dargestellt, dass – GIDDENS folgend – Handlungen auf spezifische semantische und moralische Regeln, sowie auf autoritative und allokative Ressourcen im Handlungsprozess Bezug nehmen (vgl. Kap. 2.4.2) und aus diesen Ressourcen unterschiedliche Machtpotentiale der einzelnen Akteure resultieren. Für die vorliegende Studie folgt daraus:

1. Darstellung der Prozesse des Entstehens von Recyclingflächen in Frankfurt Main als auslösendes Moment der Problematik (vgl. Kap. 3)
2. Darstellung der auf die Projekte und Akteure wirkenden Rahmenbedingungen, die den Handlungsrahmen der Akteure bilden und für die Projekte ebenso maßgeblich waren, wie für die an den Projekten beteiligten Akteure selbst. Dazu zählen die Darstellung des Frankfurter Wohnungsmarktes und der planungspolitischen Leitbilder der 1990er Jahre, die von der Stadt Frankfurt am Main vorgegeben waren (vgl. Kap. 4.1 und 4.1.4)
3. Auswahl von Fallbeispielen und
4. Darstellung der Projektbiographien, basierend auf einer umfangreichen Medienanalyse, die einerseits die Entwicklungen der Projekte von deren „Geburt" an nachzeichnen soll. Andererseits soll hierdurch eine Wissensbasis für die im Anschluss durchzuführenden Interviews gelegt werden. Die mit der Medienanalyse verbundenen Probleme werden weiter unten dargestellt.

Die zugrunde liegenden Verfahren sind die Dokumentenanalyse und die Medienanalyse, die nach der Projektauswahl erfolgte.

Bei der Medienanalyse stand die lokale Presseberichterstattung über die untersuchten Projekte als Hauptträger der Öffentlichkeitsinformation im Mittelpunkt des Interesses. In die Untersuchung flossen die Zeitungsberichte der drei großen lokalen Frankfurter Tageszeitungen Frankfurter Allgemeine Zeitung (FAZ), Frankfurter Neue Presse (FRNP) und Frankfurter Rundschau (FR) ein. Einerseits konnte dabei auf vorhandene Archive zurückgegriffen werden (vor allem ältere Berichte seit Mitte der 1980er Jahre), andererseits wurde in den digitalen CD-ROM-Archiven bzw. Online-Archiven der genannten Zeitungen nach relevanten Informationen recherchiert. Dennoch kann mittels einer Medienanalyse keine lückenlose Rekonstruktion der Projektverläufe gewährleistet werden. Durch den Einbezug verschiedener Zeitungen konnte aber verhindert werden, dass eine potentiell einseitige Berichterstattung einer einzelnen Zeitung die Ergebnisse verfälscht (bspw. durch bestimmte thematische oder politische Prioritäten der Lokalredaktionen). Die Problematik, die mit einer Medienanalyse verbunden ist, hat REUBER mit Rekurs auf JARREN dargestellt (vgl. REUBER 1999: 46f). Kernaspekte der Kritik sind: die politische Couleur der Lokalmedien,

Dominanz der Berichterstattung durch die ökonomischen und politischen Eliten und die Oberflächlichkeit bzw. mangelnde Hintergründe der Berichte.

Um diese potentiellen „Lücken" zu schließen, wurde im nächsten Schritt eine Dokumentenanalyse durchgeführt. Zu den Dokumenten zählen bspw. amtliche Dokumente bzw. Publikationen der Stadt Frankfurt am Main (Magistratsberichte- und Akten, B-Pläne, Leitbilder, Berichte zur Stadtentwicklung etc.), wissenschaftliche Publikationen sowie Graue Literatur (Flyer von Bürgerinitiativen, Verkaufsbroschüren von Projektentwicklern oder Investoren). Hinweise auf solche Quellen wurden bereits während der Medienanalyse systematisch erfasst.

Ziele dieser umfangreichen Recherchen waren
- die chronologische Rekonstruktion wichtiger Zeitabschnitte der drei Projekte,
- das Erschließen und Eingrenzen der strukturellen gesellschafts- und planungspolitischen Rahmenbedingungen, die Einfluss auf die Projekte nahmen (bspw. wohnungspolitische und städtebauliche Zielvorstellungen und Leitbilder der Stadt Frankfurt am Main) (vgl. hierzu Kap. 4),
- die Schaffung eines Überblicks über inhaltliche Leitthemen als Grundlage und zur Vorstrukturierung für später durchzuführende ExpertInneninterviews,
- das Aufdecken potentieller Problemfelder und Konflikte und
- das Sammeln von Hinweisen auf relevante Akteure als potentielle GesprächspartnerInnen.

Im Anschluss an die Medien- und Dokumentenanalyse folgten Interviews mit an den Fallbeispielen beteiligten Akteuren. Eine Übersicht der Interviewpartner findet sich in Kap. 9. Somit dienen die Medienanalyse und die Dokumentenanalyse gleichzeitig auch als Grundlage für die zu erarbeitenden Interviewleitfäden, da sie Aufschluss über potentiell interessante Themenfelder liefern. Außerdem wurde so die Möglichkeit geschaffen – der o.g. Prämisse POHLS folgend – Ungereimtheiten, die sich aus der papierbasierten Recherche ergaben, im persönlichen Gespräch zu überprüfen und auszuräumen und in diesem Stadium der Studie vorhandene Lücken im Idealfall zu schließen.

Der handlungstheoretische Ansatz nach WERLEN wiederum führt – wie gezeigt wurde – zu einer Subjektzentrierung der Forschung. Damit rücken die an einem Planungsprozess Beteiligten – hier im konkreten Fall die an den Projekten Gallusparkt, Deutschherrnviertel und Westhafen beteiligten Akteure und – dies ist von besonderer Bedeutung – deren Handlungen in den Mittelpunkt der Untersuchung. Die Verknüpfung der weiter oben dargestellten Rahmenbedingungen ist über das zugrunde gelegte Verständnis der „Dualität von Struktur" gewährleistet. Daraus folgt als viertes und wichtigstes Standbein des der Untersuchung zugrunde liegenden Verfahrensmix´, das Durchführen qualitativer Interviews mit Schlüsselpersonen der Planungsprozesse.

5. ExpertInneninterviews mit Schlüsselpersonen, die an den Projekten beteiligt waren (vgl. Kap. 5.2.4, 5.3.4 und 5.4.4).

Im Anschluss daran werden nach der ausführlichen Darstellung der Fallbeispiele in einer Gegenüberstellung der Projekte (vgl. Kap. 5.5) die Ergebnisse der Arbeit zusammengeführt und anhand der Forschungsfragen interpretiert. Den Abschluss der Arbeit bildet das Kap. 6 Konsequenzen für künftige Flächenrecyclingvorhaben.

6. Darstellung der Fallbeispiele als Ergebnis der Printmedien und Dokumentenanalyse und der ExpertInneninterviews (vgl. Kap. 5).
7. Gegenüberstellung der Projekte und Gesamtinterpretation (Kap. 5.5).
8. Formulierung von Handlungsempfehlungen (Kap. 6).

Der Aufbau und die Struktur der Arbeit sind zusammengefasst in Abb. 12 dargestellt.

Die sich aus dem theoretischen Konzept ergebende Subjektzentrierung kann über die Einbindung der relevanten Akteure in den Forschungsprozess mittels qualitativer Methoden – konkret mittels qualitativer Interviews – erfolgen, denn „qualitative Forschung ist an der Subjektperspektive, an den Sinndeutungen des Befragten interessiert" (DIEKMANN 1996: 444). Dabei bezeichnet POHL (1998) als Zweck qualitativen Arbeitens das Aufdecken von Zusammenhängen, wobei Beziehungen, Verhältnisse und Bezüge sowie Struktur und System den Gegenstand der Forschung bilden (vgl. POHL 1998: 98). POHL begründet dies folgendermaßen:

> „Die gesellschaftliche Wirklichkeit, zu der auch Politik und Planung gehören, ist [...] eine von den Mitgliedern der Gesellschaft hergestellte Realität, die verstanden werden muss. Dieser Herstellungsprozess hat keine mathematische Struktur, sondern geschieht als permanent kommunikativer Prozess, in dem gemeinschaftlicher Sinn – und damit soziale Wirklichkeit – mit Hilfe sprachlicher Akte in Interaktionen produziert und reproduziert wird. Die Objekte der Sozialwissenschaften sind daher Bedeutungen bzw. Sinnzuschreibungen" (POHL 1998: 97).

Also geht es bei der qualitativen Sozialforschung nicht um Elemente oder etwa deren Eigenschaften, sondern um Relationen. In diesem Sinne dürfen Befragte auch nicht nur als Datenlieferanten, sondern sie müssen vor allem als Interaktionspartner betrachtet werden (vgl. POHL 1998: 98). Aus dieser Perspektive gesehen, scheidet eine quantitative Herangehensweise an den Forschungsgegenstand von vornherein aus und qualitative Verfahren treten ins Zentrum des Interesses.

Das Verfahren, das zur Einbindung der Akteure in die Untersuchung Anwendung finden soll, ist daher das offene, leitfadenorientierte Experteninterview nach MEUSER UND NAGEL (1991), da

> „in der relativ offenen Gestaltung der Interviewsituation die Sichtweisen des befragten Subjektes eher zur Geltung kommen als in standardisierten Interviews oder Fragebögen" (FLICK 1999: 94). „Mit dem Einsatz von ExpertInneninterviews wird – forschungslogisch – das Interesse verfolgt, Strukturen und Strukturzusammenhänge des ExpertInnenwissens/handelns zu analysieren" (MEUSER & NAGEL 1991: 447).

POHL stellte die Bedeutung von qualitativen Methoden im Allgemeinen und von ExpertenInneninterviews im Besonderen für die Raumforschung heraus: „Experteninterviews werden in der Raumforschung zunehmend häufiger eingesetzt, da die Analyse komplexer Entscheidungsprozesse an die Kenntnis von Kommunikations-vorgängen, Hierarchien, politischen Wertentscheidungen usw. gebunden ist" (POHL 1998: 106). Als ein Forschungsziel von Leitfadengesprächen bezeichnen DIEKMANN UND SCHNELL ET AL die Exploration zur Hypothesenentwicklung und -überprüfung (vgl. DIEKMANN 1996: 30-31; vgl. SCHNELL, HILL & ESSER 1999: 355). Bezugnehmend auf die formulierte Fragestellung der Arbeit bedeutet dies: mittels Interviews mit Experten akteursspezifische Hintergründe, Motivationen,

Ziele, Kritik und Anregungen zu ermitteln. Es geht also um die Erfassung von ExpertInnenwissen, dass SPRONDEL (1979) als ein in einer arbeitsteilig organisierten Gesellschaft notwendig erachtetes Sonderwissen darstellt, welches sich auf ein Problem bezieht, das als Sonderproblem definiert werden kann (vgl. SPRONDEL 1979: 148).

In diesem Kontext wird „als Experte angesprochen,
- wer in irgendeiner Weise Verantwortung trägt für den Entwurf, die Implementierung oder die Kontrolle einer Problemlösung oder
- wer über einen privilegierten Zugang zu Informationen über Personengruppen oder Entscheidungsprozesse verfügt" (Meuser & Nagel 1991: 443), also diejenigen Personen, die Teil des zu untersuchenden Handlungsfeldes sind.

Dies trifft auf alle Personen zu, die an der Initiierung, Planung, Steuerung und Entwicklung der untersuchten Projekte beteiligt oder davon betroffen waren und sind. Zu beachten ist hierbei jedoch, dass die Experten nicht als Einzelpersonen, sondern als Repräsentanten einer Organisation oder Institution anzusehen sind (vgl. MEUSER & NAGEL 1991: 444)[7].

Als Vorteile dieses Verfahrens können folgende Punkte angeführt werden:
- Einschränkung der potentiell relevanten Informationen, die der Befragte liefert,
- Leitfaden übernimmt Steuerungsfunktion im Interviewverlauf,
- Gezielte Einarbeitung des Interviewers bei der Erstellung des Leitfadens in die behandelte Thematik,
- Gewährleistung der Vergleichbarkeit von Interviews mit verschiedenen Gesprächspartnern zur gleichen Thematik,
- Nicht die Gesamtperson stellt den Kontext dar, sondern ein organisatorischer und institutionalisierter Zusammenhang, der mit dem Lebenszusammenhang der darin agierenden Person nicht identisch ist und in dem sie nur einen „Faktor" darstellen (vgl. Meuser & Nagel 1991: 442). Dies hat unmittelbare Konsequenzen für die Auswertung (siehe unten).

Schwierigkeiten hingegen können bspw. dann entstehen, wenn die Gesprächspartner keine gemeinsame „Sprache" finden, also „das Sprachspiel der Expertin inkompatibel ist mit dem der Interviewerin" (MEUSER & NAGEL 2003: 487). Aber auch die Wahl eines „falschen" Experten kann zum Zusammenbruch oder Misslingen des Interviews führen.

Dies tritt dann ein, wenn ein Interviewpartner „entweder fälschlich als Experte angesprochen worden [ist...], sich im Thema nicht oder nicht mehr aus[kennt] oder [...] sich auf eine formalistische Behandlung des Themas zurück[zieht]" (MEUSER & NAGEL 1991: 449). Weiterhin kann ein Interview misslingen, wenn ein Experte versucht

*„die Forscherin zur Mitwisserin im pejorativen Sinne des Wortes [zu machen], die Expertin interessiert – im Augenblick – etwas anderes als die Themen der Forscherin und sie benutzt die Situation, um „auszupacken". Sie spricht, je länger desto mehr, über Interna und Verwicklungen in ihrem Aktionsradius – für die Forscherin ein zweifelhafter Vertrauensbeweis" (Meuser & Nagel 1991: 499-450).*

---

[7] An dieser Stelle wird auf eine tiefer greifende Diskussion des Expertenbegriffs verzichtet. Weiterführende Literatur findet sich beispielsweise bei ATTESLANDER (2003), MEUSER & NAGEL (1991; 2003), SCHÜTZ (1972) und SPRONDEL (1979).

**Abb. 12:  Aufbau und Struktur der Arbeit**

**Hypothese**

Aufgrund neuer gesellschaftlicher und städtebaulicher Leitbilder steigt die Bedeutung innerstädtischer Brachflächen für die künftige Stadtentwicklung kontinuierlich an, da sie einen Beitrag zur Reduzierung des Flächenverbrauchs in den Städten und deren Umland leisten können. Die Entwicklung dieser Brachflächen ist jedoch aufgrund ihres historischen Erbes, der in der Regel beträchtlichen Größe, dem mit Brachflächen verbundenem Problempotential (Altlasten, Nutzer, kollidierende Verwertungsinteressen) und ihrer zentralen Lage potentiell mit Konflikten behaftet, da unterschiedlichste Akteure konkurrierende Ansprüche an die immer knapper werdende Ressource Raum – insbesondere in großstädtischen Gebieten – stellen.

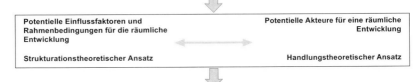

Potentielle Einflussfaktoren und Rahmenbedingungen für die räumliche Entwicklung

Strukturationstheoretischer Ansatz

Potentielle Akteure für eine räumliche Entwicklung

Handlungstheoretischer Ansatz

**Leitfragen**

- Wie entstehen Brachflächen?
- Welche allgemeinen gesellschafts- und planungspolitischen Rahmenbedingungen haben Einfluss auf Projekte im Kontext von Flächenrecycling?
- Welche Akteure sind an den jeweiligen Projekten beteiligt?
- Welche Ausgangsvoraussetzungen bringen einzelne Projekte mit sich?
- Welche Finanzierungsinstrumente, organisatorischen Strukturen und planerischen Instrumente finden Verwendung?
- Welchen Stellenwert nehmen die organisatorischen Rahmenbedingungen für die Projekte / den Projektverlauf ein?
- Treten Probleme oder Konflikte im Projektverlauf auf und falls ja worin sind diese begründet?
- Welche „kritischen Momente" der untersuchten Projekte im Rahmen von Flächenrecycling können identifiziert werden?
- Welche Handlungsempfehlungen für künftige Vorhaben im Kontext von Flächenrecycling sind als Ergebnis der Untersuchung daraus abzuleiten?

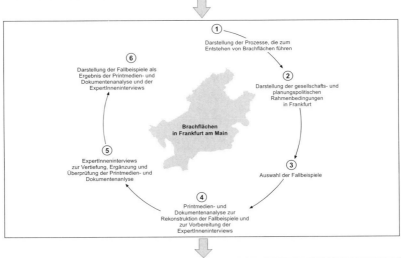

**Gesamtinterpretation**

**Konsequenzen für künftige Flächenrecycling-Projekte**

Quelle: Eigene Abbildung.

Die Auswahl der (ersten) Experten erfolgt nach einer Einarbeitungsphase in Kenntnis der Entscheidungswege, Kompetenzverteilungen und Organisationsstrukturen des jeweiligen Handlungsfeldes. Da sich das Wissen des Forschers in der Regel im Laufe des Forschungsprozesses vergrößert und fundierter wird, kann häufig die erste Auswahl erweitert werden, „nicht zuletzt auch durch das so genannte Schneeballverfahren" (MEUSER & NAGEL 2003: 486). ATTESLANDER (2003) sieht hierin einen weiteren Vorteil von ExpertInneninterviews und geht sogar so weit, dass er diese als Voraussetzung für ein Gelingen der Forschung bezeichnet: Bei Experteninterviews sei niemals ausschließlich von vornherein festzustellen, wer alles als Experte betrachtet werden kann/muss. „Deshalb sind in der Regel wenig strukturierte Befragungen Voraussetzung zur Identifizierung von Experten" (ATTESLANDER 2003: 155). Als wenig strukturierte Befragung wird eine teilstrukturierte Leitfaden-Befragung verstanden, wie sie bspw. bei Expertenbefragungen eingesetzt werden (vgl. ATTESLANDER 2003: 157).

Auch das von MEUSER & NAGEL entwickelte Verfahren der offenen, leitfadenorientierten Experteninterviews lässt sich in die Kategorie der wenig strukturierten Leitfaden-Befragungen einordnen. Der Leitfaden dient bei diesen Befragungen lediglich als grober Orientierungsrahmen für den Interviewverlauf, von dem jeder Zeit abgewichen werden kann, wenn die Gesprächssituation dies erfordert (vgl. WESSEL 1996: 132). Er ist allerdings auch ein Garant dafür, dass alle forschungsrelevanten Themen angesprochen werden, wodurch „eine zumindest rudimentäre Vergleichbarkeit der Interviewergebnisse gewährleistet werden kann" (SCHNELL, HILL & ESSER 1999: 355). Es werden im Leitfaden vorab auch keine konkreten Fragen formuliert, sondern der Leitfaden ist ein Katalog anzusprechender Themen (vgl. WESSEL 1996: 136). Das Verfahren bietet auch die Möglichkeit so genannte Eventualfragen, also Fragen, die während des Interviewverlaufs relevant werden, zu stellen (vgl. FRIEDRICHS 1985: 224; vgl. SCHNELL, HILL & ESSER 1999: 355). Die offene Form des leitfadengestützten (wenig strukturierten) Interviews werde der Logik des Alltagshandelns daher am ehesten gerecht und nur so könne der Vielschichtigkeit gesellschaftlicher Sachverhalte Rechnung getragen werden (vgl. SCHNELL, HILL & ESSER 1999: 300).

Die geführten Interviews wurden, sofern die jeweiligen Interviewpartner zustimmten, digital aufgezeichnet und im Anschluss transkribiert. In den Fällen, in denen die Aufzeichnung nicht gewünscht oder die Aufnahmequalität aufgrund der räumlichen Begebenheiten (Fenster geöffnet, schlechte Akustik, Halleffekt etc.) zu schlecht für eine Transkription war, wurde das Interview im Interviewverlauf protokolliert und im Anschluss eine thematische Zusammenfassung in Form eines Ergebnisprotokolls verfasst. Im Gegensatz zu narrativen Interviews, oder konversations-analytischen Auswertungen, kann nach MEUSER & NAGEL (1991) auf aufwendige Notationssysteme bei der Transkription verzichtet werden, da „Pausen, Stimmlagen sowie sonstige nonverbale und parasprachliche Elemente [...] nicht zum Gegenstand der Interpretation gemacht [werden]", sondern vielmehr der Schwerpunkt des Interesses auf dem geteilten Wissen der Experten liegt. Der Interviewte interessiert nicht als (ganze) Person, sondern als Experte für ein bestimmtes Handlungsfeld. „Er wird auch nicht als Einzelfall, sondern als Repräsentant einer Gruppe (von bestimmten Experten) in die Untersuchung einbezogen" (FLICK 1999: 109).

In den im Kontext dieser Arbeit entstandenen und transkribierten Interviews wurde eine minimale Notation vorgenommen. Dieses Vorgehen folgt dem Vorschlag ACKERMANNS (vgl. ACKERMANN 2001: 3). Einerseits, wenn Unterbrechungen (bspw. Telefonat, Nachfrage der Sekretärin etc.) stattgefunden haben, andererseits, wenn es für das Verständnis notwendig wurde (bspw. deutet aus dem Fenster, etc.). Diese Notationen wurden in den transkribierten Texten mit eckigen Klammern „[ ]" gekennzeichnet. Durch die Aufnahmequalität akustisch unverständliche Textteile wurden mit eckigen Klammern [...] dargestellt.

MEUSER & NAGEL (1991) halten weiterhin eine vollständige Transkription nicht für notwendig. Für die hier vorliegenden Interviews wurde auf die Möglichkeit einer partiellen Transkription jedoch verzichtet, da der Entscheidungsprozess ob eine Passage transkribiert werden soll oder nicht nach Auffassung des Verfassers in der Regel länger dauern würde als die entsprechende Stelle zu transkribieren. Außerdem ist nicht immer von Anfang an klar, welche Textstellen als relevant und welche als irrelevant einzustufen sind.

Die empirisch gewonnenen Daten in Form von Texten wurden dann im Anschluss dem Auswertungsverfahren nach MAYRING unterzogen. Mit dem Verfahren der zusammenfassenden qualitativen Inhaltsanalyse nach MAYRING wird vor allem die Reduktion des gesammelten Materials, also der Texte, auf Kategorien verfolgt. Dies geschieht in mehreren Arbeitsschritten mittels selektiver Streichungen von für die Fragestellung irrelevanten Passagen und der generalisierenden Zusammenfassung auf einer höheren Abstraktionsebene (vgl. MAYRING 1995: 211), denn so kann schnell die Materialfülle methodisch geleitet reduziert und auf ein höheres Allgemeinheitsniveau gesetzt werden (vgl. MAYRING 2002: 94). Diese Komprimierung des Textmaterials erfolgt mittels sechs reduktiver Prozesse (vgl. Abb. 13), dem (1) Auslassen, der (2) Generalisation, der (3) Konstruktion, der (4) Integration, der (5) Selektion und schließlich der (6) Bündelung (vgl. hierzu MAYRING 2002: 95), mit dem Ziel der Paraphrasierung des ursprünglichen Materials (vgl. LAMNEK 1995: 204). Da dieser Prozess mehrfach vollzogen werden soll können nach jedem Durchgang „mehr (und andere) Informationen in unterschiedlichen Abstraktionsniveaus aus den Texten extrahiert werden" (vgl. LANGHAGEN-ROHRBACH 2003: 43).

Das Ergebnis dieser Analyse ist letztlich eine stark komprimierte Fassung des ursprünglichen Materials in einem überschaubarem Kurztext (vgl. MAYRING 1995: 212), wobei das „Ziel der Analyse ist […], das Material so zu reduzieren, dass die wesentlichen Inhalte erhalten bleiben, durch Abstraktion einen Korpus zu schaffen, der immer noch Abbild des Grundmaterials ist" (MAYRING 2003: 58). Die wesentlichen Schritte der Analyse umfassen erstens die Paraphrasierung tragender Textstellen, zweitens die Generalisierung der Paraphrasen, drittens die erste Reduktion durch Selektion und Streichen und als vierten Schritt die zweite Reduktion durch Bündelung der Paraphrasen auf einem höheren Abstraktionsniveau (vgl. hierzu ausführlich MAYRING 2003: 60). Nach diesen Schritten muss das nun vorliegende Kategoriensystem am Ausgangsmaterial überprüft werden. Reicht dieser erste Durchgang noch nicht aus, das heißt wurde noch kein ausreichend hohes Abstraktionsniveau erreicht, muss ggf. eine nächste Runde der Zusammenfassung des Materials vorgenommen werden.

*„Sie ist ganz einfach zu erreichen, indem das Abstraktionsniveau nun auf einer noch höheren Ebene festgelegt wird und die nachlaufenden Interpretationsschritte neu durchlaufen werden. Am Ende dieses Prozesses steht dann ein neues, allgemeineres und knapperes Kategoriensystem, das wiederum rücküberprüft werden muss. Dieser*

*Kreisprozess kann so lange durchlaufen werden, bis das Ergebnis der angestrebten Reduzierung des Materials entspricht"* (MAYRING 2003: 61).

**Abb. 13: Materialreduzierung durch die Zusammenfassung (Breite der Balken symbolisiert Materialumfang**

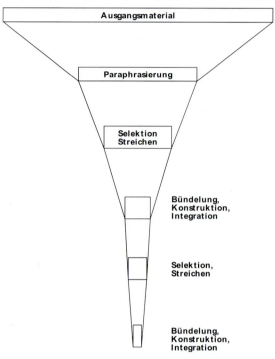

Quelle: MAYRING (2003: 74).

# 3 Entstehungsgründe für Recyclingflächen

In diesem Kapitel soll einleitend dargestellt werden, welche Gründe in den vergangenen Jahrzehnten zum Entstehen von Brachflächen[8] führten. Es stellt insofern eine Vertiefung und Ergänzung des bereits in Kap. 2.3.1 kurz diskutierten Flächenrecyclingbegriffs dar und soll ein grundlegendes Verständnis für die Umbruch- und Ausgangssituation, mit denen sich die an Planungsprozessen beteiligten und handelnden Akteure konfrontiert sahen, legen. Dabei handelt es sich bei diesem Kapitel nicht um eine vollständige und umfassende Darstellung, sondern vielmehr um einen zusammenfassenden Überblick, der die wesentlichen Entwicklungen nachzeichnet. Diese Vorgehensweise wird deshalb gewählt, weil in dieser Arbeit nicht der Prozess der Genese von Brachflächen an sich untersucht wird, sondern der akteursbezogene und stadtplanerische Umgang mit diesen Flächen in ihrer Verwertung im Mittelpunkt der Arbeit steht. Darüber hinaus ist diese Thematik bereits in zahlreichen Publikationen dargestellt und abgehandelt worden. An den entsprechenden Stellen wird auf diese Quellen verwiesen, so dass eine Vertiefung im Bedarfsfall individuell erfolgen kann.

Ausgangspunkt der folgenden Ausführungen sollen die bereits in Kap. 2.3.1 genannten vier Typen von Brachflächen bilden, die hier zur Erinnerung noch einmal genannt werden:
1. Gewerbe- und Industriebrachen auf ehemals gewerblich oder industriell genutzten Arealen
2. Verkehrsbrachen, v. a. innerstädtische ehemalige Bahn- und Hafenanlagen
3. Militärbrachen bzw. Konversionsflächen auf ehemals militärisch genutzten Geländen und
4. Dienstleistungsbrachen als jüngste Erscheinungsform

## 3.1 Gewerbe- und Industriebrachen

Gewerbe- und Industriebrachen haben mehrere Entstehungsgründe. Grundlage sind jedoch immer die Folgen der voranschreitenden Internationalisierungs- bzw. später mit zunehmen-

---

[8] Die in diesem Kap. genannten Flächenangaben zu Brachflächen sind nach bestem Wissen und Gewissen recherchiert. Dennoch handelt es sich hierbei um ein sehr dynamisches Prozessfeld, wodurch Zahlen im Grunde genommen nichts weiter als „Schall und Rauch" sind, da sie einer ständigen Fluktuation unterliegen: Brachen werden erschlossen, neue Brachen entstehen. Daten wurden aber dennoch angeführt, um die großen Potentiale aufzuzeigen, die mit Brachflächenrecycling verbunden sind, aber auch die Herausforderung die damit verknüpft ist. Diese – unbefriedigende – Situation weist bereits auf ein noch zu vertiefendes Forschungsfeld hin: die systematische Erfassung und Aktualisierung des Brachflächenbestandes in der BRD, die sicherlich einen großen Beitrag zum im Kap. 2.2 genannten Ziel der Reduzierung des Flächenverbrauchs und der Nachhaltigen Entwicklung beitragen könnte. Alle anderen Daten, wie bspw. Beschäftigtenzahlen oder Betriebszahlen sind hingegen selbstverständlich statistisch abgesichert.

der Quantität und Qualität Globalisierungstendenzen[9] (nicht nur, aber vor allem) der Wirtschaft. WOLF (1994) bezeichnet als bestimmendes Element von Internationalisierung – verstanden als die fortschreitende Vernetzung internationaler Wirtschaftsprozesse – die zunehmende Konzentration raumbedeutsamer Entscheidungen, besonders in ökonomischer Hinsicht, in wenigen Organisationen/Institutionen und deren weltweit in der „ersten" Welt angesiedelten Firmensitzen (vgl. WOLF 1994: 273). Als eine der daraus resultierenden Folgen muss die Peripherisierung von Industrieproduktion in Entwicklungsländern bei gleichzeitiger Konzentration der Steuerungszentralen in den „ersten" Ländern betrachtet werden (vgl. WOLF 1994: 274). Aber WOLF weist gleichfalls darauf hin, dass dieser Prozess nicht nur auf globaler, sondern auch – und dies ist für das Entstehen von gewerblichen oder industriellen Brachflächen von entscheidender Bedeutung – lokal-regionaler Ebene nachvollzogen werden kann:

*„Auf regionaler Ebene setzt sich diese Segregation hinsichtlich der Wirtschaftsstandorte fort, die Steuerungsfunktionen besetzen die sog. 1a-Lagen und drängen weniger steuernde Bereiche an die räumliche Peripherie; das gilt z.B. für die unternehmensbezogenen Dienstleistungen (EDV-Bereich), aber vor allem auch für das produzierende Gewerbe. Dieser Prozess setzt sich auch auf lokaler Ebene fort [...]"* (WOLF 1994: 274).

Der weitaus umfassendere Prozess der Globalisierung, der im Wesentlichen durch die Deregulierung des Finanzsektors, sinkende Kosten bzw. Zeitaufwand beim Transport von Gütern, Menschen und Informationen sowie Ausbau und Verbesserung der Kommunikationstechnologien, ausgelöst und forciert wurde (vgl. HENKEL, NOPPER & KNOPF 1985: 4), beschleunigt diese o. a. Segregationstendenzen zusätzlich. SASSEN bezeichnet unter anderem als Elemente des Globalisierungsprozesses die Bildung einer neuen urbanen Ökonomie (ökonomische Viertel in Städten), die Entwertung des produzierenden Gewerbes und einen stark expandierenden internationalen Sektor der Ökonomie und seiner Nebenbereiche (vgl. SASSEN 2000: 209ff). So sehen auch THARUN & UNTERWERNER eine neue Qualität im Transformationsprozess der Großstädte aufgrund des technologischen Wandels (Mikroelektronik, Kommunikations- und Informationstechnologien) und damit einhergehende Globalisierungstendenzen der Produktionsprozesse und Märkte, der in den Großstädten der Industrieländer im Sekundären Sektor zur Auslagerung oder Schließung der Produktion führen kann (vgl. THARUN & UNTERWERNER 1993: 304).

Diese nur kurz angerissenen Prozesse sind für die Stadtentwicklung nicht folgenlos geblieben. Spätestens seit dem Ende der 1960er Jahre erfuhr (nicht nur) die deutsche Wirtschaft massive Einschnitte und Umstrukturierungen im Sekundären Sektor. Dies betraf vor allem die grundstoffnahen und auf Massengüter ausgerichteten Industrien (z.B. Montanindustrie, konventionelle chemische Industrie) und die Textilindustrie. Innerbetriebliche Umstrukturierungen, wie die Umstellung auf ebenerdig verknüpfte Produktionsprozesse oder die Verbesserung des Betriebsumfeldes blieben ebenfalls nicht aus (vgl. HÖHMANN 1999:

---

[9] Auf eine detaillierte Darstellung der Globalisierungsdiskussion wird bewusst verzichtet, da aus dieser für diese Arbeit kein besonderer Mehrwert resultieren würde. Daher beschränken sich die Ausführungen auf die groben Eckdaten. Weiterführende Literatur findet sich bspw. bei ALTVATER & MAHNKOPF 1993; BÖRDLEIN 1996; GIDDENS 1997; KRÄTKE 1991; 1995; 2001; NOLLER & RONNEBERGER 1995; SASSEN 2000; THARUN 2000; WERLEN 1997; WOLF 1989b; 1990.

6). Räumliche Konsequenzen dieser Entwicklungen sind unter anderem die Verlagerung und Aufgabe innerstädtischer Produktionsstandorte, Outsourcing einzelner Betriebszweige, das gleichfalls Brachen produziert, sowie die stark verkehrsinduzierende und verkehrswegeabhängige just-in-time-Produktion, die sich aufgrund besserer verkehrlicher Infrastruktur vor den Toren der Städte besser aufgehoben sieht und ebenfalls einen Teil der Kernstadt-Umland-Verlagerung der Standorte industrieller Produktion mitzuverantworten hat. Aber auch der weiter oben angeführte Prozess der Konzentration von Steuerungsfunktionen, der etwas allgemeiner in den übergeordneten Trend der Tertiärisierung eingeordnet werden kann, führt nicht nur zu einer fortschreitenden Verdrängung von Standorten des produzierenden Gewerbes (vgl. SCHELTE 1999) sondern auch zu einem Bedeutungsverlust dieses Wirtschaftssektors insgesamt (sowohl ökonomisch betrachtet als auch die Zahl der Betriebe und Arbeitsplätze betreffend). Dies verdeutlicht Tab. 2, in der die Entwicklung der sozialversicherungspflichtig Beschäftigten zwischen 1976 und 1983 in den Agglomerationen der BRD dargestellt ist. Den Daten ist eine generelle absolute und relative Abnahme des Beschäftigtenanteils im II. Sektor zu entnehmen, wobei die Verluste in den Kernstädten deutlich über denen im Umland liegen, was ausnahmslos für die aufgeführten Agglomerationen im dargestellten Zeitraum zutrifft. Diese Entwicklung ist einerseits auf die eben genannte Tertiärisierung zurückzuführen, aber auch auf das Abwandern des produzierenden Gewerbes in das Umland der Kernstädte, so dass in diesen ein statistischer Effekt hinzu kommt: Starke Zunahme der im Tertiären Sektor Beschäftigten bei gleichzeitiger Abnahme der im Sekundären Sektor Beschäftigten führt zu einem stärkeren relativen Sinken des Anteils des Produzierenden Gewerbes.

Tab. 2:  Veränderung der sozialversicherungspflichtig Beschäftigten im sekundären Sektor 1976-1983 in den Agglomerationen der BRD

| | Sekundärer Sektor | |
|---|---|---|
| | Kernstädte | Umland der Kernstädte |
| | Anteil 1976 in % | Veränderung bis 1983 in % |
| Hamburg | 32,3 | -11,3 | 1,7 |
| Bremen | 41,2 | -17,1 | -6,5 |
| Hannover | 41,1 | -12,2 | -5,7 |
| Ruhr | 55,4 | -19,1 | -10,3 |
| Rhein | 50,3 | -14,0 | -1,6 |
| Rhein/Main | 40,6 | -8,0 | -6,1 |
| Rhein/Neckar | 56,2 | -5,0 | -2,3 |
| Karlsruhe | 45,9 | -11,8 | 5,1 |
| Stuttgart | 45,9 | -8,7 | 3,0 |
| München | 41,2 | -2,8 | 1,2 |
| Nürnberg-Erlangen | 53,7 | -11,4 | -3,3 |

Quelle: WOLF (1989b, 40).

Noch deutlicher tritt diese Entwicklung hervor, wenn man die Beschäftigten in den einzelnen Sektoren gegenüberstellt: In Abb. 14 ist deutlich der oben beschriebene Wandel und der Abbau der Arbeitsplätze im Sekundären Sektor nachzuvollziehen. Die Arbeitsplätze im II. Sektor nahmen zwischen 1976 und 1995 um 10,3% ab, während die im Tertiären Sektor im gleichen Zeitraum um 41% zunahmen. Allein die Reduktion um rund 10% erscheint jedoch noch nicht allzu gravierend. Erst wenn die Betrachtung der Entwicklungen innerhalb der unterschiedlichen Teilbereiche des Sekundären Sektors erfolgt, so wird deutlich, welche räumlichen Prozesse mit dieser Entwicklung verbunden sind.

**Abb. 14:** Entwicklung der Beschäftigten nach Wirtschaftssektoren in der Bundesrepublik Deutschland von 1976 bis 1995

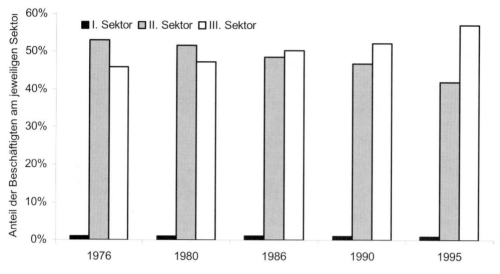

Quelle: Eigene Abbildung. Datenquelle: SCHELTE (1999: 18).

Aus Abb. 15 ist zu entnehmen, dass sich die einzelnen Teilbereiche, aus denen sich der Sekundäre Sektor zusammensetzt, keinesfalls gleichmäßig entwickelt haben, sondern dass einzelne Bereiche extreme Verluste im dargestellten Zeitraum hinnehmen mussten, während andere wiederum starke Zuwächse verzeichnen konnten. Zu den großen Verlierern zählen der Schiffsbau (-63%), die Textilindustrie (-69%), die Montanindustrie (-79%), die Tabakindustrie (-83%) und allen voran die Lederindustrie (-89%). Zu den Gewinnern zählen vor allem die höher oder hoch entwickelten Industriezweige, zu denen bspw. der Luft- und Raumfahrzeugbau (+278%) und die Kunststoffindustrie (+330%) gezählt werden können (vgl. Tab. 3).

„In der Bundesrepublik Deutschland äußert sich [der Wandel hin zur internationalen Arbeitsteilung] insofern, als die Fertigung in herkömmlichen Fabriken des tayloristischen Typs seit [den 1970er Jahren] deutlich abnimmt. Betroffen sind technologisch einfach herzustellende, standardisierte Produkte wie Konsumartikel, Textilien, Haushaltsgeräte, Massenstahl, zahlreiche Vorprodukte der Investitionsgüterindustrie, einfache Teile des Maschinenbaus oder chemische Grundprodukte" (SCHELTE 1999: 17).

**Abb. 15: Entwicklung der Anzahl der Erwerbstätigen in der BRD im Produzierenden Gewerbe (Auswahl) zwischen 1960 und 1989 bzw. 2001**

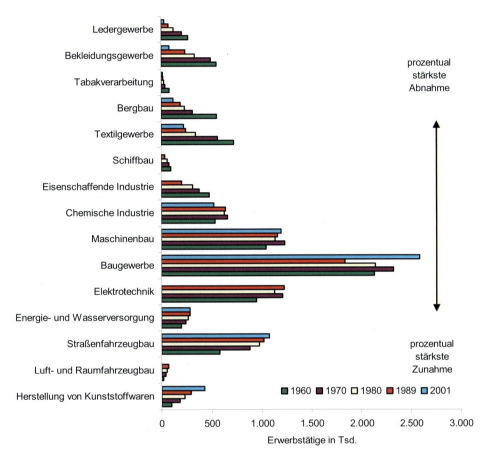

Quelle: Eigene Abbildung. Datenquelle: Statistisches Bundesamt (1992: 112-113; 2004: 80-81). Für die Kategorien „Luft- und Raumfahrzeugbau", „Elektrotechnik", „Eisenschaffende Industrie" und „Schiffsbau" liegen für das Jahr 2001 keine Daten vor.

Es handelt sich also im Wesentlichen um den Abbau der nach fordistischem Prinzip arbeitsteilig organisierten Betriebe. Aber auch die voranschreitende Mechanisierung und Roboterisierung durch den kontinuierlichen technischen Fortschritt und technische Neuerungen, tragen zum Arbeitsplatz- und Betriebsabbau bei. Arbeitskraftintensive Bereiche, in denen eine weitere Reduzierung der Beschäftigten nicht möglich ist, werden wiederum häufig ins Ausland verlagert, um durch das Lohngefälle, geringere Sicherheitsbestimmungen beim Arbeitsprozess oder niedrigere Steuersätze höhere Renditen zu erwirtschaften. ALTVATER & MAHNKOPF beschreiben diese Entwicklung folgendermaßen:

„*Die Strategien der Großunternehmen zielen darauf ab, die Arbeits- und Beschaffungskosten zu senken. Die jeweils niedrigste Besteuerung, die anspruchsärmsten Umweltschutzauflagen und die günstigsten Standortsubventionen auszunutzen, den*

*Durchlauf im Unternehmensverbund zu beschleunigen [...] und die Lagerkosten zu senken, den Anteil der Eigenproduktion zu verringern und 'eurooptimale Betriebsgrößen' herzustellen"* (ALTVATER & MAHNKOPF 1993: 122).

Tab. 3: Entwicklung einzelner Teilbereiche des Sekundären Sektors zwischen 1976 und 1989 bzw. 2001

| Teilbranchen des II. Sektors (Auswahl) | Prozentuale Veränderung der Erwerbstätigen zwischen 1960 und 1989 bzw. 2001* |
|---|---|
| Kunststoffindustrie | +330,30% |
| Luft- und Raumfahrzeugbau | +277,78% |
| Straßenfahrzeugbau | +85,47% |
| Energie/Wasser | +44,62% |
| Baugewerbe | +21,68% |
| Maschinenbau | +14,19% |
| Chemische Industrie | +2,43% |
| Schiffsbau | -63,16% |
| Textilindustrie | -69,07% |
| Bergbau | -78,80% |
| Tabakindustrie | -82,50% |
| Lederindustrie | -88,76% |

* Für die Kategorien „Luft- und Raumfahrzeugbau" und „Schiffsbau" liegen für das Jahr 2001 keine Daten vor.

Quelle: Eigene Berechung und Zusammenstellung. Datenquelle: Statistisches Bundesamt (1992: 112-113; 2004: 80-81).

Lenkt man den Fokus von der Bundesebene auf die in dieser Arbeit behandelte Stadt Frankfurt am Main, so kann festgestellt werden, dass sich die oben geschilderten Entwicklungen hier teilweise in weit stärkerem Maße vollzogen haben, als es dem Bundestrend zu entnehmen war. Eindrücklich wird dies vor allem bei der Betrachtung der Entwicklung der Anzahl der Beschäftigten und Arbeiter in Frankfurt am Main (vgl. Abb. 16). Im Zeitraum von 1959 bis 2003 hat sich die Anzahl aller Beschäftigten in diesem Sektor um 58,21% reduziert, die der Arbeiter noch stärker, nämlich um 79,18% und liegt damit deutlich über dem Bundesschnitt. Geht man von den jeweiligen Maxima aus, so erhöhen sich die Veränderungen noch zusätzlich um einige Prozentpunkte.

Diese Tendenz spiegelt sich nicht nur in den Beschäftigtenzahlen wider, sondern sie kann auch in der Entwicklung der Anzahl der Betriebe nachvollzogen werden (vgl. Abb. 17).

Im Zeitraum von 1959 bis 1976 verringerte sich die Betriebszahl (Betriebe mit mehr als 10 Angestellten[10]) in Frankfurt am Main von 539 auf 350 um rund 35%. Im Zeitraum von 1977 bis 2003 setzte sich dieser Trend nach einer kurzen Wachstumsphase fort; die Anzahl der Betriebe (mit mehr als 20 Beschäftigten) sank noch einmal um knapp 25% auf 208

---

[10] Innerhalb des dargestellten Zeitraums wurde das Erfassungskriterium der Betriebe verändert. Während bis 1976 Betriebe ab zehn Mitarbeitern statistisch erfasst wurden, müssen Betriebe seit 1977 20 oder mehr Mitarbeiter aufweisen, um statistisch erfasst zu werden.

Stück. LANZ beschrieb diesen Wandel wie folgt: „Die Restrukturierung der ökonomischen Basis der Stadt [Frankfurt am Main] kann anhand von zwei Tendenzen beschrieben werden: Dem Aufstieg des finanzindustriellen Komplexes und der Erosion des industriellen Sektors" (LANZ 1996: 105). So ist die ökonomische Struktur Frankfurts also von einer zunehmenden Tertiärisierung geprägt, die sich auch in einer „internen Tertiärisierung niederschlägt, also der innerbetrieblichen Verlagerung von gewerblichen Arbeitsplätzen hin zu Büro-, Forschungs- und Entwicklungsarbeitsplätzen (vgl. LANZ 1996: 106). Betrachtet man hierzu die Statistik, dann wird der Tertiärisierungstrend eindrücklich belegt: Im Jahre 1970 waren in Frankfurt am Main 334.653 Menschen (61,4%) in Dienstleistungsbereichen beschäftigt (zum Vergleich Bundesdurchschnitt 1970: 42%). Bis 1987 stieg die Anzahl auf 427.170 Personen, was einem Anteil von 76,4% entspricht. Damit liegt der Anteil der in Frankfurt am Main im Dienstleistungssektor Beschäftigten 16,2% über dem Bundesdurchschnitt von 60,2% (1987) (vgl. IHK Frankfurt am Main 1990). Auslöser für die Erosion des Produzierenden Gewerbes ist – gemeinsam mit den oben aufgeführten Punkten – die Finanzökonomie, die „ihr lokales Umfeld [...] vorrangig als Raumreserve für die Expansion von Büro- und Geschäftszentren" (vgl. KRÄTKE 1991: 51) betrachtet und nutzt, wodurch Grundstückswerte zum Teil extrem ansteigen. Durch diese Invasion tertiärer Nutzungen kommt es zu steigenden Grundstückswerten, wodurch durch die Aufgabe oder Verlagerung von Betriebsimmobilien hohe Spekulationsgewinne erzielt werden können.

**Abb. 16: Entwicklung der Anzahl der Angestellten und Arbeiter im Produzierenden Gewerbe in Frankfurt am Main zwischen 1959 und 2003**

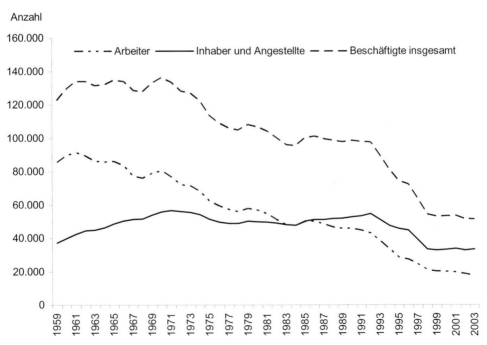

Quelle: Eigene Abbildung. Daten: Statistisches Jahrbuch Frankfurt am Main, verschiedene Jahrgänge.

Abb. 17: Entwicklung der Anzahl der Betriebe im produzierenden Gewerbe in Frankfurt am Main zwischen 1959 und 2003

Ab dem Jahr 1977 wurde die statistische Grundlage abgeändert. Bis 1976 wurden Betriebe mit 10 und mehr Beschäftigten erfasst. Ab 1977 wurde die Mindestgröße auf 20 Personen hochgesetzt.
Quelle: Eigene Abbildung. Daten: Statistisches Jahrbuch Frankfurt am Main, verschiedene Jahrgänge.

Letztlich kann dies Auslöser für die Aufgabe oder Verlagerung von Betrieben sein. NOLLER & RONNEBERGER nennen als Beispiel das Unternehmen Messer Griesheim, das den Teilbereich Schweißtechnik von Frankfurt nach Groß-Umstadt, den Teilbereich Gas nach Krefeld und den Bereich Behälterbau nach Osteuropa verlagert hat (vgl. NOLLER & RONNEBERGER 1995: 69). Auch beim in dieser Arbeit untersuchten Projekt Galluspark auf dem Areal der Triumph-Adler-Werke im Stadtteil Gallus haben potentielle Spekulationsgewinne eine Rolle gespielt. Auch WOLF (2001) sieht den voranschreitenden Trend der Verlagerung von Gewerbe-, aber auch Dienstleistungsbetrieben aus der Innenstadt an den Stadtrand, den er aus der Konzentration von Arbeitsplätzen und daraus resultierender höchster Beschäftigtendichten Frankfurts am Stadtrand ableitet (vgl. WOLF 2001: 234). Diese Konzentration ist in Abb. 18 dargestellt.

Diese Schilderung soll jedoch nicht darüber hinweg täuschen, dass dem Sekundären Sektor nach wie vor ein hoher Stellenwert, sowohl in der Kernstadt Frankfurt am Main, als auch in der gesamten Rhein-Main-Region zukommt. Dies hat WOLF eindrücklich belegt:

*„Trotz der Dominanz der tertiären Einrichtungen im Rhein-Main-Gebiet ist in diesem Raum die industrielle Beschäftigung nicht völlig zum Erliegen gekommen. [...] Die Bedeutung des sekundären Wirtschaftssektors wird auch deutlich bei der Ermittlung des steuerbaren Umsatzes [...], die zeigt, dass noch ein beträchtlicher Teil – immer mindestens 20 bis 30%, z. T. aber auch über 50% der Steuereinnahmen – aus*

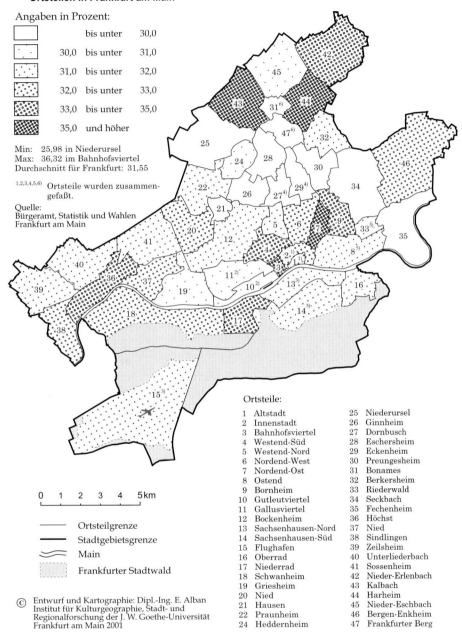

Abb. 18: Beschäftigtendichte (Anteil der Beschäftigten an der Bevölkerung) am 30.06.1998 nach Ortsteilen in Frankfurt am Main

Quelle: WOLF 2001: 271.

**Abb. 19:** Anteil der sozialversicherungspflichtig Beschäftigten an den Wirtschaftssektoren 1980 und 1998 in den Gemeinden der Region Rhein-Main

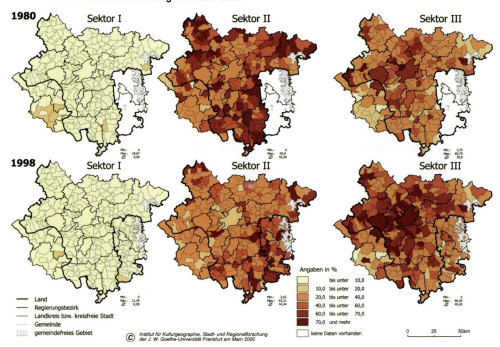

Quelle: Institut für Kulturgeographie, Stadt und Regionalfoschung (2000).

*dem sekundären Wirtschaftssektor kommen. Andererseits wird am Beispiel der Auflösung des Höchst-Konzerns und der Eingliederung in das Unternehmen Aventis mit Firmensitz in Straßburg deutlich, dass im Zeichen der Globalisierung Konzentrationstendenzen stattfinden, die der Region auch in diesem Bereich auf Dauer schaden (...)"* (WOLF 2003: 18).

Unbestritten bleibt jedoch auch hier festzuhalten, dass in der Region Rhein-Main in den letzten 30 bis 40 Jahren ein Konzentrationsprozess hin zum Tertiären Sektor stattgefunden hat, so dass in nahezu der gesamten Region Rhein-Main Ende der 1990er Jahre „fast immer 50% und mehr der Beschäftigten Tertiärbeschäftigte waren, während in den Kernstädten und –zonen des Rhein-Main-Gebiets tertiärwirtschaftliche Beschäftigungsanteile von mehr als 70% erreicht werden" (vgl. WOLF 2003: 18). Diese teilweise erdrutschartige Entwicklung hin zur Dienstleistungsgesellschaft wurde von WOLF für den Zeitraum 1980-1998 in Abb. 19 dokumentiert. Ein Ende dieses Konzentrationsprozesses ist bisher noch nicht abzusehen.

Die in diesem Kapitel geschilderten Entwicklungen bilden in vielerlei Hinsicht auch die Grundlage für das Entstehen der im Folgenden dargestellten Brachflächentypen, so dass die Ausführungen der untenstehenden Kap. 3.2 – 3.4 auch im Kontext des Kapitels 3.1 zu sehen sind.

## 3.2 Verkehrsbrachen

Verkehrsbrachen entstehen hauptsächlich durch die Aufgabe von mit der Industrie verbundenen Verkehrseinrichtungen, wie bspw. Güterbahnhöfen oder innerstädtischen Hafenarealen (vgl. HÖHMANN 1999: 7). Hauptgründe für diese Entwicklung sind erstens sich verändernde Anforderungen an den Güterverkehr. Zweitens „[weisen] die Innenstadt bzw. der Innenstadtrand [...] gegenüber den logistisch besser gelegenen Standorten am Stadtrand aus betriebswirtschaftlicher Sicht erhebliche Nachteile auf" (WIEGANDT 1997: 623-624).

Ein großer Teil der Flächen, die zur Kategorie der Verkehrsbrache gezählt werden muss, sind ehemalige Bahnflächen, die durch Umstrukturierungsprozesse der Bahn AG (ehemals Deutschen Bundesbahn) freigesetzt wurden[11] und künftig noch werden. Im Rahmen der Bahnreformen, mit der u. a. eine marktorientierte Liegenschaftspolitik verfolgt wird (vgl. SCHELTE 1999: 24), wurden mehrere Ziele verfolgt, darunter die marktangepasste Konzentration von Standorten, der Rückbau von Gleisanlagen (bedingt durch eine rückläufige Entwicklung im Güterverkehr, neue organisatorische Abläufe im Zugverkehr, Modernisierung und technologische Neuerungen) oder durch eine intensivere Bewirtschaftung von Bahnhofsflächen (vgl. SCHELTE 1999: 27-28). Als Grund für die seit einigen Jahren durchgeführten Reformen ist u. a. ein Rückgang der Marktanteile am Güterverkehr durch die abnehmende Bedeutung der Montanindustrie zu nennen. Aber auch die wachsende Konkurrenz durch LKW-Transporte macht der Gütersparte der Bahn (Railion) große Probleme. Gleichzeitig entwickelte sich der PKW nach und nach zum stärksten Konkurrenten der Bahn. Die in den vergangenen Jahrzehnten kontinuierlich gestiegene Popularität und Verbreitung in Verbindung mit sinkenden Kosten von Automobilen tragen einen großen Teil am Restrukturierungszwang der Bahn bei: in den rund drei Jahrzehnten von 1960 bis 1992 ist der Marktanteil der Eisenbahn beim Personenverkehr von einst 36% auf 6% gesunken. Sollte das Projekt Bahn2[12] in vielen Städten realisiert werden, dann kommen zusätzlich enorme Flächenpotentiale hinzu. Allein beim Projekt Stuttgart21, die erste Stadt, in der Bahn21 vollständig bis 2013 realisiert wird, handelt es sich um ein Volumen von ca. 100ha. Nach SCHELTE (1999: 29) sollen in den betroffenen rund 25 Städten ca. 90% der heutigen Bahnflächen für die Stadtentwicklung zur Verfügung gestellt werden. Da diese in aller Regel innerstädtisch gelegen sind, stellen sie ein gewaltiges Potential für diese Bereiche dar. Das freisetzbare Flächenvolumen in den ca. 25 Städten, in denen Bahn21 ursprünglich realisiert werden sollte, bezifferte SCHELTE mit 1.600ha in 1a Citylagen. Zum aktuellen Zeitpunkt (Mitte 2005) scheinen die ehrgeizigen Pläne der Deutschen Bahn AG jedoch in weite Ferne gerückt zu sein. Aufgrund der enormen finanziellen Aufwendungen, die zur Realisierung der Bahn21-Projekte erforderlich sind, ist zurzeit Stuttgart21 das erste und bleibt auch vorläufig das einzige Projekt, dass in dieser Reihe realisiert (werden) wird.

---

[11] Allein zwischen 1982 und 1989 wurden bereits ca. 5.500ha Flächen aufgegeben (vgl. WIEGANDT 1997: 623). Für das Jahr 2000 beziffert SCHRENK die nicht mehr betriebsnotwendigen Flächen der Deutschen Bahn AG mit 20.000ha (vgl. SCHRENK 2005).

[12] Das Projekt Bahn21 umfasst u. a. die Verlegung der Gleisvorfelder der (Kopf-)Bahnhöfe der Großstädte in den Untergrund, wodurch eine Reisezeitreduzierung erreicht und enorme Flächenpotentiale freigesetzt würden. Auch in Frankfurt am Main existierten Pläne zur Realisierung, die zum aktuellen Zeitpunkt jedoch vor allem aus Finanzierungsgründen zurückgestellt sind.

Neben die Bahnflächen treten aber seit Beginn der 1990er Jahre verstärkt auch zahlreiche ehemalige innerstädtische Hafenareale, die einer neuen Nutzung zugeführt werden. Als flächenmäßig wohl größtes und prominentestes deutsches Beispiel kann die Hafencity, die zur Zeit in Hamburg realisiert wird und ein Volumen von rund 100ha umfasst, angeführt werden. Aber auch zahlreiche andere Städte haben sich mit der Umwidmung in den letzten Jahren auseinandersetzen müssen (bspw. Kiel, Düsseldorf, Neuss, London und Frankfurt, um nur einige betroffene Städte zu nennen). Den Prozess des Entstehens von Hafenbrachen beschreibt THARUN (1986) wie folgt:

*„Es waren die Veränderungen und Differenzierungen im Verkehrswesen, die die Binnenhäfen schon vor Jahrzehnten ihrer traditionellen Handelsfunktion mit dem Umschlag von versorgungsorientierten Stückgütern beraubt haben, da diese auf die Bahn verlagert wurden und heute hauptsächlich durch den LKW befördert werden. Die Binnenhafenwirtschaft reagierte darauf mit dem Um- und Ausbau der Häfen zu Industriehäfen, die gleichzeitig Standorte der Industrie und des Massengüterumschlags sind. Damit unterliegen aber nicht nur die Umschlagstruktur und das Umsatzvolumen, sondern auch die Siedlungsstruktur der Binnenhäfen gesamtwirtschaftlichen Struktur- und Konjunkturveränderungen" (Tharun 1986: 289),*

die bereits weiter oben dargestellt worden sind. Auch kam es zu deutlichen Überkapazitäten in Städten, die über mehrere Häfen verfügten, wodurch die Hafennutzung (an einem Standort) kompaktiert und die freigesetzten Flächen einer anderen Nutzung zugeführt werden konnten. In Frankfurt am Main kam es eben zu diesen Überkapazitäten, da Frankfurt über mehrere Häfen verfügt:
- Hafen Mainkur und Oberhafen im Industriegebiet Fechenheim,
- der Osthafen als größter Hafen Frankfurts im Stadtteil Ostend,
- der Westhafen im Gutleutviertel,
- der Niederräder Hafen, der schon vor langer Zeit stillgelegt wurde und auf dessen Areal sich heute ein Campingplatz befindet,
- der noch in Betrieb befindliche Flusshafen Gutleuthof,
- der Höchster Hafen, der ebenfalls bereits in den 1980er Jahren stillgelegt wurde
- und Häfen im Industriepark Höchst mit Hafenbecken und dem Rhein-Main Container Port.

Ende der 1980er Jahre begann aufgrund dieser hohen Hafenzahl eine Debatte über die künftigen Nutzungen, die letztlich zum Entschluss des Ausbaus und der Kompaktierung der innerstädtischen Häfen im Osthafen im Rahmen des Konzeptes HAFEN2000+ führten und das „Ende" des Westhafens einläutete (vgl. hierzu ausführlich Kap. 5.4.1).

## 3.3 Militärbrachen bzw. Konversionsflächen

Der Typ der Militärbrache wird in dieser Arbeit zwar nicht weiter behandelt, er soll aber dennoch als wichtiger Vertreter (innerstädtischer) Brachtypen an dieser Stelle thematisiert werden. Militärbrachen entstehen verstärkt seit Beginn der 1990er Jahre als Ergebnis von

**Abb. 20: Entwicklung der Stärke der in der BRD stationierten alliierten und bundesdeutschen Streitkräfte von 1955 bis 1994**

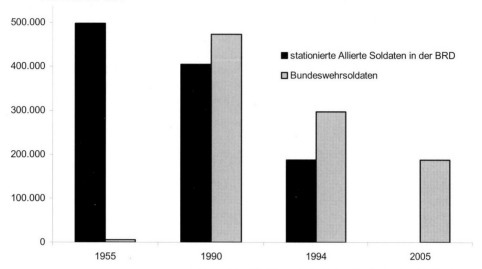

Für das Jahr 2005 liegen keine Daten für die alliierten Streitkräfte vor.
Quelle: Eigene Abbildung. Daten: ODENAHL (1994: 20), Bundesministerium der Verteidigung (2005).

Standortentscheidungen öffentlicher Institutionen. Sowohl der Abzug ausländischer Streitkräfte nach dem Ende des Kalten Krieges und des Mauerfalls im Jahre 1989, als auch die Verkleinerung der Bundeswehr (sowohl Standorte als auch Stärke der Streitkraft; Bundeswehrstrukturreform), trugen zu einem raschen Anwachsen von militärischen Brachflächen bei. In stadtplanerischer Hinsicht sind allerdings nur diejenigen Flächen von Interesse, die innerstädtisch gelegen sind. Dies trifft vor allem auf ehemalige Kasernengelände zu, denn „sie bieten gute Voraussetzungen für die Schaffung von vielfältigen und lebendigen Stadtquartieren, weil hier i.d.R. schon ein enges Nebeneinander von Wohngebäuden, Werkstätten, Hallen, Lagerflächen und technischer Infrastruktur vorhanden ist" (WIEGANDT 1997: 623). ODENAHL (1994: 20) zeigte die Entwicklung der Stärke der Streitkräfte eindrucksvoll auf (vgl. Abb. 20). Die Truppenstärke der Bundeswehr reduzierte sich zwischen 1990 und 2005 um rund 60%, die der alliierten Streitkräfte im Zeitraum zwischen 1990 und 1994 um 54%.

Diese drastische Reduzierung der Truppenstärke konnte nicht folgenlos für die Militärstandorte bleiben. WIEGANDT (1997: 624) bezifferte das Aufkommen an Konversionsflächen im Jahre 1995 mit 360.000ha und stufte 16,7% davon (57.600ha) als städtebaulich relevante Flächen[13] ein. Lediglich fünf Jahre später nennt SCHRENK (2005) für das Jahr 2000 ein Volumen von 500.000ha an Militärbrachen, wobei er 50.000ha als städtebaulich relevante Flächen klassifiziert. Auch wenn diese Angaben von denen anderer Autoren (teilwei-

---

[13] Als städtebaulich relevante Flächen sind solche Flächen zu betrachten, die in oder am Rande von Städten liegen. Dies trifft für viele Militärstandorte nicht zu, die bspw. als wirtschaftsfördernde Maßnahmen gezielt in peripheren Regionen angesiedelt wurden.

se stark) abweichen, kann dennoch grundsätzlich die hohe Bedeutung an diesen Zahlen aufgezeigt werden.

Als Beispiele für die Revitalisierung innerstädtischer Konversionsflächen können unter anderem aktuelle Projekte in Frankfurt am Main angeführt werden, darunter die Areale der ehemaligen New Betts und New Atterberry-Kasernen der US-Army an der Friedberger Warte und der Michael/McNair-Kasernen in Frankfurt/Höchst. Auf diesen beiden ehemaligen Kasernengeländen wurden und werden neue Wohnquartiere errichtet. Aber auch der ehemalige Europa-Hauptsitz der US-amerikanischen Streitkräfte (bis 1995), der sog. Pölzigbau (auch als IG-Farben-Haus bekannt, der ehemalige Konzernsitz der Interessengemeinschaft Farben), der seit 2001 ein zusätzlicher Standort der Frankfurter Johann Wolfgang Goethe-Universität ist und den altangestammten Campus im Stadtteil Bockenheim in den kommenden Jahren ablösen wird.

## 3.4 Dienstleistungsbrachen

Der Vollständigkeit halber soll zum Schluss noch kurz auf den o. g. vierten Typ, der Dienstleistungsbrache, eingegangen werden, die – ebenso wie die bereits diskutierten Konversionsflächen – im weiteren Verlauf keine Rolle in dieser Arbeit spielen. Dienstleistungsbrachen sind als neuere Erscheinungsform zu betrachten. Sie resultieren aus der Aufgabe von Büroflächen, die in aller Regel aufgrund ihres Alters und den damit zusammenhängenden nicht erfüllbaren technischen oder architektonischen Anforderungen potentieller Mieter nicht mehr marktfähig sind. Begünstigend für das Entstehen von Dienstleistungsbrachen wirkt sicherlich ein Überangebot an vermarktbaren Flächen auf dem Gewerbeimmobilienmarkt, wie er bspw. zurzeit in Frankfurt am Main festzustellen ist. Der Leerstand bei Büroflächen erreichte Ende 2004 die Rekordmarke von 1.9 Mio. Quadratmetern und somit eine noch nie da gewesene Quote von 16,7% (vgl. HR-Online.de 2005). In solch einem Milieu haben veraltete Gebäude auf dem Immobilienmarkt kaum eine Chance und werden deshalb teilweise einem Recycling zugeführt. Hierbei sind unterschiedliche Nachnutzungen denkbar. Sicherlich am naheliegendsten ist der Abriss und Neubau von Büroflächen, wie es mit dem Beispiel des an der Alten Oper gelegenen mittlerweile seit mehreren Jahren abgerissenen so genannten Zürichhochhauses in Frankfurt am Main dokumentierbar ist[14].

Neben ehemaligen Büroflächen stellen aber auch einst von der Deutschen Telekom AG oder der Deutschen Post AG genutzte Areale Vertreter dieser Gruppe dar. Allein für die Deutsche Telekom AG gibt GÖTZ (2005) an, dass „aufgrund des technischen Fortschritts ca. 50% der Flächen überwiegend in Innenstädten nicht mehr benötigt [werden]" (GÖTZ 2005). Diese Flächen sind in aller Regel höchst attraktive Flächen für potentielle Investoren, da sie meist zentral gelegen sind. Auch hier kann ein prominentes Beispiel aus Frank-

---

[14] Wobei einschränkend hinzugefügt werden muss, dass es seit einigen Jahren lediglich beim Abriss blieb und das Areal seitdem als eine der prominentesten innerstädtischen Brachflächen bezeichnet werden kann. Der Hauptgrund liegt in der Finanznot des Eigentümers, der Zürich-Agrippina-Versicherungsgruppe, in die diese während der Planungen geriet.

furt angeführt werden: Die ehemalige Hauptpost auf der Zeil, der Frankfurter Haupteinkaufsstraße, wurde vor kurzem abgerissen und zum Projekt „Frankfurt Hoch vier", ein 800 Mio. Euro teures Dienstleistungs- und Erlebniszentrum, das rund 100.000m² BGF umfassen wird, von der niederländischen Investorengruppe Bouwfonds gemeinsam mit ECE Hamburg entwickelt (vgl. SCHÖN & LOPEZ SCHMITT GMBH 2005).

Als dritte denkbare Nachnutzung kommt in jüngerer Zeit auch die Möglichkeit der Umnutzung in Wohnraum immer häufiger auf die Agenda (vgl. WIEGANDT 1997: 622) – wohl aber nur eine Lösung für schlechte wirtschaftliche Zeiten, in denen der Büroimmobilienmarkt übersättigt ist und sich dadurch die Schaffung, Vermarktung und Vermietung von Wohnraum zur attraktiven Investitionsalternative entwickelt. Außerdem stellt dieser Weg nur eine Lösung für noch wachsende Regionen dar, denn in schrumpfenden Städten und Regionen wird weder der Neubau von Büroflächen, noch die Umwidmung in Wohnraum auf eine Marktnachfrage stoßen. Auch für diese dritte Folgenutzung kann ein jüngst in Frankfurt am Main diskutiertes Beispiel angeführt werden: Für das an prominenter Stelle am Frankfurter Römer gelegene Technische Rathaus wird eine neue Nutzung gesucht, wobei die Bandbreite der bisher diskutierten Vorschläge für eine Folgenutzung von Abriss und Neubau bis hin zu Umwidmung in ein Hotel oder Wohnraum reichten (vgl. Frankfurter Rundschau Online 2005).

### 3.4.1 Zusammenfassung

Wie in den vorangegangenen Kapiteln gezeigt wurde kann das Entstehen von Brachflächen nicht monokausal erklärt werden, sondern es handelt sich um vielfältige Prozesse, die sich gegeneinander beeinflussen und auf die Genese von Brachen einwirken. Als die wesentlichen auslösenden Faktoren wurden identifiziert:
- Deregulierung des Finanzsektors, sinkende Transportkosten sowie der Ausbau und die kontinuierliche Verbesserung der Kommunikationsmittel als Grundlage für
- Internationalisierungs- und Globalisierungstendenzen, die zu einer Peripherisierung der Industrieproduktion, Entwertung des Sekundären Sektors und voranschreitenden Tertiärisierung führen. Davon besonders betroffen sind die grundstoffnahen und Massengüter produzierenden Teile des II. Sektors.
- Verstärkung dieser Tendenzen durch voranschreitende Mechanisierung und Roboterisierung, durch innerbetriebliche Umstrukturierungen (Outsourcing, Just-in-time-Produktion etc.).
- Veränderte Anforderungen an den Güterverkehr, Überkapazitäten im Transportwesen (hier vor allem Eisenbahn und Hafen), Reformen der Deutschen Bahn AG.
- Abrüstung nach dem Ende des „Kalten Kriegs" und Mauerfall, Abzug ausländischer Streitkräfte, Bundeswehrstrukturreform und
- veraltete Technik in Gebäuden bzw. veraltete Gebäudestrukturen und/oder Überkapazitäten auf dem Büroflächenmarkt.

Abschließend gibt Tab. 4 einen ausführlichen, zusammenfassenden Überblick über potentielle Auslöser für die Verlagerung oder Aufgabe von Standorten, aufgeschlüsselt nach betroffenen Nutzungen bzw. Wirtschaftszweigen. All diese Entwicklungen und Tendenzen führten in Frankfurt am Main zum Entstehen zahlreicher Brachflächen, die in Abb. 21 dargestellt sind. Die Projektdaten finden sich in der darauf folgenden Tab. 5.

Tab. 4: Potentielle Einflussfaktoren für Standortaufgaben in Innenstadtlagen in Zuordnung zur jeweiligen Nutzung

| Auslöser für die Verlagerung oder Aufgabe von Standorten | betroffene/r Nutzung/Wirtschaftszweig |
|---|---|
| Globalisierung und Internationalisierung der Wirtschaft<br>Flexibilisierung der Produktion<br>Verlagerung ins Ausland *durch Kostengefälle (bspw. Energie), steuerliche Vorteile, lockeres Arbeitsrecht oder Lohnkostengefälle*<br>*Spekulationsgewinne durch Standortverlagerung* | Automobilindustrie<br>Chemische Industrie<br>Elektronikindustrie<br>Maschinenbauwerke |
| Alterungsprobleme<br>Verlagerung ins Ausland *durch Kostengefälle (bspw. Energie), steuerliche Vorteile, lockeres Arbeitsrecht oder Lohnkostengefälle*<br>Internationale Konkurrenz<br>*Spekulationsgewinne durch Standortverlagerung* | Stahlindustrie<br>Schiffsbauwerften<br>Textil-/Bekleidungsindustrie<br>Raffinerien |
| Rationalisierung<br>Konzentration der Produktion<br>Fusion von Unternehmen<br>Stilllegungen<br>*Spekulationsgewinne durch Standortverlagerung* | Druckereien<br>Konservenfabriken<br>Brauereien<br>Schokoladen-/Zuckerfabriken<br>Mühlen<br>sonstige Firmen der Nahrungsmittelindustrie |
| neue Transport- und Kühltechnik<br>*veränderte gesetzliche Regelungen* | Schlachthöfe |
| veränderte Einzugsbereiche<br>Kapazitätsabbau<br>*wachsende Bedeutung des LKW-Transports*<br>*Dominanz nicht-hafenaffiner Nutzungen*<br>*Bodenpreis-Spekulationsgewinne durch Standortverlagerung* | Großmärkte<br>Lagerhäuser<br>Hafenanlagen und –einrichtungen |
| Substitutionsprozesse bei Angebot und Nachfrage<br>veränderte Versorgungstechniken<br>*Bahnreform, Restrukturierung* | Zechen<br>städtische Versorgungsbetriebe<br>Bahngebäude<br>Bahngleise |
| *technisch veraltete Gebäude*<br>*Überangebot an Flächen*<br>*„Schrumpfende" Städte bzw. Regionen* | Bürogebäude |
| *Abrüstung nach Ende des Kalten Kriegs und Mauerfall*<br>*Strukturreformen*<br>*Truppenreduzierung*<br>*Truppenabzug* | Militärische Nutzung |

Quelle: Verändert nach Schelte (1999: 31), kursiv eigene Ergänzungen.

**Abb. 21: Brachflächen in Frankfurt am Main**

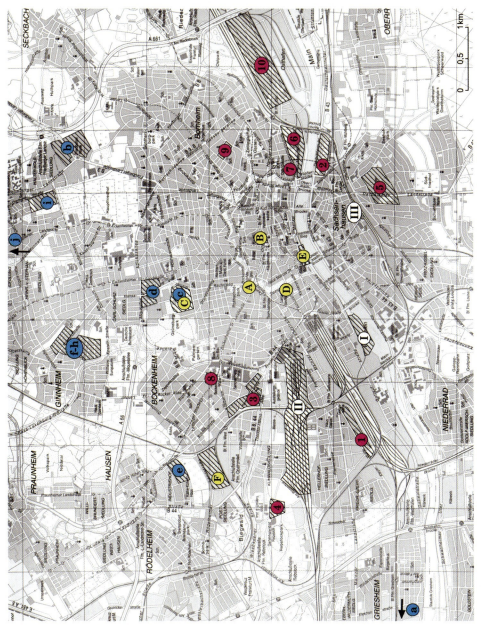

Quelle: Eigene Abbildung. Daten: Eigene Recherchen. Kartengrundlage: Stadtkarte Frankfurt am Main 1:30.000.

Tab. 5: Legende zu Abb. 21, Projektdaten und Projektnamen ausgewählter Brachflächen in Frankfurt

| | Gewerbe- und Industriebrachen | Stadtteil | Fläche | Ggf. Projektname |
|---|---|---|---|---|
| 1 | Adlerwerke | Gallus | 12 ha | Galluspark |
| 2 | Schlachthof | Sachsenhausen | 12 ha | Deutschherrnviertel |
| 3 | City West | Bockenheim | 52 ha | City West |
| 4 | Battelle-Institut | Bockenheim | 27 ha | Rebstockpark |
| 5 | Henningerbrauerei | Sachsenhausen | 11 ha | |
| 6 | Großmarkthallenareal | Ostend | 13 ha | Europäische Zentralbank |
| 7 | Oskar von Miller Straße | Ostend | 3 ha | |
| 8 | Hartmann & Braun GmbH und Co. KG | Bockenheim | n. b. | Alvearium |
| 9 | Naxos-Union | Ostend | n. b. | z. Zt. u.a. Theater |
| 10 | Hanauer Landstraße | Ostend/Fechenheim | n. b. | diverse Projekte |
| | **Verkehrsbrachen** | **Stadtteil** | **Fläche** | **Ggf. Projektname** |
| I | Westhafen | Gutleutviertel | 12 ha | Westhafen |
| II | Gleisvorfeld des Güterbahnhofs | Gallus | 90 ha | Europaviertel |
| III | Straßenbahndepot Sachsenhausen | Sachsenhausen | 8,7 ha | |
| | **Militärbrachen** | **Stadtteil** | **Fläche** | **Ggf. Projektname** |
| A | Michael-/McNair-Kasernen | Höchst | 16 ha | |
| B | New Betts und New Atterberry, Friedberger Warte | Bornheim | 21 ha | |
| C | Pölzig-Bau, IG-Farben-Areal | Westend | 39 ha | Unicampus im Westend |
| D | Hansaallee | Westend-Nord | | |
| E | Körnersiedlung/Am Fischstein | Hausen | | Körnersiedlung |
| F | Friedrich-Wilhelm-von-Steuben-Siedlung (enthält g und h) | Ginnheim | 65 ha | Friedrich-Wilhelm-von-Steuben-Siedlung |
| G | Hügelstraße | Ginnheim | | Hügelstraße |
| H | Platenstraße | Ginnheim | | Platenstraße |
| I | Gibbssiedlung/Am Gimmersberg | Eckenheim | | |
| J | Edwards-Siedlung | Frankfurter Berg/ Berkersheim | 5 ha | Edwards Gardens |
| | **Dienstleistungsbrachen** | **Stadtteil** | **Fläche** | **Ggf. Projektname** |
| A | Zürichhochhaus | Westend | | |
| B | Hauptpost und Telekomareal auf der Zeil | Innenstadt, Zeil | 1,7 ha | „Frankfurt Hoch Vier" |
| C | Pölzig-Bau, IG-Farben-Areal | Westend | 39 ha | Unicampus im Westend |
| D | Areal der Holzmann AG | Westend | | Skyper |
| E | Degussa Areal | Innenstadt | | (noch keine Entscheidung über neue Nutzung) |
| F | Siemens Rödelheim | Rödelheim | 20 ha | Siemensstadt |

Quelle: Eigene Zusammenstellung.

# 4 Neuausrichtung der Frankfurter Stadtentwicklungspolitik und Stadtentwicklungsplanung

In Kap. 4.1 werden die Ausgangsbedingungen und die Situation auf dem Frankfurter Wohnungsmarkt seit ca. Mitte der 1980er Jahre dargestellt. Auch die Hauptlinien der Frankfurter Planungs- und Wohnungspolitik als Grundlage zum Verständnis der in Kap. 5 dargestellten Projekte werden im Folgenden erläutert und diskutiert (Kap. 4.1). Eine zeitliche Ausdehnung der Betrachtung erfolgt nur dann, wenn es für die vorliegende Arbeit dienlich ist – daher wird auf eine umfassende Wiedergabe und Aufarbeitung der neueren Frankfurter Planungsgeschichte an dieser Stelle verzichtet[15]. Die Datenbasis für dieses Kapitel ist häufig das Jahr 1987, das Jahr der letzten Volkszählung, da mit dieser verschiedenste Daten erhoben wurden, die zu einem späteren Zeitpunkt nicht mehr statistisch erfasst bzw. über den Mikrozensus fortgeschrieben wurden.

Darüber hinaus werden die für die untersuchten Projekte Rahmen gebenden relevanten planerischen Maßnahmen und städtebaulichen Leitbilder der Stadt Frankfurt am Main erläutert. Dies sind der City-Leitplan für die Mainzer Landstraße (Kap. 4.3) und das Consilium zur Entwicklung des Stadtraumes Main (Kap. 4.4). Den Ausführungen und der Terminologie der der Arbeit zugrunde liegenden Theorie (vgl. Kap. 2.4.2) folgend, handelt es sich hierbei um die normativen Elemente der Regeln, mit denen sich jeder Akteur konfrontiert sieht und die jeder Akteur im Planung- und Kommunikationsprozess zu beachten hat. Gleichzeitig sind diese als kollektive Willenserklärung in Form von Plänen, Zielvorstellungen und Leitbildern der „Stadt" Frankfurt am Main zu betrachten, die die Grundlage der Entwicklung der Stadt Frankfurt am Main Ende des 20. Jahrhunderts legten.

Mit der Darstellung dieser Entwicklungen, Pläne und Leitbilder sollen die planungspolitischen Werte, Ziele, Leitbilder und Rahmenbedingungen (Strukturen) für die Projekte, die in dieser Zeit entwickelt wurden, herausgearbeitet werden. Somit wird eine Basis zum Verständnis des am Anfang der 1990er Jahre in Frankfurt herrschenden „Zeitgeistes" gelegt.

---

[15] Eine ausführliche Darstellung der Frankfurter Stadtplanung(spolitik) kann bspw. bei BALSER (1995), JUCKEL & PRÄCKEL (1996) oder MÜLLER-RAEMISCH (1996) nachgelesen werden.

## 4.1 Der Frankfurter Wohnungsmarkt seit Mitte der 1980er Jahre

### 4.1.1 Die Ausgangssituation

Die Situation auf dem Frankfurter Wohnungsmarkt hat sich im Übergang der 1980er in die 1990er Jahre zusehends verschärft. Diese Tendenz lässt sich an einigen wenigen Punkten festmachen. Allen voran kann hier der erhebliche Bevölkerungsanstieg in den Jahren 1987 bis 1992 aufgrund der „Zuwanderung von Umsiedlern aus den neuen Bundesländern, durch Aussiedler aus osteuropäischen Ländern und durch Asylbewerber" angeführt werden (Landesbausparkasse Hessen-Thüringen 1995: 1). Musste die Stadt Frankfurt am Main im Zeitraum 1970 bis 1987 noch einen Bevölkerungsverlust von ca. 11,5% (vgl. WENTZ 1991: 24) verkraften, so wuchs die Frankfurter Bevölkerung zwischen 1987 und 1992 von 621.379 auf 660.492 um 45.315 Einwohner (ca. 6.3%) an (vgl. Abb. 23). Dies bedeutet, dass in einem Zeitraum von lediglich fünf Jahren mehr als die Hälfte des Bevölkerungsverlustes der vorangegangenen 18 Jahre wettgemacht wurde. Die große Phase der „Stadtflucht" war also weitestgehend beendet und wurde von einer moderateren Stadt-Umland-Wanderung abgelöst.

In Abb. 22 wird der massive Anstieg der Bevölkerung seit Ende der 1980er Jahre deutlich, der im Jahre 1992 seinen Höhepunkt erreicht. Die Abb. 23 verdeutlicht diesen rapiden Bevölkerungszuwachs noch einmal.

Dabei hat sich die Bevölkerung nicht in allen Altersklassen gleichermaßen stark entwickelt, sondern insbesondere der Anteil der über 25-Jährigen ist im Verhältnis zur Gesamtbevölkerung besonders stark angestiegen. Bei dieser Gruppe handelt es sich um einen Bevölkerungsteil, der auch Wohnraum nachfragen und aller Wahrscheinlichkeit nach einen eigenen Haushalt[16] gründen wird. Denn letztlich ist nicht allein die Zahl der Einwohner entscheidend für die Frage, ob genügend Wohnraum auf dem Wohnungsmarkt zur Verfügung steht. Vielmehr ist es die Zahl der Haushalte im Verhältnis zur Anzahl der zur Verfügung stehenden Wohnungen, die bestimmt, ob ein ausgeglichener Wohnungsmarkt vorzufinden ist oder nicht. Betrachtet man die Anzahl der Haushalte und Wohnungen, so kann festgestellt werden, dass 1987 in Frankfurt am Main 330.104 Haushalten lediglich 304.584 Wohnungen zur Verfügung standen (vgl. Abb. 24 und Abb. 25). Dieses Missverhältnis erhöhte sich bis 1992 kontinuierlich auf 39.042 und erreichte im Jahre 1993 mit 48.709 fehlenden Wohnungen[17] ein Maximum (vgl. Stadt Frankfurt am Main – Amt für Statistik, Wahlen und

---

[16] Haushalt: „Personen, die gemeinsam wohnen und wirtschaften, insbesondere ihren Lebensunterhalt gemeinsam finanzieren (Mehrpersonenhaushalt). Wer allein wirtschaftet, bildet einen eigenen Haushalt (Einpersonenhaushalt), und zwar auch dann, wenn er mit anderen Personen eine gemeinsame Wohnung hat" (Stadt Frankfurt am Main – Amt für Statistik, Wahlen und Einwohnerwesen 1992a, 16). Im Gegensatz zur Bevölkerungszählung ist bei der Zählung von Haushalten nicht der Hauptwohnsitz ausschlaggebend, sondern die wohnberechtigte Bevölkerung.

[17] An dieser Stelle muss auf eine gewisse Unschärfe in dieser Berechnung hingewiesen werden: Bei dieser Gegenüberstellung werden bspw. unbewohnte Wohnungen, Wohnraum in Heimen (für bestimmte Bevölkerungsgruppen) und Untermietverhältnisse vernachlässigt. Dies ist nach Ansicht des Verfassers jedoch nicht weiter gravierend, da das Ziel dieses Kapitels nicht die exakte Quantifizierung des Wohnungsdefizits auf dem Frankfurter Wohnungsmarkt ist, sondern vorrangig die Situation auf dem Frankfurter Wohnungsmarkt im Allgemeinen darge-

Einwohnerwesen 1992a; Stadt Frankfurt am Main – Bürgeramt Statistik und Wahlen 1996). So stellte das Amt für Statistik der Stadt Frankfurt am Main fest: „Der deutliche Überschuss der Zahl der Haushalte über die der Wohnungen ist ein Hinweis auf die angespannte Situation des Frankfurter Wohnungsmarktes" (Stadt Frankfurt am Main – Amt für Statistik, Wahlen und Einwohnerwesen 1992b, 165). Die Anzahl der Haushalte hat sich von 1987 bis 1994 um ca. 10% (29.496 Haushalte) erhöht. Im selben Zeitraum nahm die Zahl der Wohnungen jedoch lediglich um 13.365 Wohnungen zu. Dadurch verschärfte sich die Situation insgesamt weiter, da sich das Wohnraumdefizit zwischen 1987 und 1992 beträchtlich erhöhte (vgl. Stadt Frankfurt am Main – Amt für Statistik, Wahlen und Einwohnerwesen 1995: 21 und 89). Eine Entspannung kann erst seit ca. 1993 – bedingt durch einen Rückgang der Stadtbevölkerung – festgestellt werden, wobei das Defizit Ende 1994 immer noch rund 37.000 Wohnungen betrug (vgl. SCHMID & WEINBÖRNER 1996: 53).

Allerdings kann nicht allein das Bevölkerungswachstum für die Unterversorgung mit Wohnraum verantwortlich gemacht werden. Der steigende Wohnraumbedarf wird auch durch einen anhaltenden Singularisierungsprozess (durch sinkende Heiratsquoten, häufigere Scheidungen, gesunkene Wiederverheiratungsquoten, durch steigende Lebenserwartung von Frauen („Witwenhaushalte")) bei den die Haushalte bildenden Erwachsenen begünstigt (vgl. Landesbausparkasse Hessen-Thüringen 1995: 6-10). Folge ist die Zunahme der Anzahl der Single-Haushalte. Im „Leitplan Wohnen" (1992) der Stadt Frankfurt am Main werden als weitere Ursachen für den Wohnungsnotstand unter anderem folgende Gründe aufgeführt:

**Abb. 22: Bevölkerungsentwicklung in Frankfurt am Main zwischen 1980 und 2003**

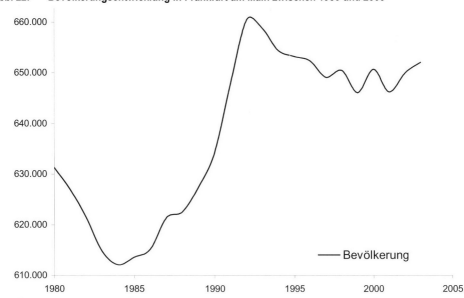

Quelle: Eigene Abbildung. Datenquelle: Stadt Frankfurt am Main – Bürgeramt Statistik und Wahlen (2004a; 2004b).

stellt werden soll. Darüber hinaus wird bei dieser Vorgehensweise unterstellt, dass jeder Haushalt auch eine Wohnung nachfragt, was sicherlich nicht immer der Fall sein dürfte (bspw. studentische Wohngemeinschaften).

Abb. 23: Jährliche Saldi der Bevölkerungsentwicklung zwischen 1981 und 2003.

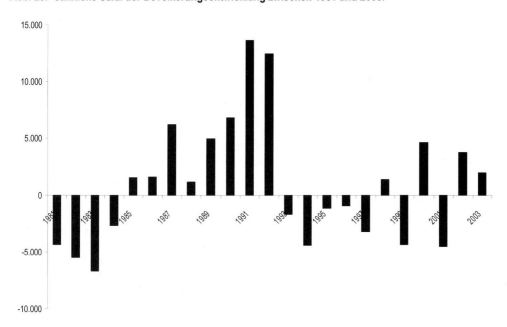

Quelle: Eigene Abbildung. Datenquelle: Stadt Frankfurt am Main – Bürgeramt Statistik und Wahlen (2004a; 2004b).

- eine „einseitige Betonung der wirtschaftlichen und kulturellen Entwicklung im letzten Jahrzehnt[18],
- ungünstige Entwicklung der Renditen im Wohnungsbau im Vergleich zu anderen Anlageformen,
- nicht ausreichende Beachtung des vollzogenen gesellschaftlichen und sozialen Wertewandels, wie z.B. der Verringerung der durchschnittlichen Haushalts- und Familiengröße (49% der Frankfurter Haushalte sind 1-Personen-Haushalte), der Zunahme der durchschnittlichen Wohnfläche pro Person, dem im Vergleich zu anderen Großstädten hohen Anteil an Kleinwohnungen,
- Schwerfälligkeit des Bau- und Planungsrechts wie auch des Naturschutzrechts bei der Entwicklung neuer Wohnbaugebiete,
- rapide steigende Miet-, Grundstücks- und Immobilienpreise,
- aus heutiger Sicht falsche Prognosen zur Bevölkerungsentwicklung und zum Wohnungsbedarf in den 80er Jahren,
- Rückzug der öffentlichen Hand aus dem sozialen Wohnungsbau sowie Verschlechterung der steuerlichen Anreize für den freifinanzierten Wohnungsbau,
- Steigende Zahl von Fehlbelegern in mietpreisgebundenen Wohnungen,

---

[18] Hierbei wird auf die vorhergehende Stadtregierung (CDU und FDP) angespielt, die seit den 1970er Jahren die Mehrheit in Frankfurt besaß. Hinsichtlich der Stadtentwicklung lagen die Schwerpunkte in Sanierung und Erneuerung. Auch galt die „Kultur" als wichtiges Themenfeld, das sich heute bspw. im Museumsufer oder auch an der Alten Oper zeigt. 1989 wurde diese Regierung von einer Rot-Grünen Regierung abgelöst.

- Wegfall zahlreicher Wohnungen aus der Mietpreis- und Belegungsbindung,
- Zweckentfremdung von Wohnraum,

Umwandlung von Miet- in Eigentumswohnungen" (Stadt Frankfurt am Main – Amt für Kommunale Gesamtentwicklung und Stadtplanung 1992b, 6-7; vgl. hierzu auch Wentz 1991: 14).

Erkennbar wird bei dieser Aufzählung vor allem, dass es sich um ein komplexes Handlungsfeld handelt, bei dem nicht einzelne Parameter für eine bestimmte Entwicklung identifiziert werden können, sondern ein Bündel von Einflussfaktoren für die Entwicklung in die eine oder andere Richtung bestimmend ist. Im Folgenden werden einige der oben aufgeführten Parameter kurz aufgegriffen.

Die durchschnittliche Wohnfläche, die einer Person in Frankfurt am Main zur Verfügung steht, nahm zwischen 1968 und 1987 von 25,8m² auf 33,2m² zu. Dies entspricht einem Wachstum von rund 29% (bzw. einer durchschnittlichen jährlichen Steigerung um 1,7% (vgl. WENTZ 1991: 17)), dass auch deutlichen Einfluss auf den Wohnungsmarkt hat (also absolute Zunahme der BGF Wohnfläche bei geringerem Wachstum der absoluten Wohnungsanzahl) (vgl. Stadt Frankfurt am Main – Amt für Statistik, Wahlen und Einwohnerwesen 1992a, 160). Der Trend der kontinuierlichen Zunahme an der Pro-Kopf-Wohnfläche in Frankfurt am Main kann auch deutlich in Abb. 26 abgelesen werden. Bis zum Jahr 2000 stieg diese auf 35,6m² pro Kopf an.

Ein weiterer Faktor ist die Neubauintensität, also der prozentuale Anteil an Neubauten gemessen am Bestand. In Frankfurt am Main blieb diese in den 1980er Jahren deutlich hinter dem hessischen Durchschnitt zurück. Darin zeigt sich im „Vergleich zum übrigen Bundesland [eine] stark unterdurchschnittliche Entwicklung des Wohnungsbaus in der Stadt Frankfurt am Main" (Landesbausparkasse Hessen-Thüringen 1995: 23). Während Frankfurt zwischen Ende der 1980er Jahre und 1993 als Folge der Öffnung Osteuropas und der einsetzenden Ost-West-Wanderung rund 40.000 Einwohner hinzu gewann, stieg die Zahl der Wohnungen lediglich um 8.000 (vgl. WENTZ 1995d, 118). Diese Entwicklung kann somit als eine zur Bevölkerungsentwicklung konträre Tendenz angesehen werden (vgl. WENTZ 1991: 25).

Auch die geburtenstarken Jahrgänge der 1960er Jahre treten ab Mitte der 1990er Jahre massiv in den Wohnungsmarkt ein und fragen Wohnraum – häufig 1- bis 2-Familienhäuser – nach.

Verschärfend für den Wohnungsmarkt wirkte sich auch die rückläufige Entwicklung im sozialen Wohnungsbau aus: „Im vergangenen Jahrzehnt [1980 bis 1990] fand zudem ein Rückzug der öffentlichen Hand aus dem sozialen Wohnungsbau in Frankfurt statt. Wurden 1982 noch 1.680 Wohnungen [...] gefördert, so sank die Anzahl 1989 auf 200 Wohnungen" (WENTZ 1991: 25). Der Teilmarkt für die in diesem Segment betroffene Bevölkerung wird sich außerdem noch weiter verschärfen:

*„Bis zum Jahr 2000 werden bei insgesamt 48.524 Wohnungen die gesetzlichen Mietpreis- und Belegungsbindungen enden. Damit wird der gesamte öffentlich geförderte Wohnungsbestand der Förderjahre 1949 bis 1990 um 51,6% reduziert sein. Für die Wohnungsversorgung mit Sozialmietwohnungen werden im Jahre 2000 nur noch 48,4% des ursprünglich geförderten Wohnungsbestandes zur Verfügung stehen"* (KÖRNER 1995: 69f).

Abb. 24: Entwicklung der Anzahl der Haushalte und Wohnungen in Frankfurt am Main seit 1987

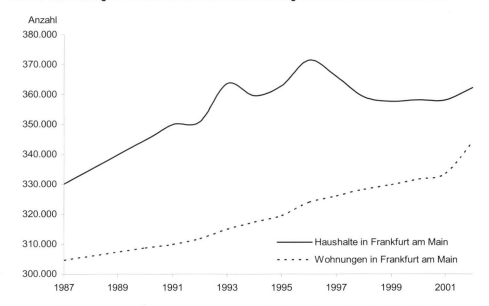

Quelle: Eigene Abbildung. Datenquelle: Stadt Frankfurt am Main – Bürgeramt Statistik und Wahlen (1996; 1997; 1999 - 2003). Für die Jahre 1988 und 1989 liegen keine amtlichen Daten vor.

Abb. 25: Saldi zwischen der Anzahl der Wohnungen und Haushalte in Frankfurt am Main seit 1987

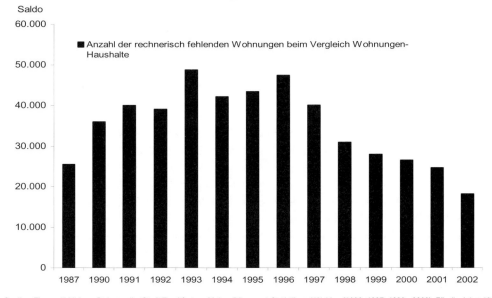

Quellen: Eigene Abbildung. Datenquelle: Stadt Frankfurt am Main – Bürgeramt Statistik und Wahlen (1996; 1997; 1999 - 2003). Für die Jahre 1988 und 1989 liegen keine amtlichen Daten vor.

**Abb. 26: Entwicklung der Pro-Kopf-Wohnfläche in Frankfurt am Main**

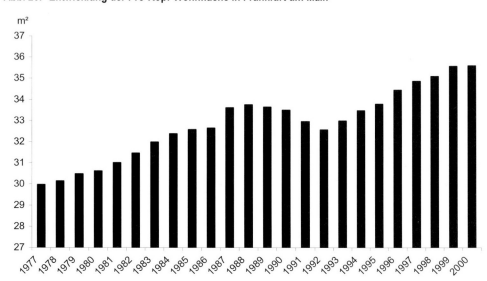

Quelle: Eigene Abbildung. Daten: Stadt Frankfurt am Main – Amt für Statsitik, Wahlen und Einwohner-wesen (1995; 2001).

Es wäre jedoch zu kurz gegriffen bei diesem Prozess die Betrachtung des sozialstrukturellen Wandels der Gesellschaft zu ignorieren, denn neben der Vernachlässigung des Wohnungsbaus bei einer gleichzeitig rasch ansteigenden Bevölkerung, die zu einem Mangel an Wohnraum führte, forcierte dieser Wandel auch die Verschärfung der Nachfrage auf dem Wohnungsmarkt. Einher mit dem sozialen und strukturellen Wandel gehen auch veränderte Ansprüche an traditionelle Wohnformen:

*„Während das Einfamilienhaus und die genormte Sozialwohnung auf dem Leitbild der klassischen Kleinfamilie basieren, verlangen die neuen Haushaltstypen mit ihrem veränderten Anspruchsprofil vielfältiger nutzbare Wohnformen. Die Wiederentdeckung der Stadt durch die „Neuen Urbanen" [Young Urban Professionals] kann auch als Teil eines sozialen Modernisierungsprozesses angesehen werden, der sich in einem Individualisierungs- und Pluralisierungsschub bemerkbar macht. Diese Transformation ist bei den tertiarisierten Mittelklassesegmenten in den Großstädten am weitesten fortgeschritten" (WENTZ 1995c, 12).*

Diese neue Gruppe gut ausgebildeter, erwerbstätiger Personen mit hohem Einkommen trägt zum weiteren Wachstum des Anteils der Ein-Personen-Haushalte bei (Singularisierung) oder schlägt sich in einer wachsenden Anzahl an Zwei-Personen-Haushalten ohne Kinder, den so genannten DINKS (Double Income No KidS) nieder. Folgen sind das Ansteigen der Mieten und eine wachsende Konzentration finanziell schwächer gestellter Bevölkerungsteile in bestimmten Bereichen der Stadt (vgl. WENTZ 1995c, 11). Im Folgenden Kap. 4.1.2 werden die Konsequenzen dieser Tendenzen dargestellt.

## 4.1.2 Konsequenzen dieser Tendenzen für die Stadt Frankfurt am Main und ihren Wohnungsmarkt

Diese Entwicklungstendenzen – namentlich
- das rapide Bevölkerungswachstum durch eine positive Wanderungsbilanz,
- die Wiederentdeckung der Stadt durch die Jungen Urbanen,
- die Zunahme der Anzahl der Singlehaushalte,
- die Verkleinerung der Haushaltsgröße,
- das Steigen der durchschnittlichen Wohnfläche pro Kopf und Wohneinheit,
- die geringe Neubauintensität und Schwerpunktsetzung auf andere Bereiche der Stadtentwicklung und
- die Vergrößerung des Wohnungsbestandes, insbesondere der Großwohnungen (vgl. Stadt Frankfurt am Main – Amt für kommunale Gesamtentwicklung und Stadtplanung 1992b, 11)

– konnten für den Frankfurter Wohnungsmarkt und die Frankfurter Bevölkerung nicht folgenlos bleiben. Neben der dargestellten Wohnungsnot in Form eines sich verstärkenden Mangels an Wohnraum – und zwar in allen Marktsegmenten – war unter anderem die Abwanderung besser verdienender Frankfurter Haushalte in das Frankfurter Umland zu verzeichnen.

Der zunehmende ökonomische Verdrängungswettbewerb in der Kernstadt geht zu Lasten der finanziell schwächer gestellten Schichten der Bevölkerung (Gentrification, Segregation) (vgl. Stadt Frankfurt am Main – Amt für kommunale Gesamtentwicklung und Stadtplanung 1992b, 7; WENTZ 1991: 26). Folge dieses Verdrängungswettbewerbes war das Ansteigen der Mieten und Immobilien in Frankfurt, aber auch in den umliegenden Gemeinden. So haben sich die Preise für Immobilien, Grundstücke und Mieten (bei Neuvermietung) zwischen 1980 und 1987 verdoppelt. Hierbei spielte jedoch auch das rasante wirtschaftliche Wachstum eine große Rolle, welches dazu führte, dass immer mehr Wohnraum in Büroraum umgewidmet wurde bzw. die Grundstückspreise massiv anstiegen (vgl. WENTZ 1991: 14).

Ziel des Umzugs von Frankfurt in das Umland ist in der Regel der Wunsch nach einer Verbesserung der Wohnsituation[19] (vgl. RAMB 1996: 268). Insgesamt ist die Bevölkerung Frankfurts seit 1984 zwar aus den in Kap. 4.1 dargestellten Gründen stetig gewachsen (vgl. Abb. 22), gleichzeitig mussten jedoch auch starke Wanderungsverluste – vor allem der finanzstarken Bevölkerung – zunächst an das direkt benachbarte, später in das weitere Umland hingenommen werden (vgl. Abb. 27).

Die Bedeutung und die Rolle dieser Bevölkerungsteile für eine Großstadt wie Frankfurt, ist seit langen Jahren (und bis heute) immer wieder Streitpunkt für regionalpolitische Debatten (z.B. finanzieller Lastenausgleich, regionaler Ausgleich der sozialen Kosten, wie

---

[19] In einer Befragung des Statistischen Amtes der Stadt Frankfurt am Main zum Wegzugsverhalten der Frankfurter aus Frankfurt ins benachbarte Umland aus dem Jahre 1996 wurden folgende Wegzugsgründe genannt (Reihenfolge entspricht sinkender Anzahl an Nennungen): ruhige Wohnlage/gepflegtes Wohnviertel im Umland, geeignete Wohnungsgröße/-ausstattung, preisgünstige Wohnung, wegen der Kinder/der Spielmöglichkeiten/der guten Luft/des Schulangebotes, mit anderen zusammenziehen, Nähe zu Verwandten/Freunden, Nähe zum Arbeitsplatz, gute Erreichbarkeit mit dem ÖPNV, günstige Preise für Grundstücke bzw. Häuser (...) (vgl. RAMB 1996: 268).

bspw. in der Region Hannover (vgl. hierzu PRIEBS 1997: 5-32; 1999: 11-33), etc.). Der Wegzug der gut verdienenden und der Zuzug schwächerer Bevölkerungsteile führen letztlich zu einer Verschiebung und einem Ungleichgewicht der Finanzkraft innerhalb von Regionen. So lagen bspw. die durchschnittlichen Jahreseinkünfte je Steuerpflichtigem 1983 in Frankfurt am Main bei 39.720 DM, in den umliegenden Landkreisen hingegen durchschnittlich bei 41.552 DM[20], teilweise jedoch bedeutend höher (Hochtaunuskreis 51.339 DM, Main-Taunus-Kreis 48.339 DM, LK Offenbach 44.071 DM (vgl. Stadt Frankfurt am Main – Amt für Kommunale Gesamtentwicklung und Stadtplanung 1992b, 10). Diese Ungleichverteilung – also teilweise höhere Jahreseinkünfte in den Nachbarlandkreisen Frankfurts im Vergleich zu Frankfurt – ist auch in den Jahren 1986, 1989, 1992 und 1998 größtenteils erhalten geblieben (vgl. Abb. 28).

**Abb. 27: Wanderungsverluste Frankfurts am Main an das benachbarte Umland zwischen 1980 und 2003**

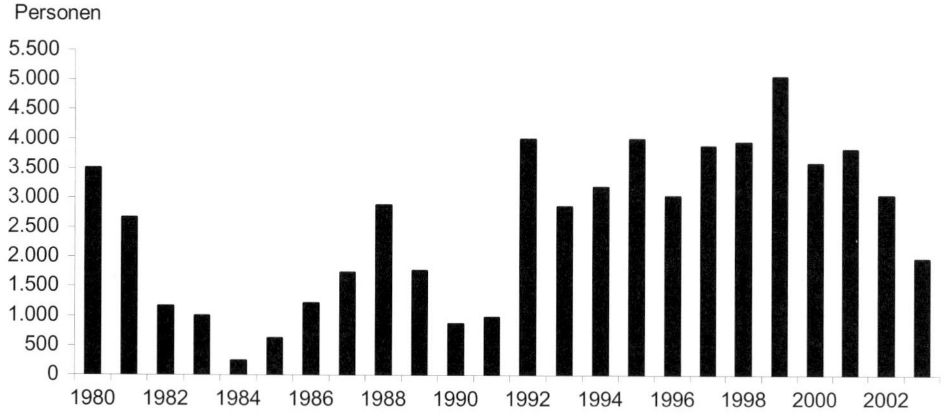

Quelle: Eigene Abbildung. Datenquelle: Stadt Frankfurt am Main – Bürgeramt, Statistik und Wahlen (2000; 2004).

Gleichzeitig war die Zahl der Sozialhilfeempfänger im Jahr 1987 mit 8.45% in Frankfurt gut doppelt so hoch, wie im Umland (vgl. Stadt Frankfurt am Main – Amt für Kommunale Gesamtentwicklung und Stadtplanung 1992b, 10). Dasselbe Verhältnis war bei Wohngeldempfängern vorzufinden. Die damit verbundenen Probleme (bspw. Finanzierung der kulturellen und sozialen Infrastruktur in der Kernstadt, Ver- und Entsorgungsstrukturen etc.) sind jedoch hinlänglich bekannt und diskutiert – wenn auch häufig nicht verinnerlicht oder aufgrund von Egoismen ignoriert worden. Daher wird an dieser Stelle auf eine Vertiefung dieser Problematik verzichtet[21], zur Verdeutlichung sollen jedoch die folgenden Daten dienen: In den Jahren 1981 bis 1994 hat sich die Verschuldungsquote je Einwohner der

---

[20] Bezugsgröße ist das im Leitplan Wohnen 1992 von der Stadt Frankfurt am Main definierte Umland, dass aus den Landkreisen Main-Taunus, Hochtaunus, Wetterau, Offenbach, Main-Kinzig, Groß-Gerau und den Städten Offenbach und Frankfurt besteht (vgl. Stadt Frankfurt am Main – Amt für Kommunale Gesamtentwicklung und Stadtplanung 1992b, 9).
[21] Weiterführende Literatur hierzu findet sich bspw. bei PRIEBS (1997) oder SCHELLER (1998).

Stadt Frankfurt um 192,8% erhöht, während die der Umlandgemeinden[22] im selben Zeitraum um 4,2% gesunken ist (vgl. Magistrat der Stadt Frankfurt am Main - Stadtkämmerei 1995: 31). Auch bei der Zahl der Sozialhilfeempfänger (1993) schneidet die Stadt Frankfurt gegenüber ihrem Umland mit einem nahezu doppel so hohen Anteil schlechter ab (9,8% in Frankfurt, 5,5% im Umland) (vgl. Magistrat der Stadt Frankfurt am Main - Stadtkämmerei 1995: 34). Dem stehen enorme Aufwendungen der Kernstadt für zentralörtliche Vorleistungen (bspw. ÖPNV, Theater und Museen, Schulen, die auch das Umland mitversorgen etc.) entgegen. Deutlich zeigt sich dies an dem Beispiel der Frankfurter Museen, die Quoten an auswärtigen Besuchern aufweisen, die im Schnitt zwischen 30% und 60% liegen. Der Anteil der Besucher aus dem benachbarten Umland bewegt sich hierbei zwischen 25% und 41% und liegt somit meist über dem Anteil der Frankfurter Besucher.

Finanziert werden diese Museen jedoch maßgeblich von der Stadt Frankfurt ohne eine Beteiligung des Umlandes (vgl. Magistrat der Stadt Frankfurt am Main – Stadtkämmerei 1995: 51-56).

Parallel zu dieser Entwicklung zogen – wie bereits in Kap. 4.1 dargestellt – nach und nach aber auch verstärkt die „Jungen Urbanen" in die Stadt Frankfurt: Als Folge wurde der Druck auf den Wohnungsmarkt nun zusätzlich in anderen Teilsegmenten erhöht. In den ohnehin schon engen Markt der eher sozial schwächer gestellte Personengruppen, die Schwierigkeiten hatten sich mit adäquatem (und bezahlbarem) Wohnraum zu versorgen, drängte nun immer stärker eine neue Nutzergruppe ein, die noch bis Mitte der 1980er Jahre tendenziell Wohnraum im Umland von Frankfurt nachgefragt hat. Auch diese Entwicklung trug zum Wachstum der Bevölkerung in Frankfurt bei, dessen Folge nicht nur die bereits dargestellte Verknappung auf dem Wohnungsmarkt war. Insbesondere die sozial schwachen Gruppen erfahren nun durch die neue Gruppe der Jungen und Finanzstarken erhebliche Konkurrenz bei der Wohnungssuche und werden zusehends verdrängt (vgl. WENTZ 1995c, 12). Deshalb äußerte sich der damalige Planungsdezernent WENTZ wie folgt: „Da die Stadt Frankfurt am Main im besonderen Maße mit solchen Problemen konfrontiert ist, scheint hier eine neue Phase der inneren und äußeren Stadterweiterung als dringend erforderlich" (WENTZ 1995c, 12).

Als weiteres Problem sei an dieser Stelle ein – wenn auch angesichts der zuvor geschilderten Herausforderungen und Konsequenzen – eher marginales Problem genannt: Im Jahr 1987 standen in Frankfurt 0,7% der Wohnungen leer. Ein gesunder Wohnungsmarkt sollte hingegen einen Leerstand von ca. 2.5% aufweisen um problemlose Umzüge gewährleisten zu können (vgl. Landesbausparkasse Hessen-Thüringen 1995: 22). „Sinkt die Leerwohnungsreserve unter 2.5% so kommt es zu Umzugsstaus, d.h. die umzugswilligen Haushalte müssen auf das Freiwerden oder den Neubau einer Wohnung warten und behindern ihrerseits wieder Haushalte, die in ihre Wohnung ziehen wollen" (Landesbausparkasse Hessen-Thüringen 1995: 22).

Eine Besonderheit Frankfurts ist ihre geringe Gemarkungsfläche im Vergleich zu anderen Großstädten, die zudem in großen Teilen vom Frankfurter Stadtwald eingenommen wird (vgl. Stadt Frankfurt am Main – Amt für Kommunale Gesamtentwicklung und Stadtplanung 1992b, 6).

---

[22] Als Umland wurde in der zugrunde liegenden Studie das Verbandsgebiet des ehemaligen Umlandverbandes Frankfurt am Main definiert.

Abb. 28: Jahreseinkünfte je Steuerpflichtigem in ausgewählten Landkreisen im Vergleich zur Stadt Frankfurt in den Jahren 1983, 1986, 1989, 1992 und 1998

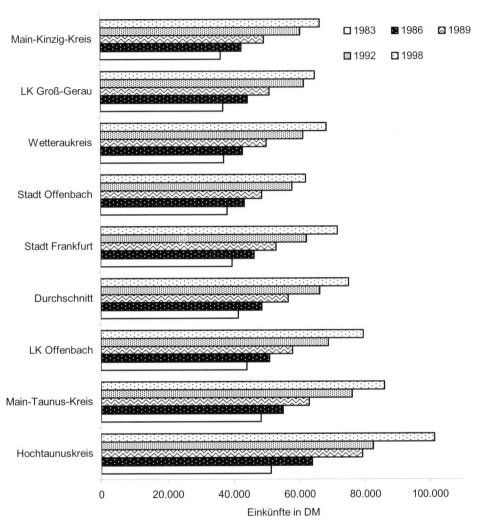

Quelle: Eigene Abbildung. Datenquelle: Statistisches Landesamt Hessen (1986; 1992; 1993; 1996; 2003). Neuere Daten liegen nicht vor.

WENTZ hat potentielle Konsequenzen der flächenbedingten Grenzen eines Bevölkerungs- und Wohnungswachstums in Frankfurt am Main wie folgt zusammengefasst: Es

„zeichnet sich heute ein scharfer Konflikt zwischen sozialen und ökologischen Interessen hinsichtlich der Zukunft des Wohnungsbaus ab. Stößt der Wohnungsbau in Frankfurt am Main tatsächlich innerhalb der nächsten zehn Jahre an eine absolute Grenze, werden sich die sozialen Probleme in dieser Stadt verschärfen. Sozial schwächere Schichten müssen dann in teurerem Wohnraum zusammenrücken, weil *sich die stärkeren Bevölkerungsgruppen weiter ausdehnen werden. Die soziale Segregation wird zunehmen und gleichermaßen die Gefahr der Verslumung großer Wohnquartiere. Diese für einen Stadtorganismus negative Entwicklung ist uns aus anderen Metropolen bekannt. Als Alternative zu dieser Entwicklung droht der verstärkte ökologische Konflikt. Die Bebauung weiterer – heute als bedeutsam eingestufter – Freiräume und eine noch höhere Verdichtung im Stadtgebiet sind die Konsequenz. Gegen solche Maßnahmen finden sich schon heute Bürgergruppen zu Initiativen zusammen, die ihre örtliche Situation nicht durch weitere und dichtere Bebauung verändert sehen wollen"* (WENTZ 1991: 17).

Dieses Zitat ist eine knappe Zusammenfassung der Situation, wie sie sich den politisch Verantwortlichen zu Beginn der 1990er Jahre darstellte.

### 4.1.3 Zwischenfazit

Zusammenfassend kann als Ergebnis der beiden vorangegangenen Kap. 4.1.1 und 4.1.2 als Situationsbeschreibung des Frankfurter Wohnungsmarktes Ende der 1980er Jahre festgehalten werden:
- Das Defizit an Wohnraum hat nach der Volkszählung (1987) bis 1992 kontinuierlich zugenommen.
- Die Nachfragesteigerung ist auf einen kontinuierlichen Zuzug nach Frankfurt am Main zurückzuführen. Zwar vollzieht sich auch eine Stadt-Umland-Wanderung, die Bevölkerung von Frankfurt am Main wächst jedoch in der Summe.
- Die Neubaufertigstellung blieb hinter dem Ansteigen der Haushalte zurück.
- Die Suburbanisierung hält an, wenn auch auf deutlich niedrigerem Niveau. Gleichzeitig bildet sich eine neue Gruppe der Jungen Urbanen heraus, die wieder gefallen an städtischen Lebensformen findet und in die Stadt drängt.
- Die daraus erwachsene Konkurrenz zwischen sozial schwächeren und finanzstarken Bevölkerungsteilen auf dem Wohnungsmarkt hat sich als Konsequenz verschärft.
- Als Folge der wachsenden Konkurrenz – auch durch die rasche wirtschaftliche Entwicklung, deren Folge eine stetig steigende Nachfrage nach neuen Büroflächen ist – haben sich die Mieten in Frankfurt am Main im letzten Jahrzehnt verdoppelt.
- Die Sozialbindung eines erheblichen Wohnungsanteils wird in den nächsten Jahren auslaufen und die Situation für immer größer werdende Teile der Bevölkerung zusätzlich verschlechtern.
- Neubauflächen für neue zusätzliche Wohnungen stehen in Frankfurt nur in sehr geringem Maße zur Verfügung.
- Es soll ein Richtungswechsel bei der Stadtentwicklungsplanung und -politik durch die neue Stadtregierung initiiert werden.

Im folgenden Kap. 4.1.4 werden die planerischen und politischen Weichenstellungen und Reaktionen auf diese Situation erläutert.

### 4.1.4 Neue Ziele der Stadtentwicklungspolitik in Frankfurt am Main

„Für die Stadtentwicklungspolitik der 90er Jahre gilt es, auf die aktuellen Fragen – wo findet man eine bezahlbare Wohnung, auf welchen Wegen kommt man von der Wohnung zum Arbeitsplatz, wie soll der „Stadtraum" für seine Bewohner „erlebbar" gestaltet werden [...] – neue Antworten zu geben" (WENTZ 1991: 14). Aus dieser Position heraus betrachtet war es nur konsequent, dass bereits im Wahlkampf vor der Frankfurter Kommunalwahl im Jahre 1989 das Wohnungsdefizit zum Thema im Wahlkampf gemacht wurde. Nach der Kommunalwahl und dem Machtwechsel zu Rot-Grün im Frankfurter Römer kam es bald zu einem Paradigmenwechsel von den in den 1980er Jahren vorwiegend durchgeführten kleinteiligen Wohnungsbauprojekten zur strategischen Dualität von Innenentwicklung und qualifizierter großflächiger Stadterweiterung (vgl. WENTZ 1998: 8). „Aufgabe der Stadtentwicklungspolitik [sollte von nun an sein], die Stadt als Lebensraum für ihre Menschen zu stärken [...]" (vgl. WENTZ 1991: 15). Wohnungsbau und Bestandsschutz standen ab diesem Zeitpunkt im Vordergrund der politischen Bemühungen (vgl. WENTZ 1991: 15). Gewerbeflächen wurden nur noch dann genehmigt, wenn gleichzeitig neuer Wohnraum realisiert wurde (vgl. Stadt Frankfurt am Main – Amt für Kommunale Gesamtentwicklung und Stadtplanung 1992b, 7). Um diese neuen Ziele zu erreichen bediente sich der Magistrat der in seinem Verantwortungsbereich liegenden Instrumente:
- Im Wohnungsbestand
    - flächendeckende Modernisierungsförderung
    - Durchführung förmlicher Sanierungs- und Stadterneuerungsverfahren
    - Verhinderung der Zweckentfremdung
    - Beendigung der Umwandlung von Miet- in Eigentumswohnungen
    - Einsatz von Erhaltungssatzungen
- Im Wohnungsneubau
    - Öffentlich geförderter Wohnungsbau
    - Ausweisung ausreichender baureifer Wohnbauflächen
    - Beschleunigung von Baugenehmigungs-, Umlegungs- oder Erschließungsverfahren
    - Gezielte Ansprache von Investoren (vgl. Stadt Frankfurt am Main – Amt für Kommunale Gesamtentwicklung und Stadtplanung 1992b, 7)

Als neue Grundsätze eines sozialpolitischen Wohnungsbaus (vgl. Magistrat der Stadt Frankfurt am Main 1994: 4) traten folgende Aspekte in den Vordergrund:
1. Neben der Quantität im Wohnungsbau erhielt die Qualität einen neuen Stellenwert. Die Sicherung der architektonischen und städtebaulichen Qualität und Vielfalt wurde zu einem wichtigen Grundsatz für alle neuen Projekte. Diese sollte dadurch erreicht werden, dass auch für kleinere Projekte Wettbewerbe zur Entwicklung der Bauleitplanung ausgelobt werden sollten (vgl. Wentz 1991: 16-17).

2. Ebenso bedeutend waren allerdings auch die Schaffung einer Vielfalt, Mischung und Flexibilität der Funktions-, Bau- und Nutzerstruktur in dem Maße, wie Wohnen und Arbeiten miteinander verträglich sind. Damit sollte ein breites, vielfältiges Angebot an Wohnraum bereitgestellt werden, dass für alle potentiellen Nutzer gleichermaßen interessant und an die individuellen Wünsche – auch über einen längeren zeitlichen Horizont und über verschiedene Lebensphasen hinweg – anpassbar sein sollte. „In der Verknüpfung der Lebensbereiche kann die soziale und technische Infrastruktur ökonomischer genutzt werden" (Wentz 1991: 16-17). Mit dem Ziel der Mischung sollten monostrukturierte Wohngebiete, wie sie in den 1960er Jahren zahlreich am Stadtrand deutscher Großstädte entstanden waren, verhindert werden. Infrastruktureinrichtungen sollten von Anfang an in neue Wohn- und Arbeitsviertel eingeplant werden.
3. Weitere Vorgabe war es, dass Wohnungsbau in städtischer Qualität und Dichte zu schaffen sei. Dies sollte im sparsamen Umgang mit den wenigen noch vorhandenen Flächen und durch die Darstellung städtischer Lebensformen realisiert werden: „Vorrangig werden familiengerechtes Wohnen und im Geschosswohnungsbau, neuer Wohnungsbau für behinderte und alte Menschen, wie auch für Studenten unter Anwendung innovativer Grundrisslösungen gefördert" (Wentz 1991: 16-17).
4. Ebenfalls wichtiger Bestandteil war die Vorgabe, dass bei großflächigen Neubauprojekten eine Mischung der Finanzierungsarten (im Grundsatz 1/3 Sozialwohnungen, 1/3 Frankfurter Programm[23] und 1/3 freifinanzierter Wohnungsbau) erfolgt. Dieser Finanzierungsmix sollte Grundlage und Fördermittel für die Integration verschiedener sozialer Schichten innerhalb von Gebieten sein.
5. Im Sinne einer nachhaltigen Entwicklung wurde flächen- und energiesparender Wohnungsbau bevorzugt behandelt. So wird „der Einsatz ökologischer Baustoffe sowie energie- und wassersparender Technologien [...] besonders berücksichtigt" (Wentz 1991: 16-17).
6. Mit der Forderung nach einer kleinteiligen Parzellierung von größeren Grundstücken und Bauflächen waren die Ziele Sicherung der architektonischen Vielfalt und Sicherung der sozialen Stabilität in Neubaugebieten verbunden. Letztere sollte dadurch erreicht werden, indem auf engem Raum Wohnformen unterschiedlichster Qualitäten und Größen errichtet werden. Die architektonische Vielfalt hingegen sollte dadurch gesichert werden, dass durch die Bereitstellung möglichst vieler klein(er)er Parzellen auf einem Gelände eine große Anzahl an Architekten an den Planungen beteiligt werden und so monostrukturierte Areale vermieden werden könnten (vgl. Stadt Frankfurt am Main – Amt für Kommunale Gesamtentwicklung und Stadtplanung 1992b, 7).

Als neue *Leitlinien* für diese Zeit galten *Wachstum*, als eine Herausforderung an den Umgang mit Raum und Fläche, *Mischung* als Hilfsmittel zur Aufhebung der sozialen Trennung, *Dichte* als Grundlage für soziale Entwicklungschancen, die Unterordnung des *Verkehrs* unter das urbane Leben und *Räume,* verstanden als Szenarium für die Vielfalt des Lebens (vgl. WENTZ 1993: 19).

---

[23] Das „Frankfurter Programm" ist ein Programm zur Förderung von Familien mit mittlerem Einkommen, wobei das Familieneinkommen als Bemessungsgrundlage einer Förderung herangezogen wird.

*Wachstum*, die erste Leitlinie, wurde dabei weniger als Aufgabe, sondern als Notwendigkeit und Antwort auf eine steigende Nachfrage durch Bevölkerungswachstum und kontinuierlich zunehmendem Wohn- und Arbeitsflächenkonsum begriffen. Verbunden mit dieser Leitlinie war das gezielte Wachstum der „Kernstädte und ausgewählte[r] Siedlungsschwerpunkte [...], um die Region vor weiterer Zersiedlung und ökologischen Folgeschäden zu schützen" (vgl. WENTZ 1993: 20). Hinsichtlich einer ökologisch ausgerichteten Siedlungspolitik waren kurze Wege zur optimalen Erschließung mit dem ÖPNV sinnvollerweise nur in den Kernstädten zu realisieren. Das Wachstum sollte auch einen Beitrag dazu leisten wachsende soziale Folgelasten überbevölkerter Wohnquartiere und soziale Segregation einzudämmen und zu verhindern (vgl. WENTZ 1993: 20). Hinsichtlich des Bereiches „Arbeit" sollte durch Wachstum ein weiteres Abwandern (mit allen raumbedeutsamen, sozialen und fiskalischen Folgen für das Zentrum) ins Umland Frankfurts verhindert und möglichst neue Arbeitsplätze angesiedelt werden. Mit Wachstum war jedoch keinesfalls ein zügelloser Flächenfraß gemeint. Vielmehr ging es um einen bewahrenden oder schonenden Ausbau bestehender Strukturen, der „über eine vorsichtige Annäherung des Nebeneinanders von neuen und alten Siedlungsgebieten [...] langfristig ein sinnvolles Zusammenwachsen der Stadt" (WENTZ 1993: 20-21) erreichen sollte.

Die zweite Leitlinie, die *Mischung*, verfolgte das Ziel, die über sechs Jahrzehnte hinweg, als Ergebnis der Umsetzung der Charta von Athen, manifestierte und etablierte funktionale Trennung in der Stadt aufzubrechen und zurück zu neuen (alten) urbanen Formen zu gelangen. Auch mit dieser Leitlinie war das Leitbild der kurzen Wege und die Herstellung urbaner Qualität durch Nutzungsvielfalt bei ausreichender Dichte verbunden.

Als dritte Leitlinie erhielt *Dichte* einen hohen Stellenwert für die Frankfurter Stadtentwicklung. „Das Plädoyer für eine neue Dichte rührt aus der Einsicht in die Knappheit unserer Flächenpotentiale und natürlichen Ressourcen, zusammen mit dem dezidierten Willen, der lebendigen Stadt eine Zukunft sichern zu wollen" (WENTZ 1993: 22). Dichte wurde als Gegenbewegung zu Zersiedlung und Flächenfraß verstanden. Mit ihrer Hilfe könnten eine ausreichend hohe Auslastung der Infrastrukturversorgung und die nachbarschaftliche Grundversorgung gewährleistet werden. Um diese städtischen Dichten wieder zu erreichen wurde der Geschosswohnungsbau in Blockstrukturen als Lösungsweg formuliert.

Als vierte Leitlinie wurde die „*Unterordnung des Verkehrs*" definiert. Als Abkehr vom Leitbild der „Autogerechten Stadt" wurde die Verminderung von Autoverkehr zugunsten der Stärkung des Fußgänger- und öffentlichen Personennahverkehrs zum erklärten Ziel.

*„Bei der Neuorientierung der Verkehrsplanung werden Hierarchien in der Erreichbarkeit festgelegt werden müssen. [...] Erst die Konzentration von Infrastruktureinrichtungen, Arbeiten und Wohnen an verdichteten Knotenpunkten, in Europa also traditionell in den Städten, ermöglicht eine umweltverträgliche Beweglichkeit"* (WENTZ 1993: 24).

Als fünfte Leitlinie für die Stadtentwicklung galt es, die Qualität von Wohnvierteln durch die Besinnung auf die Zwischen*räume* der Gebäude zu sichern. Die Vorgabe war, einen gelungenen Mix aus privaten, halböffentlichen und öffentlichen Räumen beim Bau neuer Quartiere zu realisieren, der soziale Interaktion erlaubt und fördert: „Insofern steuert Planung auch soziale Prozesse" (WENTZ 1993: 25).

Bei der Umsetzung dieses Programms und der anstehenden Aufgaben war die Stadt auch neuen Wegen und Ideen gegenüber aufgeschlossen:

*„Vor allem geht es darum, die Verfahrensschwerfälligkeit der bisherigen kommunalen Planung mit neuartigen Lösungskonzepten zu beschleunigen und zu effektivieren. Im Rahmen eines neuen Verständnisses von Stadtmanagement werden zum ersten Mal Formen der Kooperation zwischen der öffentlichen Hand und privaten Investoren erprobt. Eine Public-Private-Partnership bietet vor dem deutschen Rechthintergrund die Möglichkeit, die Leistungsfähigkeit und Erfahrungen privater Partner der öffentlichen Hand zunutze zu machen, ohne dass diese ihre hoheitlichen Rechte und Aufgaben vernachlässigt [...]. Die angedeutete Skizze der Verfahrensweise mag ausreichen um die neue Rolle der Kommune und den veränderten Politikstil zu erfassen. Es geht um eine Umstrukturierung staatlicher Verantwortlichkeit, in der im wachsenden Maße Planungsprozesse auch jenseits der klassischen Strukturen stattfinden, ohne dass die Stadt ihre hoheitlichen Aufgaben und Entscheidungsbefugnisse in Frage stellen lässt"* (WENTZ 1995c, 13).

In diesem Zitat klingt an, dass die Aufgaben, die sich die neue Stadtregierung zu Beginn der 1990er Jahre stellte, keine einfachen waren. Vielmehr stand sie vor einer großen Herausforderung um den in Kap. 4.1.2 diskutierten Problemen zu begegnen und diese zu bewältigen.

*„Die große Spannbreite und Vielschichtigkeit des vorgestellten Problemhorizonts lassen keine eindimensionalen Lösungsansätze zu. Es wird also darauf ankommen, ein differenziertes Instrumentarium zu entwickeln, das den bestehenden Handlungsspielraum optimal nutzt und alle Potentiale voll ausschöpft. Dabei kommt dem Flächenrecycling, das heißt, Wohnungsbau auf brachfallenden oder untergenutzten Gewerbeflächen, eine besondere Bedeutung zu. Nach gegenwärtigem Kenntnisstand könnten auf solchen Flächen rund 15.000 Wohneinheiten errichtet werden. Es deutet sich eine Phase der Stadtentwicklung an, in der die Stadt sich zum Main hin ausdehnt und die Kontaktstellen zwischen Fluss und Stadt verdoppelt werden können"* (WENTZ 1991: 26).

In den vorangegangenen Kapiteln klang an verschiedenen Stellen an, dass die Stadt Frankfurt am Main im Vergleich zu anderen Großstädten mit einer sehr kleinen Gemarkungsfläche ausgestattet ist. Wie sie diesem Problem Herr zu werden suchte wird im folgenden Kapitel 4.2 dargestellt.

## 4.2 Die Rolle von Recyclingflächen für die Frankfurter Stadtentwicklung der 1990er Jahre

Frankfurts Flächenreserven für eine Neubebauung waren zu Beginn der 1990er Jahre bereits sehr knapp. „Innerhalb des engen Frankfurter Stadtgebietes sind nennenswerte bauliche Entwicklungen in die Flächen hinein aus heutiger Sicht [Stand 1991] kaum noch möglich" (WENTZ 1991: 15). So stellte sich die Ausgangssituation für die Schaffung einer großen Anzahl an Neubauwohnungen, die zur Entlastung des Frankfurter Wohnungsmarktes und Entschärfung der sich anbahnenden sozialen Segregationstendenzen – wie geschildert – dringend notwendig waren, äußerst schwierig dar. Rund 15% der Frankfurter Gemarkungsfläche wurden schon von der Wohnfunktion eingenommen. Je weitere 15% waren von Betrieben und öffentlichen Einrichtungen besetzt bzw. dienten dem ruhenden und fließenden Verkehr (Bahngelände, Straßen, Flughafenareal). Den mit Abstand größten Anteil nahmen (und nehmen auch heute noch) mit 55% an der Gemarkungsfläche jedoch Grünflächen (Kleingärten, Parks, Landwirtschaft und Stadtwald) ein. Dabei verteidigt jede einzelne Nutzergruppe

> *„ihren Flächenbesitz mit einflussreichen Fürsprechern gegen konkurrierende Umnutzungen. Deshalb wird Frankfurts zukunftssichernde Stadtentwicklung sich schwerpunktmäßig in der Innenentwicklung durch Modernisierung und Verdichtung innerhalb bereits bebauter Gebiete vollziehen"* (WENTZ 1991: 15).

In einer Untersuchung der Stadt Frankfurt am Main aus dem Jahre 1991 stellte sich heraus, dass auf der gesamten Frankfurter Gemarkung zu diesem Zeitpunkt insgesamt eine Wohnungsbaureserve – trotz stärkerer Verdichtung im Vergleich zu früheren Planungen – von 40.000 weiteren Wohnungen bestand. Diese Anzahl verteilte sich folgendermaßen: 17.000 Wohnungen waren auf Neubauflächen vorgesehen. Im Bestand berechnete man Potentiale für 8.000 weitere Wohnungen durch Arrondierung. Aber, und dies ist besonders interessant für die vorliegende Arbeit, fanden sich zum derzeitigen Kenntnisstand Potentiale für 15.000 Wohnungen (davon 10.000 am Mainufer) auf Recyclingflächen. Dies bedeutet, dass rund 38% der künftig in Frankfurt am Main nach ca. 1990 gebauten Wohnungen auf ehemals gewerblich, industriell oder von der Bahn genutzten Flächen angesiedelt sein werden (vgl. WENTZ 1991: 17). Diese Brachflächen befanden sich in Frankfurt am Main hauptsächlich beiderseits entlang der Mainufer (vgl. Abb. 21, S. 66), so dass sich für die künftige Phase der Stadtentwicklung Frankfurts schwerpunktmäßig die Innenentwicklung und Hinwendung der Stadt zu ihrem Fluss abzeichnete. Dies bedeutet, dass für die Stadtentwicklung vorgesehen war, dass diese sich zu ihrem Fluss hin ausdehne, wodurch die Kontaktstellen zwischen Stadt und Fluss verdoppelt werden sollten (vgl. WENTZ 1991: 26).

In den oben dargelegten Zahlen wird die enorme Bedeutung der Brachflächen in und für Großstädte deutlich, denn sie stellen die Zukunft des nachhaltigen, flächenschonenden Städtebaus in Ballungsräumen dar. Angesichts dieser Situation stellte WENTZ: „Deshalb sollte sich die Stadtentwicklung von Frankfurt am Main zunächst in der Innenentwicklung durch Modernisierung und Verdichtung innerhalb bereits bebauter Bereiche vollziehen. Frankfurt kann im Stadtgebiet wachsen, wenn die Bebauung von Teilen des Osthafens und des Westhafens, des Schlachthofgeländes in Sachsenhausen und des Großmarktareals realisiert werden. Die Integration des Mains in die Stadtlandschaft, die zukünftige Gestaltung der Häfen und der Flusslandschaft, die Entwicklung eines „Stadtraumes Main", rückt somit in das Zentrum der Stadtentwicklung" (WENTZ 1995c, 13).

Da es sich bei der Reintegration des Mains in das städtische Leben und das Leben der Frankfurter Bevölkerung um ein weitreichendes und langfristiges Vorhaben handelte, das mit der Umbauphase dieser Gebiete in der Zeit der Industrialisierung im 19. Jahrhundert vergleichbar war, wurde zur Bewältigung dieser Aufgabe das *„Consilium zur Entwicklung* *des Stadtraumes Main*" geschaffen. Das Consilium war eine Institution, deren Aufgabe darin bestand, „die inhaltliche Ausfüllung der Vorhaben [am Mainufer] zu garantieren, die Koordination zwischen den Einzelprojekten zu verbessern und die schrittweise Umsetzung der Projektziele voranzutreiben" (WENTZ 1995c, 13). Das „Consilium zur Entwicklung des Stadtraumes Main" wird ausführlich in Kap. 4.4 vorgestellt.

## 4.3 Der City-Leitplan (1983) und das städtebauliche Gutachten Mainzer Landstrasse (1986) von SPEERPLAN

„Stadtentwicklung und die Formulierung ihrer Ziele hat sich von einem technokratisch lösbaren Problem zu einem gesellschaftspolitischen Problem gewandelt" (FAAG 1985: 1). Dieses wurde ausgelöst durch gesellschaftliche und wirtschaftliche Veränderungen, wie bspw. dem technokratischen Wandel, der Arbeitszeitverkürzungen, der gesellschaftlichen Desintegration, Dauerarbeitslosigkeit oder Knappheit von Boden und anderen Ressourcen. So stellte sich die Situation zu Beginn der 1980er Jahre dar und erforderte, dass neu über die Stadtzukunft nachgedacht werden musste. Deshalb beauftragte der Magistrat der Stadt Frankfurt zu Beginn der 1980er Jahre das Frankfurter Planungsbüro SPEERPLAN (seit 1985 AS & P) mit der Erarbeitung eines „Leitplanes Frankfurt am Main". Bei dem Plan ging es „um den Versuch, Stadt als Gesamtkunstwerk zu interpretieren – die Einheit von Stadtstruktur, Bauwerken, Geist und Gesellschaft" (FAAG 1985: 7). Ziel war es, wieder Orientierungshilfen („Genius Loci") in der Stadt zu schaffen, wodurch die Identifikation von Mensch und Stadt wieder hergestellt werden soll (vgl. FAAG 1985: 5-6). Dies sollte hauptsächlich mit der Stärkung der Wohnfunktion und deren qualitativen Verbesserung im Stadtzentrum und durch die Festlegung von Entwicklungsachsen für Büro(hoch)häuser, die zum damaligen Zeitpunkt bereits durch gewerbliche Nutzung gekennzeichnet waren, erreicht werden: namentlich die Hanauer Landstraße, die Theodor-Heuss-Allee und die Mainzer Landstraße (vgl. Stadt Frankfurt am Main – Amt für Kommunale Gesamtentwicklung und Stadtplanung 1988: 11). Somit stellte der Leitplan ein erneuertes Fingerkonzept[24] dar, dass die Hauptausfallstraßen als Entwicklungsachsen für die Cityerweiterung definierte. Dadurch sollten die angrenzenden Wohnbereiche entlastet und nachhaltig vor einer Umnutzung in Büroraum gesichert werden[25]. Darüber hinaus sieht der Leitplan für die Innenstadt als weitere Ziele

---

[24] Der sogenannte Fingerplan (1967/68) war die planerische Antwort der Stadt Frankfurt am Main auf die Protestbewegung und Bürgerinitiativen im Frankfurter Häuserkampf im Stadtteil Westend. Der Fingerplan sah eine Konzentration der Büronutzung entlang von fünf „Fingern" vor. Diese waren Mainzer Landstraße, Bockenheimer Landstraße, Reuterweg, Grüneburgweg und Eschersheimer Landstraße, jeweils zwischen Anlagen- und Alleenring.

[25] An dieser Stelle sei an den durch großflächige Spekulationen hervorgerufenen „Frankfurter Häuserkampf" in den 1960er Jahren im Westend erinnert, der auch als Hintergrund für die Beauftragung des Leitplanes betrachtet werden kann.

*„vor, das historische, funktionelle und substantielle Qualitätsgefälle von Westen nach Osten auszugleichen. Dies wird unterstützt durch die hohen Investitionen, die mit U- und S-Bahn-Ausbau und Schließung des Autobahnrings die Verkehrslage des Ostens der des Westens angleichen. Der City-Ostbereich wird mit verdichteter Wohnnutzung gefüllt und damit aufgewertet. Die Entwicklungsachsen und die innerstädtischen Entwicklungsschwerpunkte befürworten die Längsentwicklung der Innenstadt entlang dem Main unter Ausnutzung vorhandener Potentiale und des im Ausbau befindlichen Netzes des öffentlichen Nah- und Individualverkehrs" (FAAG 1985: 7).*

Der Leitplan äußerte sich zu den fünf Themenfeldern „Kultur-, Freizeit- und Erholungsräume", „Einkaufen, Verwaltung und Sondernutzungen", „Reintegration innerstädtischer Industrie- und Gewerbebrachen", „Innerstädtisches Wohnen/Mischnutzung" und „Zentrale Dienstleistungen, Banken, Versicherungen". Für die vorliegende Arbeit sind insbesondere die drei letztgenannten Punkte von hohem Interesse.

Hinsichtlich der *„Innerstädtisches Wohnen/Mischnutzungen"* war:

*„der Leitplan [...] in seinem Grundgedanken bemüht, dem Trend in der Innenstadt fortschreitender Funktionstrennung entgegenzuwirken. Zwar haben sich in einem so großen Kernbereich unterschiedliche Funktionsschwerpunkte herausgebildet. Diese historischen Bereiche sind indessen noch überschaubar und erlebbar und ergänzen sich gegenseitig zu der Funktionsvielfalt, die als Ausdruck urbaner Attraktivität zu erhalten und zu verstärken sind. Nutzungsmischungen von Büros, Wohnen, öffentlichen Einrichtungen, Dienstleistungen und Angeboten der täglichen Bedarfsdeckung, sowie Freizeiteinrichtungen sind generell anzustreben" (FAAG 1985: 11).*

Als zweiter Punkt wurde für den Themenkomplex *„Zentrale Dienstleistungen, Banken, Versicherungen"* folgende Zielsetzungen formuliert:

*„Erwartungsgemäß wird der Konzentrationsprozess im Bereich der Dienstleistungen mit hoher Zentralität weitergehen. Zumal die traditionellen Standorte keine weitere Verdichtung vertragen, werden Erweiterungsstandorte vorgeschlagen, die bereits voll mit Infrastruktur ausgestattet sind. Damit schafft der Leitplan stadtplanerische Voraussetzungen für neue Arbeitsplätze. Es sind dies hauptsächliche Gewerbe- und Industriegebiete, die ihre Funktion in der Stadt verloren haben. Brachliegendes oder ungenutztes Flächenpotential wird so einer sinnvollen Stadtökonomie zugeführt. Dies gilt vor allem für die Bereiche der Hanauer Landstraße, der Mainzer Landstraße, der Theodor-Heuß-Allee und der Gutleutkaserne. Für zentrale Dienstleistungsbereiche müssen in Zukunft verstärkt qualitative Stadtgestaltungskriterien angewandt werden" (FAAG 1985: 10).*

Besonders interessant sind auch die Vorstellungen, die sich auf die „Reintegration innerstädtischer Industrie- und Gewerbebrachen" bezogen:

*„Die Bedingungen knapper werdender Ressourcen, demografischer und wirtschaftlicher Stagnation und der damit einhergehende Wertewandel haben auch die Stadtentwicklung nachhaltig verändert. Bestandsgüter kultureller wie physischer Art gewinnen ebenso an Bedeutung wie Fragen der Stadtökonomie im Zustand des Mangels eine veränderte Bewertung un- oder untergenutzter Gewerbeflächen in*

*innerstädtischen Standorten erzwingen. Zumal in diesem planerisch wie politisch lange vernachlässigten Sektor auch ungeahnte Möglichkeiten liegen: Kann mit einer sinnvollen Nutzung dieser brachliegenden Flächenpotentiale doch der Siedlungsbedarf und Landschaftsverbrauch der Stadt verringert, und zugleich zugunsten der Stadt wirtschaftlich und infrastrukturell neu in Wert gesetzt werden" (FAAG 1985: 12-13).*

In der Umnutzung innerstädtischer ehemals industriell oder gewerblich genutzter Areale (bspw. Adlerwerke, Mouson, Naxos Union, Westhafen, Schlachthof, Großmarkt) wurde die große Chance gesehen, das überkommene Leitbild der funktionsgetrennten Stadt abzulösen um nutzungsgemischte Gebiete zu planen und zu errichten (vgl. FAAG 1985: 12). Der Leitplan gab weiterhin Zielsetzungen und Vorteile für die künftige Stadtentwicklungspolitik für Gewerbebrachen (vgl. FAAG 1985: 13-14) vor. So wurde im Recycling von Flächen und in der Dezentralisierung von Funktionen eine Chance für eine neue Phase der (Innen-)Stadtentwicklung gesehen: die Wiedererschaffung urbaner Lebensformen mit kleinteiligen, in sich verflochtenen Lebensbereichen und die Freimachung mit anschließender Neubebauung (mit Ausnahme der denkmalgeschützten (Fabrik)Gebäude).

Als positive Effekte durch die Wiedernutzung der Areale stellte der Leitplan die Reduzierung des Freiflächen- und Landschaftsverbrauch heraus: Dadurch könnten Natur und Landschaft geschont werden, die durch weitgehende Zersiedelung bereits stark belastet sei. Auch die Reduzierung von Pendlerverkehrsströmen und die Kostenreduzierung für die Stadt durch Wiedernutzung vorhandener Infrastruktur (bspw. Straßen, Leitungen etc.) werden als Vorteile genannt. Die Verjüngung „alter" Stadtteile durch Zuzug neuer (jüngerer) Bewohner wurde ebenfalls als positiver Nebeneffekt betrachtet und prognostiziert.

Auf Basis des Leitplanes wurde ab 1984 ein „Städtebauliches Gutachten Mainzer Landstraße" ebenfalls von dem von der Stadt Frankfurt beauftragten Planungsbüro SPEERPLAN erstellt und 1986 vom Magistrat beschlossen (vgl. Stadt Frankfurt am Main – Amt für Kommunale Gesamtentwicklung und Stadtplanung 1988: 11). Die Mainzer Landstraße wurde hierin als zentrale Entwicklungsachse mit hochverdichteter Arbeitsplatznutzung definiert. Zu ihren besonderen Standortqualitäten zählten ihre Lage im Stadtraum – die Mainzer Landstraße verbindet als eine der Hauptachsen die Innenstadt Frankfurts und das Bankenviertel mit dem Messegelände und dem Flughafen – und eine hohe Erschließungsqualität (IV und ÖPNV). Sie liegt in unmittelbarer Nähe zum Hauptbahnhof. Doch vor allem beherbergte sie ein enormes Flächenpotential für die Schaffung weiterer zentraler Bürofunktionen durch Verdichtung und Umnutzung untergenutzter ehemaliger gewerblicher oder industriell genutzter Areale. Somit sollte durch eine konsequent verfolgte bauliche Entwicklung entlang der Mainzer Landstraße auf den im Gutachten dargestellten Flächen die weitere Zerstörung des gründerzeitlichen Westends verhindert werden (vgl. PETERS 1997: 16). Allerdings ist die Beauftragung SPEERPLANS zur Erstellung eines Gutachtens vor allem auf diese Standortvorteile und den sich daraus ergebenden immensen Veränderungsdruck, der auf dem Gebiet liegt, zu erklären (vgl. JUCKEL & PRAECKEL 1996: 174). Außerdem ist eine räumliche Ausdehnung dieses Gebietes nicht auszuschließen, so dass sich der Veränderungsdruck aufgrund verhindernder planungsrechtlicher Festlegungen in einem innerstädtischen Bereich (bspw. B-Plan im Westend[26]) auf andere verlagern und von neuem eine Verdrängung lostreten könnte. Hierzu zählt beispielsweise das an das Gutachtengebiet angrenzende Areal (süd)westlich der Galluswarte, die Fortführung der Mainzer Landstraße. Dieser Tatbestand ist insbesondere für das in Kap. 5.2 dargestellte Projekt Galluspark und den Stadtteil Gallus relevant. Das Gallus ist hauptsächlich von sozial schwächer gestellten Bevölkerungsgruppen bewohnt und zeichnet sich zusätzlich durch einen extrem hohen Ausländeranteil, Anteil an Sozialhilfeempfängern und Arbeitslosen aus. Dies liegt einerseits insbesondere an dem unterdurchschnittlichen Mietpreisniveau im Stadtteil. Andererseits ist dieser Sachverhalt auf die „Tradition" des Gallus als Arbeiterquartier zurückzuführen – denn schließlich entstand das Gallus im Zuge der Industrialisierung parallel zu den Fabrikanlagen und diente als „Arbeiterreservoir" für die Fabriken und Manufakturen. Auch spielen Milieubildungsprozesse sicherlich eine große Rolle (vgl. NOLLER 1994; 1995). Insofern liegt hierin ein enormes Konfliktpotential, wenn hochwertige, finanzstarke Dienstleistungsunternehmen in ein sozial schwächer gestelltes Stadtviertel eindringen[27].

## 4.4 Das Consilium zur Entwicklung des Stadtraumes Main

Zu Beginn der 1990er Jahre wurde verstärkt über die Möglichkeit der „Umwidmung und Neuordnung der Mainuferbereiche" diskutiert (Stadt Frankfurt am Main – Amt für Kommunale Gesamtentwicklung und Stadtplanung 1992a, 9). Um dieses Ziel zu erreichen, wurde im Dezember 1990 in der Stadtverordnetenversammlung der Stadt Frankfurt am Main der formelle Beschluss über die Einrichtung des „Consiliums zur Entwicklung des Stadtraumes Main" gefasst. Die zentrale Aufgabe des Consiliums war es, Frankfurts Lage am Fluss stärker zu betonen. „Das Consilium sollte die Übersicht über die Gesamtheit der für den Stadtraum Main bedeutungsvollen Absichten, Vorhaben und Projekte schaffen und fortschreiben und diese unter Beachtung von zeitlichen Abläufen, Ungewissheiten und Konflikten beurteilen" (Stadt Frankfurt am Main – Amt für Kommunale Gesamtentwicklung und Stadtplanung 1992a, 9). Die Ergebnisse der Arbeit sollten in Form eines „Entwicklungsrahmens" dokumentiert werden. Anhand dieser und der in Tab. 6 aufgeführten Vorgaben wurden die in Abb. 29 dargestellten Projekte analysiert. Besonders deutlich wird in Abb. 29 die „Wiederentdeckung" des Mains als Lebensraum durch die Stadt und die pla-

---

[26] Der B-Plan für das Westend sollte in Verbindung mit dem weiter oben erwähnten Fingerplan den Verdrängungs- und Umnutzungsdruck der auf das Westend einwirkte reduzieren bzw. verhindern. Selbstverständlich konnte mit diesen planerischen Maßnahmen jedoch nicht die Nachfrage nach Flächen für hochrangige Dienstleistungsunternehmen gestoppt, geschweige denn reduziert werden. Diese Nachfrage musste sich zwangsläufig auf andere citynahe Bereiche verlagern.

[27] Befürchtungen in dieser Hinsicht verstärkten sich, als das an das Gallusviertel angrenzende Areal des Güterbahnhofes für eine Revitalisierung vorgesehen wurde. Der Entwicklungsprozess dieses als Europaviertel bekannten Projektareals ist bei DALLGAHS (2001) oder LANGHAGEN-ROHRBACH (2003) detailliert nachgezeichnet und aufgearbeitet worden.

nungspolitischen Entscheidungsträger. Darüber hinaus war der gesamte innerstädtische Mainraum Bestandteil der Analyse.

Tab. 6: Planungspolitische Ziele der Stadt Frankfurt am Main als unverbindliche Vorgaben für das Frankfurter Consilium (Auszug)

- Haushälterischer Umgang mit Grund und Boden durch effektive und intensive Nutzung und städtische Bauformen
- Erhaltung von Freiflächen
- Vermeidung größerer monofunktionaler Bereiche
- Verbesserung des Zugangs zum Mainufer
- Erhaltung gewerblicher Nutzungen, die der Versorgung der städtischen Bevölkerung dienen
- Vordringliche Verwendung freiwerdender oder umzunutzender ufernaher Flächen für den Wohnungsbau in der Form von städtischem Geschosswohnungsbau und der „Frankfurter Mischung"[28];
- bei größeren Bereichen Gestaltung durch verschiedene Architekten
- Einbindung der Uferzonen für Freizeit- und Erholungszwecke und für kulturelle Veranstaltungen (städtischer Erlebnisbereich)

Quelle: Stadt Frankfurt am Main – Amt für Kommunale Gesamtentwicklung und Stadtplanung (1992a).

Abb. 29: Projektgebiete des Frankfurter Consiliums zur Entwicklung des Stadtraumes Main

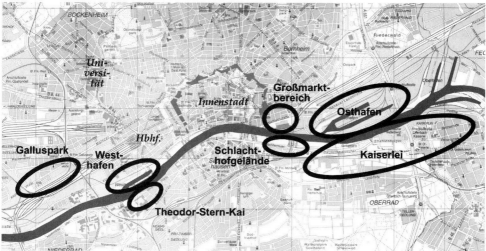

Quelle: Eigene Darstellung.

*Arbeitsweise des Consiliums*

Die Mitglieder des Consiliums trafen sich von Oktober 1990 bis Juli 1992 zu jeweils dreitägigen Sitzungen in einem Abstand von ungefähr drei Monaten. In diesem Zeitraum „fanden acht Sitzungen statt, in denen zahlreiche Informationen vermittelt und Arbeitskontakte mit den verschiedensten Institutionen hergestellt wurden" (Stadt Frankfurt am Main – Amt für Kommunale Gesamtentwicklung und Stadtplanung 1992a, 10). Zusätzlich wurden aus

---

[28] Die Frankfurter Mischung ist der bereits erläuterte Frankfurter „Drittelmix"

den Mitgliedern des Consiliums heraus Arbeitsgruppen gebildet, die sich der Vertiefung wichtiger Themenbereiche widmeten. Die Mitglieder des Consiliums fungierten darüber hinaus als Preisrichter und Gutachter bei Wettbewerben oder Gutachterverfahren, die sich auf den Mainraum bezogen.

Bereits während der laufenden Arbeit wurden Empfehlungen für aktuelle Fragen bzw. für längerfristige Themen ausgesprochen. So war das Consilium in der Lage, auch auf bereits initiierte Projekte Einfluss zu nehmen. Im Jahre 1992 wurde ein Abschlussbericht veröffentlicht.

### *Die Ausgangssituation und das Aufgabenfeld des Consiliums*

Zu Beginn der Neunziger Jahre waren die Rolle und die Funktion des Mains und einiger seiner angrenzenden Bereiche im Wandel begriffen. Der in den letzten Jahrzehnten des 20. Jh. immer stärker vom Stadtkern „abgewandte Arbeitsraum" (Stadt Frankfurt am Main – Amt für Kommunale Gesamtentwicklung und Stadtplanung 1992a, 11) bot durch Planungsmaßnahmen und Strukturveränderung die Möglichkeit, ihn wieder in das städtische Leben zu integrieren und für die Bevölkerung zurückzugewinnen, ihm

> *„[...] den Charakter eines zentralen „Aufenthaltsraumes" für die Wohnbevölkerung, für Beschäftigte in der Innenstadt und für Erholungssuchende aus dem ganzen Stadtgebiet zu geben. Es handelt sich dabei um eine jener Gelegenheiten zu weitgehender Neugestaltung, die in der Entwicklungsgeschichte einer Stadt selten sind und deshalb entschlossen und zielstrebig wahrgenommen werden müssen, will man sie optimal nutzen"* (Stadt Frankfurt am Main – Amt für Kommunale Gesamtentwicklung und Stadtplanung 1992a, 11; Stadt Frankfurt am Main 1992: 11).

Sicherlich spielten hierbei auch Bilder des Mainraumes eine Rolle, wie man ihn nur wenige Jahrzehnte zu vor noch erleben konnte. So war der innerstädtische Mainraum in den ersten Jahrzehnten des 20. Jh. ein belebter Ort, der für Freizeitaktivitäten und sportliche Betätigung rege genutzt wurde (vgl. Abb. 30 und Abb. 31).

Anders als noch in den Siebziger Jahren üblich gewesen wäre, entschloss man sich hier auf eine umfassende Stadtentwicklungsplanung zu verzichten, da die Erfahrung der Vergangenheit gezeigt hat, „dass die Komplexität solcher Gesamtplanungen einen Analyse- und Koordinationsaufwand erfordert, der den Veränderungen der Wirklichkeit nicht standzuhalten pflegt" (Stadt Frankfurt am Main – Amt für Kommunale Gesamtentwicklung und Stadtplanung 1992a, 11).

Die Aufgabe des Consiliums bestand nun – unter dem Denkansatz des „Perspektivischen Inkrementalismus" (vgl. GANSER 1991: 59) – darin den „Flussraum" und den „Stadtraum Main" auf seine historische Entwicklung, sein aktuelles Erscheinungsbild und seine ökologische Bedeutung hin zu untersuchen.

Anhand der gewonnenen Einzelerkenntnisse sollte ein „Entwicklungsrahmen Mainraum" entstehen, der die Grundlagen für eine langfristige Entwicklung liefert: „Sinn des Entwicklungsrahmens ist es, die Leitgedanken und die aus ihnen abgeleiteten Ziele für den Mainraum festzulegen, die unterschiedlichen Typen der verschiedenen Uferbereiche zu verdeutlichen und für jeden dieser Bereiche generelle Planungshinweise zu geben" (Stadt Frankfurt am Main – Amt für Kommunale Gesamtentwicklung und Stadtplanung 1992a,

12). Dem Entwicklungsrahmen fällt die Bedeutung einer Arbeitsgrundlage für weitergehende Planungen zu. Er soll einen „[...] Ansatz für eine langfristige und integrierende Betrachtung des Planungsraumes [bieten]" (Stadt Frankfurt am Main – Amt für Kommunale Gesamtentwicklung und Stadtplanung 1992a, 25) und auch nach Fertigstellung fortgeschrieben werden, um ihn an erkennbare Veränderungen der Wirklichkeit und der Wertungen anzupassen. Der Entwicklungsrahmen sollte als Vorschlag einer räumlichen Ordnung, einer Verwendung der räumlichen Ressourcen verstanden werden (vgl. Stadt Frankfurt am Main – Amt für Kommunale Gesamtentwicklung und Stadtplanung 1992a, 25).

*Der Abschlußbericht*

Im Abschlußbericht des Consiliums zur Entwicklung des Stadtraumes Main wird der Entwicklungsrahmen wie folgt charakterisiert:

*„Der Entwicklungsrahmen*

- *legt Leitgedanken und aus ihnen abgeleitete Ziele für den Mainraum fest,*
- *verdeutlicht in Plandarstellungen die unterschiedlichen Typen der einzelnen Mainuferbereiche und für diese jeweils die erkennbaren Veränderungstendenzen und Veränderungsbedürfnisse,*

**Abb. 30: Die Moslersche Badeanstalt am Mainufer/Untermainkai im Jahre 1927**

Quelle: Frankfurter Verein für Geschichte und Landeskunde (2005: 284).

Abb. 31: Rollschuhbahn in der Badeanstalt Mosler am Untermainkai im Jahre 1938

Quelle: Frankfurter Verein für Geschichte und Landeskunde (2005: 284).

- *gibt die wünschenswerte Zielrichtung für eine planerische Steuerung solcher Veränderungen an und*
- *umreißt an Beispielen die zu deren Verwirklichung notwendigen Projekte und Maßnahmen"* (Stadt Frankfurt am Main – Amt für Kommunale Gesamtentwicklung und Stadtplanung 1992a, 48).

„Die Aufgabe des Entwicklungsrahmen soll also ein Handhabe dazu bieten, allgemeine politische Richtlinien für die Planung des Mainraumes zu geben, in die sich Entscheidungen über die Einzelprojekte innerhalb dieses Bereichs einfügen müssen" (Stadt Frankfurt am Main – Amt für Kommunale Gesamtentwicklung und Stadtplanung 1992a, 121).

Die Arbeit und der Entwicklungsplan des Consiliums nahmen Einfluss auf die Projekte Deutschherrnviertel (vgl. Kap. 5.3) und Westhafen (vgl. Kap. 5.4). Welchen Einfluss das Consilium auf diese Projekte hatte wird in den jeweiligen Projektdarstellungen thematisiert.

## 4.5 Zusammenfassung

In Kap. 4.1 wurden die wohnungspolitischen Rahmenbedingungen und die planungspolitischen Werte und Ziele, also die Strukturen, die für das Planungsgeschehen und die daran beteiligten Akteure in Frankfurt am Main Ende der 1980er Jahre bestimmend waren, dargelegt.

Die Situation stellte sich zusammenfassend wie folgt dar: Die Stadt Frankfurt, ihre Bevölkerung und die politischen Entscheidungsträger sahen sich mit einem sich stetig verschärfendem Wohnungsmarkt konfrontiert. Einer der Gründe für die Verschärfung dieser Situation lag in der politischen Ausrichtung der bis 1989 regierenden CDU/FDP-Stadtregierung, die den Bau von Büro- und Gewerbeflächen gegenüber dem Wohnungsbau vorrangig behandelte. Der „neue" Wohnungsmangel lag zudem insbesondere in einem anhaltenden Bevölkerungswachstum (von 1987 bis 1992 um 6,3%) begründet, wobei der Anteil der Neuzugezogenen über 25 Jahre überwog. Damit erfuhr die Stadt Frankfurt einen Zuwachs insbesondere der Bevölkerungsteile, die nach der Gründung eines eigenen Haushaltes strebten, also i.d.R. auch eine eigenen Wohnung nachfragten.

Verschärft wurde diese Situation durch einen kontinuierlichen Wertewandel, der bspw. zu einer Verringerung der durchschnittlichen Haushaltsgrößen (Singularisierung), sinkenden Heiratsquoten und einer Steigerung der durchschnittlichen Pro-Kopf-Wohnflächen führte. Insbesondere die Gruppe der „Neuen Urbanen", also gut ausgebildeter, erwerbstätiger Personen mit hohen Einkommen stellt das Klientel für diese Entwicklung dar. Gleichzeitig hält der Suburbanisierungsprozess vor allem besser verdienender Bevölkerungsteile an, wenn auch auf deutlich niedrigerem Niveau als zuvor. Absolut betrachtet überwog die steigende Nachfrage jedoch die Entlastung durch die Wegzüge ins Frankfurter Umland, so dass sich hierdurch keine Entspannung abzeichnete.

Insgesamt führten diese Trends zwischen 1987 und 1992 zu einem Steigen des Defizits an Wohnraum, das im Jahr 1993 seinen Höhepunkt mit einem Wohnungsdefizit von rechnerisch rund 50.000 Wohnungen in Frankfurt am Main erreichte. Die Situation auf dem

Wohnungsmarkt muss also insbesondere für die sozial schwächeren Bevölkerungsteile als sehr angespannt bezeichnet werden.

Die Antwort auf diese Situation der 1989 neu gewählten Stadtregierung, die sich aus einer SPD/DIE GRÜNEN-Koalition zusammensetzte, umfasste zahlreiche Maßnahmen sowohl im Wohnungsbestand als auch im Wohnungsneubau, der von diesem Zeitpunkt an in allen Marktsegmenten forciert voran getrieben werden sollte. Neue Kennzeichen und Leitlinien eines sozialpolitischen Wohnungsbaus waren unter anderem Qualitätssicherung durch Wettbewerbe, Schaffung von Vielfalt, Mischung und Flexibilität und Dichte und – für die vorliegende Arbeit in besonderem Maße von Interesse – die Realisierung einer flächen-, energie- und Ressourcen schonenden Bauweise (vgl. Kap. 4.1.4). Bei diesem neuen planungspolitischen Grundsatz handelt es sich einerseits um einer dem Grundsatz der Raumordnung geschuldeten Nachhaltigkeit der Planung, andererseits ist sie auch der besonderen Situation Frankfurts geschuldet, die mit knappen und immer knapper werdenden Flächenressourcen für Neubauten konfrontiert war. Daher ist es wenig verwunderlich, dass unter- oder ungenutzte Gewerbeflächen in das Blickfeld der Planungsverantwortlichen gerieten. Eine Untersuchung im Jahr 1991 bezifferte das Wohnungsneubaupotential auf solchen Flächen auf Frankfurter Gemarkung auf 15.000 Wohnungen. Dies entspricht einem Anteil von 38% der baubaren Wohnungen auf allen Flächen insgesamt (Arrondierung, Nachverdichtung, Neubauflächen, Recyclingflächen). Hierin wird die hohe Bedeutung dieser Flächen besonders deutlich.

Diese Flächen wurden bereits im City-Leitplan und im städtebaulichen Gutachten Mainzer Landstraße (vgl. Kap. 4.3) aus den Jahren 1983 bzw. 1986 als potentielle Flächen für Wohnungsbau durch Umstrukturierung vorgeschlagen, explizit genannt wurden bspw. das Areal der ehemaligen Adlerwerke im Gallus, das Westhafenareal im südlichen Anschluss an das Gutleutviertel und das Gelände des ehemaligen Frankfurter Schlachthofes in Sachsenhausen. Damit sollte eine Reduzierung des Siedlungsdrucks und des Landschaftsverbrauchs erreicht werden. Das Recycling von gewerblich genutzten Flächen wurde als Chance für eine neue Phase der (Innen)Stadtentwicklung durch die Wiedererschaffung urbaner Lebensformen mit kleinteiligen in sich verflochtenen Lebensbereichen angesehen.

Mit dem Consilium zur Entwicklung des Stadtraumes Main (vgl. Kap. 4.4) wurde dann erstmals ein übergeordnetes Leitbild für die künftige innerstädtische Entwicklung – und hierbei insbesondere entlang des Maines – formuliert. Kernaspekte stellten die Hinwendung zum Fluss und die Reintegration des Mainraums in das alltägliche städtische Leben dar. Mit dem Consiliumsbericht „Entwicklungsrahmen Mainraum" wurden gleichfalls die planungspolitischen Vorgaben für die künftige Entwicklung zentraler Bereiche Frankfurts gelegt. Ebenfalls wurden klar Bereiche in der Stadt benannt und untersucht, die einem strukturellen Wandel unterzogen waren (und teilweise auch heute noch sind) und daher strukturelle und ordnende Eingriffe erforderten. Zu diesen Gebieten zählten unter anderem das Areal des Schlachthofs und das des Frankfurter Westhafens.

Abschließend betrachtet wurde demnach Ende der 1980er, Anfang der 1990er Jahre der Grundstein für die Stadtplanungspolitik der kommenden Jahre und Jahrzehnte gelegt. Auf welch unterschiedliche Weisen versucht wurde diese wohnungs- und planungspolitischen Ziele zu erreichen soll in Kap. 5 an drei Frankfurter Projekten, die seit Beginn der 1990er Jahre realisiert werden, nachgezeichnet werden. Dabei richtet sich der Focus auf Projekte, die auf Recyclingflächen realisiert werden, da diese – wie in Kap. 4.2 dargelegt – eine enorme Bedeutung für die Frankfurter Stadtentwicklung der 1990er Jahre hatten und dahingehend einen planungspolitischen Schwerpunkt darstellten.

# 5 Flächenrecyclingprojekte in Frankfurt am Main

## 5.1 Einleitung und Begründung der Auswahl der Fallbeispiele

In Frankfurt am Main existierten zu Beginn der 1990er Jahre zahlreiche Recyclingflächen, die einer neuen Nutzung zugeführt werden konnten (vgl. hierzu auch Kap. 1, Kap. 3, Kap. 4.2 und Abb. 21). Für den hier angestrebten Vergleich einzelner Projekte war es wichtig, dass die zu untersuchenden Fallbeispiele ähnliche Ausgangsvoraussetzungen (die Rahmenbedingungen betreffend) für eine Revitalisierung aufwiesen. Diese Ausgangsvoraussetzungen wurden vor Beginn der Recherche festgelegt. Ziel war es Projekte ausfindig zu machen,
- die auf Recyclingflächen realisiert werden,
- die eine ähnliche Größe aufweisen,
- für die eine ähnliche Nutzungsstruktur geplant wurde,
- die eine innerstädtische Lage haben und
- die zeitnah zueinander projektiert und entwickelt wurden/werden. Da dadurch auch die planungspolitischen Rahmenbedingungen mit hoher Wahrscheinlichkeit als gleich angenommen werden können.

Nach Zusammenstellung und Sichtung der im letzten Jahrzehnt des 20. Jahrhunderts (seit Mitte bis Ende der 1980er Jahre) in Frankfurt initialisierten größeren Projekte auf Recyclingflächen wurden drei Projekte davon ausgewählt, die neben den oben formulierten Grundvoraussetzungen die nachfolgenden zusätzlichen Gemeinsamkeiten mitbrachten und sich somit für eine Untersuchung besonders qualifizierten:
- Alle Projekte wurden unter gleichen politischen Vorzeichen initialisiert. Insofern bestanden für alle drei Projekte gleiche Ausgangsvoraussetzungen, was die städtische Planungspolitik und die stadtplanerischen Leitbilder betrifft.
- Alle ausgewählten Projekte sind noch nicht fertig gestellt.
- Alle drei Gebiete haben eine „vorbelastete" Nachbarschaft (Erhaltungssatzungen, Sanierungsgebiet, Programm „Soziale Stadt").
- Alle drei Gebiete haben in immissionsschutzrechtlicher Hinsicht ein schwieriges Umfeld (Eisenbahnbrücken, stark befahrene Straßen, Heizkraftwerk) und
- Alle drei Projekte sind in unterschiedlichen Organisationsformen realisiert worden (rein städtische Entwicklung, eine reine private Entwicklung und eine gemeinsame Entwicklung beider Gruppen (PPP).
- Bei den ausgewählten Projekten handelt es sich im Einzelnen um
- das Projekt „Galluspark" auf dem Gelände der ehemaligen Triumph-Adler AG im Stadtteil Gallus,
- das „Deutschherrnviertel" auf dem Gelände des ehemaligen Schlachthofes im Stadtteil Sachsenhausen und
- das Projekt „Westhafen" auf dem Gelände des ehemaligen Westhafens im Stadtteil Gutleut.

Die einzelnen Merkmale der drei Untersuchungsgebiete und ihre jeweilige Lage sind in Tab. 7 und Abb. 32 dargestellt.

Tab. 7: Übersicht über die wichtigsten Merkmale der drei Untersuchungsgebiete

|  | Galluspark | Deutschherrnviertel | Westhafen |
|---|---|---|---|
| endgültige Einstellung der industriellen bzw. gewerblichen Nutzung | 1992 | 1993 | 2000 |
| Planungsrecht nach | §34 im sogenannten Objektblattverfahren, Objektblätter Nr. 131 und 140 | B-Plan Nr. 691 | B-Plan Nr. 714 |
| Rechtsgültigkeit des Bebauungsplans | - | 07. März 1995 | 24. Juni 1999 |
| Baubeginn | 1992 | 1995 | 1994 |
| Organisationsform | Privat; nach §34 BauGB | städtisch (Erschließung); Entwicklung (privat) | PPP |
| Grundstücksgröße/ha | 9,7 | 12 | 12,5 |
| Anteil Wohnen (geplant) | gesamt ca. 220.000 | 105.000 | 74.000 |
| Anteil Gewerbe (geplant) | | 105.000 | 112.000 |
| Einwohner (geplant) | 1.600 | 3.000 | 1.600 |
| Wohnungen (geplant) | 738 | 1.363 | 650-700 |
| davon gefördert | 0 | 328 | 50-60 |
| davon Sozialw. | 383 | 0 | 0 |
| Arbeitsplätze laut Projektentwickler (geschätzt) | > 4.000 | 1.000 | 3.500 |
| Beeinträchtigungen in der direkten Umgebung | Gleisvorfeld des Hauptbahnhofs | Heizkraftwerk, Eisenbahnbrücke, stark befahrene Straße | Eisenbahnbrücke, stark befahrene Ortseinfahrt aus Offenbach |
| Abgeschlossen? | Nein (Bauabschnitt 3) | Nein (Maintriangel, Loop) | Nein |

Quelle: Eigene Zusammenstellung nach BERGE 2002a; 2002b; SCHELTE 1999; Stadt Frankfurt am main (Stadtteilhomepages).

Im Folgenden werden die drei Untersuchungsgebiete näher dargestellt. Dabei wird die bisherige Nutzung der Areale ebenso erläutert, wie die (politischen) Debatten um eine künftige Nutzung (Kap. 5.X.1) sowie die Nutzungskonzepte (Kap. 5.X.2) und organisatorischen Strukturen (Kap. 5.X.3). Neben einer umfangreichen Literaturrecherche dienten zusätzlich Zeitungsartikel der lokalen Presse als Grundlage der Rekonstruktion der Projektbiographien (vgl. Kap. 2.6). Im Anschluss werden die Ergebnisse der qualitativen Interviews vorgestellt (Kap. 5.X.4).

Abb. 32: Lage der drei Untersuchungsgebiete

1 Galluspark
2 Deutschherrnviertel
3 Westhafen

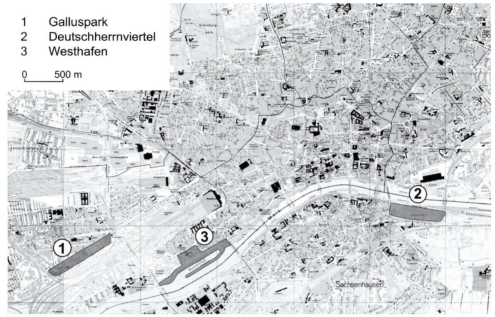

Quelle: Eigene Abbildung.

## 5.2 Adlerwerke / Galluspark

Als erstes Projekt wird im Folgenden das Projekt Galluspark vorgestellt. Eine Kurzbiographie ist in Abb. 33 und der Entwicklungsprozess des Projektes in Abb. 34 zusammenfassend dargestellt. Dieses Projekt stand – wie noch gezeigt wird, ebenso wie die anderen beiden Projekte Deutschherrnviertel und Westhafen – in einer regen Diskussion in der lokalen Tagespresse. Die Online-Archive der FAZ, FRNP und FR listen rund 550 Artikel zum Stichwort Galluspark[29].

---

[29] Dem Verfasser ist bewusst, dass es sich bei dieser Suchmethode lediglich um eine grobe Annäherung handelt. Da es an dieser Stelle jedoch ausschließlich darum geht aufzuzeigen, dass das Projekt in einer breiten öffentlichen Debatte stand, ist diese Vorgehensweise angemessen.

Abb. 33: Zeittafel: Von den Adlerwerken zum Wohn- und Arbeitsquartier „Galluspark"

| | **Zeittafel GALLUSPARK** |
|---|---|
| 1880 | Gründung der Maschinen- und Velocipedhandlung durch Heinrich Kleyer |
| 1886 | wurden erstmals eigene Fahrräder produziert |
| 1888 | Eröffnung des heutigen Hauptbahnhofes |
| 1889 | Umbenennung in Adler Fahrradwerke AG |
| 1890 | zählte der Betrieb 600 Beschäftigte |
| 1898 | verließ das 100.000 Fahrrad das Werk. Auto- und Schreibmaschinenproduktion werden aufgenommen |
| 1907 | Umbenennung in Adlerwerke AG |
| 1920er | die 10.000-Mitarbeiter-Schwelle wird überschritten |
| 1936 | wurde die 500.000 Schreibmaschine produziert |
| II. WK | große Teile des Betriebes werden zerstört und demontiert |
| 1948 | Autoproduktion wird eingestellt |
| 1954 | Fahrradherstellung wird eingestellt |
| 1957 | Motorradherstellung wird eingestellt |
| | Fusion mit den Triumph-Werken zur Triumph-Adler AG (TA) |
| 1969 | Verkauf an Litton Industrie Inc. (USA) |
| 1979 | Übernahme durch die VW AG |
| 1987 | Verkauf an Olivetti aufgrund hoher Verluste |
| 1990er | TA beschäftigt nur noch wenige hundert Mitarbeiter |
| 1990 | Verlagerung der Schreibmaschinenproduktion nach Frankfurt-Griesheim |
| | Beschluss der STVV zur Entwicklung des Areals der Adlerwerke nach §34 BauGB |
| | Verkauf des ersten Bauabschnitts an Roland Ernst und Real Estate Investment AG |
| | Umwandlung der TA in die Grundstücksgesellschaft Adlerwerke vorm. Heinrich Kleyer AG |
| | Nutzungskonzept des ersten Bauabschnitts wird bekannt gegeben |
| | Erstes Objektblatt Nr. 131 wird verabschiedet |
| 1991 | Bauabschnitte 2 und 3 werden an Roland Ernst verkauft |
| 1992 | Zweites Objektblatt Nr. 140 wird verabschiedet |
| 1994 | Verkauf der Adlerwerke an die IMM Holding |
| | Galluspark I (Bauabschnitt 1) ist fertig gestellt |
| 1995 | Galluspark II (Bauabschnitt 2=Altbaubereich) ist fertig gestellt |
| 1998 | Einstellung der Produktion in Griesheim |
| 2001 | Aufnahme des Gallusviertels in das Programm "Frankfurt Soziale Stadt" |
| 2002 | Aufnahme des Gallusviertels in das Bund-Länder-Programm "Soziale Stadt" |
| | Holzmann eröffnet Insolvenzverfahren |

Quelle: Eigene Darstellung.

Abb. 34: Geschichte der Adlerwerke und Entwicklungsprozess des Projektes Galluspark

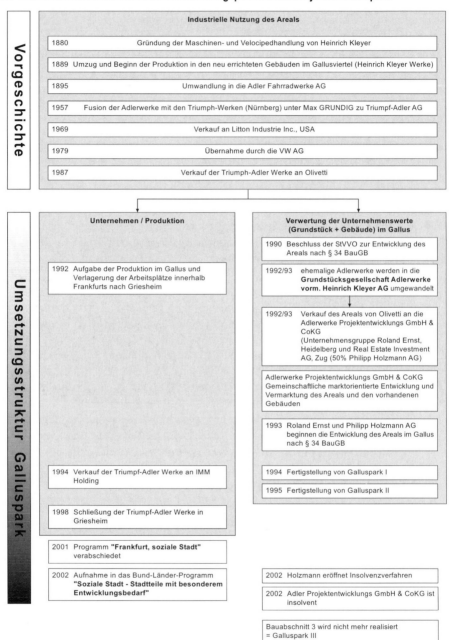

Quelle: Eigene Darstellung.

## 5.2.1 Der Wandel des Geländes der Adlerwerke im Frankfurter Gallusviertel zum Galluspark

*Aufstieg und Niedergang eines der ersten großen Frankfurter Industrieunternehmen – Die ehemalige industrielle Nutzung des Geländes*

Das Gelände, auf dem das Projekt Galluspark im Frankfurter Gallusviertel angesiedelt ist (vgl. Abb. 32) wurde rund ein Jahrhundert lang industriell genutzt. Seit dem Jahr 1889 war an dieser Stelle der Standort der von Heinrich KLEYER errichteten Adler-Fahrradwerke AG (vgl. Philipp Holzmann Bauprojekt AG o. J.), die aus der 1880 von ihm gegründeten Maschinen- und Velocipedhandlung hervorging (vgl. Abb. 35).

**Abb. 35: Die Adlerwerke im Jahre 1905**

Quelle: Philipp Holzmann Bauprojekt AG (o. J., 1).

Der Beginn der Produktion fiel demnach in die Gründerzeit und läutete ein rasantes Wachstum für den neu entstehenden Stadtteil Gallus ein. Vor allem durch die Eröffnung des Frankfurter Bahnhofes (heutiger Hauptbahnhof) im Jahre 1888 gewann das Gallusviertel an Bedeutung und damit an Entwicklungsdynamik (vgl. SCHELTE 1999: 97). Mit der Ansiedlung des im Jahre 1907 in Adlerwerke AG umbenannten Unternehmens folgten bald „im Umfeld neue Wohnblocks mit kleinen, preiswerten Wohnungen für die Arbeiter" (vgl. Adler-AG 2004; SCHELTE 1999: 97). Zur Fahrradherstellung kamen später die Produktion von Schreibmaschinen (ab 1896), Autos und Motorrädern (ab 1899) hinzu, so dass die Zahl der Beschäftigten bereits in den 1920er Jahren 10.000 Arbeiter und Angestellte betrug (vgl. Adler-AG 2004; Institut für Stadtgeschichte der Stadt Frankfurt am Main 2004).

Große Teile der Fabrikanlagen fielen den Zerstörungen des II. Weltkrieges zum Opfer, in dessen Folge die Autoproduktion (1948) eingestellt worden war (vgl. Adler-AG 2004). Die Einstellung der Fahrradproduktion (1954) und der Motorradproduktion folgten (1957) und das Unternehmen wurde auf ein Büromaschinenwerk ausgerichtet (vgl. Institut für Stadtgeschichte der Stadt Frankfurt am Main 2004).
Auf die Kriegsjahre folgte bis in die 1960er Jahre hinein – bedingt durch einen wachsenden Büromaschinenmarkt – ein stetes Wachstum, so dass die Belegschaft – nachdem diese bis

zum II. Weltkrieg stark abgenommen hatte – langsam wieder auf 6.000 Arbeitnehmer anwuchs (vgl. SCHELTE 1999: 97).

In den folgenden Jahrzehnten kam es dann zu mehrfachen Besitzerwechseln (vgl. Abb. 34): zunächst erfolgte 1957 eine Fusion der Adlerwerke mit den Triumph-Werken (Nürnberg) zur Triumph-Adler AG (TA) unter MAX GRUNDIG und 1969 der Verkauf an ein amerikanisches Unternehmen (Litton Industrie Inc.). 1979 übernahm die VW AG die Aktienmehrheit, da diese die Bürotechnik zum zweiten Standbein machen wollte. Dieser Plan wurde jedoch nach hohen Verlusten aufgegeben und die TA an Olivetti, den größten Büromaschinen-Hersteller der Welt, verkauft (1987) (vgl. Adler-AG 2004). Folge dieser mehrfachen Verkäufe und des begleitend einsetzenden Strukturwandels war eine kontinuierliche Reduktion der Arbeitsplätze bis auf wenige Hundert zu Beginn der 1990er Jahre.

**Abb. 36: Das Gebäude der ehemaligen Adlerwerke nach der Schließung des Betriebes**

Quelle: Philipp Holzmann Bauprojekt AG (o. J., 3).

Nach dem Entschluss von Olivetti, die Produktion innerhalb Frankfurts nach Griesheim zu verlagern (Schreibmaschinenproduktion), wurde zunächst der westliche Teil des Areals im Gallus samt Gebäuden an die Unternehmensgruppe Roland Ernst, Heidelberg und das Schweizer Unternehmen Real Estate Investment AG (Zug), das zur Hälfte der Philipp Holzmann AG gehörte, verkauft (Adler-AG 2004). In der Folge wurde die ehemalige TA im Gallus in die „Grundstücksgesellschaft Adlerwerke vorm. Heinrich Kleyer AG" umgewandelt. Die FR kommentierte den Verkauf folgendermaßen: „Der rasante Strukturwandel der Stadt hin zum internationalen Dienstleistungszentrum wirkt sich aus: Ein privater Investor [ROLAND ERNST, Heidelberg] hat einen großen Teil [42.000m²] des Werksgeländes an der Kleyerstraße für 100 Millionen Mark aufgekauft" (FR 18. Januar 1990).

Der zweite, östliche Teil des Areals mitsamt seiner denkmalgeschützten Industriearchitektur (55.000m²) wurde wenig später ebenfalls an die Unternehmensgruppe um ROLAND ERNST verkauft (vgl. Abb. 37). In Abb. 36 ist der Zustand des alten Fabrikgebäudes nach der Schließung des Betriebes zu sehen.

Olivetti trennte sich 1994 – trotz der wenige Jahre zuvor gegebenen Zusicherung, dass die zu diesem Zeitpunkt bestehenden 600 Arbeitsplätze im Frankfurter Gallus erhalten bleiben (vgl. FAZ 19. Januar 1990) – von TA. Die neue Eigentümerin, die IMM Holding, schloss das Frankfurter Werk im Sommer 1998 endgültig und beendete somit eine über ein Jahrhundert andauernde Tradition (Institut für Stadtgeschichte der Stadt Frankfurt am Main 2004).

Dies war ein deutliches Zeichen für den strukturellen Wandel des Gallusviertels, der von der Bevölkerung im Gallusviertel mit Protesten und Ängsten begleitet wurde, so dass eine hohe Sensibilisierung hinsichtlich struktureller Eingriffe in den Stadtteil in Teilen der Bevölkerung vorhanden war. Die Proteste richteten sich einerseits auf die Vernichtung der Arbeitsplätze selbst. Andererseits wurde vielfach kritisiert, dass Olivetti sich nie mit dem Gedanken trug die Produktion aufrecht zu erhalten, sondern von Anbeginn auf spekulativ bedingte Bodenwertsteigerungen durch eine Verwertung des Areals setzte.

*Planungen für eine Revitalisierung des Geländes*

Das knapp 10ha große Gebiet befindet sich in zentraler innerstädtischer Lage und lediglich 1.8km vom Frankfurter Hauptbahnhof entfernt (vgl. Abb. 32). Die Entfernung zur Frankfurter Messe beträgt 1.6km. Das Areal wird südlich vom Gleisvorfeld des Frankfurter Hauptbahnhofes und nördlich von der Kleyerstraße begrenzt, welche eine Verlängerung der Entwicklungsachse Mainzer Landstraße darstellt (vgl. Kap. 4.3) und somit als weiteres Ergänzungsgebiet der Frankfurter City angesehen werden kann (vgl. SCHELTE 1999: 96). Teile des Geländes – für das kein Bebauungsplan existierte – lagen bereits zum Zeitpunkt des Verkaufes brach. Zeitgleich mit dem Verkauf wurde das Nutzungskonzept (vgl. Kap. 5.2.2) für den ersten Bauabschnitt bekannt gegeben. Die Planungen der Investoren lagen zu diesem Zeitpunkt bereits ´fertig auf dem Tisch´ (vgl. FAZ 19. Januar 1990; vgl. FR 18. Januar 1990) und waren der Stadt Frankfurt mitgeteilt: So wurden „im Römer[30] [...] Vorgespräche zwischen dem Architekten [...] und Planungsdezernent MARTIN WENTZ bestätigt" (FAZ 26. Januar 1990). Mit dem Hinweis darauf, dass dem Investor ERNST die politische Landschaft in Frankfurt bekannt sei, gab dieser bekannt, dass neben Büro- und Gewerberäumen als Zugeständnis an die Stadt Frankfurt am Main auch rund 500 Sozialwohnungen eingeplant worden seien (vgl. FRNP 26. Januar 1990).

Auf diese Ankündigungen reagierte die CDU-Fraktion in der Stadtverordnetenversammlung (STVO) mit einem Antrag, dessen Ziel es war, einen Aufstellungsbeschluss für einen Bebauungsplan für das Areal herbeizuführen (vgl. CDU Stadtverordnetenfraktion

---

[30] Der „Römer" ist eines der Frankfurter Rathäuser.

Frankfurt am Main 1990). Dieser Antrag blieb jedoch folgenlos und der damalige Planungsdezernent WENTZ teilte wenig später mit: „Angesichts der katastrophalen Wohnverhältnisse in Frankfurt bleibt mir keine Alternative. Die Bearbeitung eines Bebauungsplanes benötigt zur Zeit drei bis fünf Jahre, da macht es gar keinen Sinn, einen zu beschließen" (FAZ 19. März 1990). Befürchtungen, die von Seiten der Gallusbewohner geäußert wurden (mangelnde Transparenz, Verbindlichkeit der Investorenpläne) und darauf abzielten, ein Mitspracherecht und rechtliche Absicherung hinsichtlich der Investorenpläne zu erreichen, kommentierte WENTZ folgendermaßen: „[...] von Seiten der Stadt [seien] genaue Vorgaben hinsichtlich Grünflächen, sozialer Einrichtungen und eines vernünftigen Verhältnisses zwischen gewerblicher Nutzung und Wohnbebauung gemacht worden" (FAZ 19. März 1990).

Um den Strukturwandel im Gallus aufzuhalten bzw. dessen Folgen abzuschwächen, verfolgt WENTZ den Schutz des Gallus mittels des Instrumentes der Erhaltungssatzung (vgl. FR 16. November 1991), denn „durch die unmittelbare Nähe zur Messe und Innenstadt sowie zum Bahnhofs- und Bankenviertel [...] besteht für das Gallusviertel ein Umwandlungsdruck zu hochwertigen Bürolagen" (FR 26. März 1992). Darüber hinaus wurde das Gallus auch zunehmend von neuen Bevölkerungsgruppen neu „entdeckt": „Studenten und junge Unternehmen entdecken das ehemalige Arbeiterviertel als günstige Adresse. [...] Viele junge Leute und Unternehmen siedelten sich in den letzten Jahren im Gallus an [...]. Vor allem die billigen Mieten" (FR 01. Juni 2001) waren der Grund hierfür. Diese Entwicklung wurde unter anderem auch von der Frankfurter Wirtschaftsförderung unterstützt, die gezielt für die Ansiedlung neuer (hauptsächlich) Dienstleistungs-Unternehmen warb. Somit waren das Viertel und seine Bewohner neben dem Verlust industrieller Arbeitsplätze auch mit der Invasion neuer Bevölkerungsgruppen und Unternehmen konfrontiert, so dass sich das Einsetzen eines klassischen Gentrificationprozesses abzeichnete (vgl. FR 01. Juni 2001) und städtische Maßnahmen erforderlich wurden. Diese Tendenzen verstärkten sich seit 1995, als bekannt wurde, dass das ans Gallusviertel angrenzende Gelände des Güterbahnhofes freigemacht und einer neuen Nutzung (sog. Urban Entertainment Center im Europaviertel) zugeführt werde (vgl. zum Entwicklungsprozess des Europaviertels DALLGHAS 2001; LANGHAGEN-ROHRBACH 2003: 144-166). Die Erhaltungssatzung wurde jedoch bis zum Jahr 2005 nicht verabschiedet.

*Das Instrument zur Entwicklung des ehemaligen Geländes der Adlerwerke*

Da ein Bebauungsplanverfahren von Seiten des Planungsdezernenten WENTZ als ein zu langwieriges Verfahren angesehen wurde, musste ein anderes Instrument für die städtebauliche Entwicklung des Geländes zum Tragen kommen. „Voraussetzung dafür war eine grundsätzliche Einigung zwischen der Stadt und den Investoren über das städtebauliche Bebauungskonzept. Aufgrund der Tatsache, dass sich im näheren Umfeld des Vorhabens zum einen gewerbliche beziehungsweise Kerngebietsnutzungen und zum anderen Wohnnutzungen befinden, ist die planungsrechtliche Beurteilung des Planungsdezernats der Stadt Frankfurt/Main zu dem Ergebnis gekommen, dass sich das Konzept Gallus-Park nach den Kriterien des §34 Baugesetzbuch in die Eigenart des näheren Umgebung einfügt" (SCHELTE 1999: 100) und deshalb das so genannte Objektblattverfahren angewendet werden kann. Das Objektblattverfahren geht auf einen Beschluss der Stadtverordnetenversammlung

Frankfurt am Main vom 10. Oktober 1968 zurück (vgl. Magistrat der Stadt Frankfurt am Main 1968). In diesem Beschluss wurde festgelegt:

*„[...] I. Die Stadtverordnetenversammlung bekräftigt ihren Beschluss vom 29.11.1965 nach folgenden Maßgaben:*

*1. Sie erwartet eine regelmäßige Unterrichtung ihres Bau- und Aufbauauschusses über Bauvorhaben, die Grundzüge der Planung berühren, und darüber hinaus über andere wichtig erscheinende Anträge nach den §31, 33, 34 und 36 des Bundesbaugesetzes.*

*2. [...]*

*3. Insbesondere hält sie es für erforderlich, dass ihr Bau- und Aufbauauschuss mit einem Vorhaben befasst werden, wenn von den Richtwerten abgewichen werden soll, die in den [...] Grundsätzen der Planung festgelegt sind.*

*4. Hiermit beauftragt sie ihren Bau- und Aufbauauschuss mit der Überwachung der Verwaltung auf diesem Gebiet und ermächtigt diese Ausschüsse, ggf. auch Einsicht in die entsprechenden Akten zu nehmen.[...]"* (Magistrat der Stadt Frankfurt am Main 1968).

Insgesamt wurden zwei verschiedene Objektblätter für das Projekt Galluspark beschlossen. Die Objektblätter setzen sich zusammen aus einer kurzen Übersicht, in der die wesentlichen Daten des Projektes aufgelistet sind. Es folgen eine Projektbeschreibung, eine Darstellung der planungsrechtlichen Situation – als die eigentliche Begründung für die Anwendung des Objektblattverfahrens – und eine Auflistung „Besonderer Auflagen", die bspw. Regelungen zur Lage einer Tiefgarage, Vorgaben für Bepflanzung oder Erläuterungen zur Stellplatzablöse umfassen (vgl. Stadt Frankfurt am Main – Dezernat Planung 1990; 1992). Ergänzt werden diese Objektblätter von einem Lageplan, zahlreichen Grund- und Aufrissen und Modellfotografien. Das erste Objektblatt, das mit der Objektlistennummer 131 bei der Stadt Frankfurt am Main geführt wird, umfasst den Bereich des Teilprojektes Galluspark I mit rund 43.000m² Grundfläche. Als Begründung für diesen Teilabschnitt wurde im Objektblatt folgender Grund genannt:

*„Zusammenfassend wird festgestellt, dass sich in der näheren Umgebung des Vorhabens zum einen gewerbliche bzw. Kerngebietsnutzungen und zum anderen Wohnnutzungen befinden, so dass die planungsrechtliche Beurteilung durch die Stadt zu dem Ergebnis kommt, dass sich das Projekt Galluspark nach den Kriterien des §34 (1) BauGB in die Eigenart der näheren Umgebung einfügt"* (Stadt Frankfurt am Main – Dezernat Planung 1990).

Das unter der Objektlistennummer 140 geführte zweite Teilprojekt Galluspark 2 umfasst eine Fläche von rund 55.000m² und setzt sich aus den Bauabschnitten 2 und 3 zusammen. Die Begründung für die Entwicklung nach § 34 BauGB ist stark an die des Objektblattes 131 angelehnt (vgl. Stadt Frankfurt am Main – Dezernat Planung 1992).

Nach der Ankündigung WENTZ', das Projekt nach dem Instrument des §34 BauGB genehmigen zu lassen, kam es zu heftigen Debatten unter den Stadtverordneten. So stimmte „die CDU [...] zwar dem Projekt zu, kritisierte aber das Verfahren, da damit ein rechtsunsicherer Weg beschritten werde [...]" (FAZ 14. November 1990). Als weiteres Gegenargument zum vorgeschlagenen Verfahren wurde die geringe rechtswirksame Beteiligung der Bürger angeführt. Diese Proteste wurden jedoch ignoriert und das Gelände nach §34 BauGB entwickelt.

Trotz umfangreicher Recherchen konnte keine Literatur zum Objektblattverfahren und dessen Sinnhaftigkeit gefunden werden. Einzige Quellen waren vereinzelte Zeitungsberichte, die sich allerdings nur sekundär mit dem Thema Objektblattverfahren und dem damit verbundenen kommunalpolitischem Streit zwischen CDU und SPD befassten. Eine wissenschaftliche bzw. juristische Beurteilung des Verfahrens und seiner Validität stehen bisher noch aus. Insbesondere muss die Frage geklärt werden, ob bei Neubauarealen in der Größenordnung des Gallusparks überhaupt noch beurteilt werden kann, ob sich das neue Areal in die Eigenart der näheren Umgebung einfügt, oder ob bei diesen Dimensionen eine eigene städtebauliche und architektonische Struktur von vornherein gegeben sein werden. Wäre dies der Fall, so stellt sich die Frage, inwieweit eine planungsrechtliche Genehmigung überhaupt noch von dem §34 BauGB gedeckt ist, bzw. ob Neubauareale oder Brachflächenrevitalisierungen ab einer bestimmten noch festzulegenden Größe grundsätzlich nur über ein konventionelles B-Planverfahren genehmigt werden sollte.

### *Bürgerbeteiligung, Bürgerproteste, Bündnisse und Bürgerinitiativen*

„[…] Viele Bewohner [stehen] rat- und atemlos den ersten Spekulationskäufen alter Gallus-Wohnhäuser gegenüber, phantastische Kauf- und Mietpreise machen die Runde" (FR 15. Februar 1990). So berichtete die FR über eine Sonderveranstaltung des für das Gallus zuständigen Ortsbeirates 1 [31], in der die Bürger über die Planungen in ihrem Stadtteil informiert wurden und Fragen stellen konnten. Zahlreiche Projekte im Stadtteil sorgten dafür, dass sich das Antlitz des traditionellen Arbeiterviertels rapide veränderte (vgl. FR 15. Februar 1990) und Ängste gegenüber der ökonomischen Übermacht von Investoren und vor dem Strukturwandel in der Bevölkerung auslösten. Massiver Arbeitsplatzabbau im produzierenden Gewerbe (bspw. bei TA, Telenorma, Siemens, Adam Opel (vgl. FAZ 06. Februar 1991)) war und ist nur eine der Folgen des Strukturwandels (FR 16. November 1991). Das dieser Wandel auch tatsächlich vonstatten geht und nicht nur eine unbegründete Furcht der Bevölkerung darstellt belegen folgende Daten: „In Frankfurt hat sich die Beschäftigtenzahl im produzierenden Gewerbe von 1970 bis 1987 von 142.000 auf 98.000 verringert" (OFP 07. Dezember 1990). So herrscht ein „Gefühl vieler Leute [vor], dass sie künftig nicht mehr ins Viertel passen werden" (vgl. FR 15. Februar 1990).

Vor diesem Hintergrund kam es bereits wenige Monate nach der Ankündigung des Projektes auf Anregung des Planungsdezernenten zur Gründung des ´Bunten Bündnis Gallus´,

---

[31] Der Ortsbeirat 1 ist einer von 16 Frankfurter Ortsbeiräten, deren Aufgabe es ist, sich mit den Anliegen der Einwohnerinnen und Einwohner vor Ort zu befassen. Basis der Arbeit der Ortsbeiräte ist die Hessische Gemeindeordnung (HGO §§81-82). Die Ortsbeiräte werden alle fünf Jahre bei der Kommunalwahl neu gewählt. Der Ortsbeirat muss grundsätzlich von der Stadtverordnetenversammlung, bei Fragen die den zugehörigen Ortsbezirk betreffen, gehört werden. Darüber hinaus haben die ehrenamtlich tätigen Ortsbeiräte „das Recht, zu allen örtlichen Angelegenheiten Vorschläge an die Stadtverordnetenversammlung und an den Magistrat zu richten" (Stadt Frankfurt am Main 2004a). Die Ortsbeiräte üben also eine Mittlerrolle zwischen der Stadtverordnetenversammlung auf der einen und der Stadtteilbevölkerung auf der anderen Seite aus. Der dem Ortsbeirat 1 zugeordnete Ortsbezirk 1 umfasst die Stadtteile Bahnhof, Gallus, Gutleut und Innenstadt.

ein Zusammenschluss von Vertretern der evangelischen und katholischen Kirchengemeinde im Gallus und Gewerkschaft. Dieses Bündnis traf sich mehrere Male mit Vertretern des Investors und dem Architekten des Projektes und durfte „Wünsche" zum Projekt Galluspark äußern (FR 10. November 1990). Allzu erfolgreich scheint die Zusammenarbeit am Runden Tisch jedoch nicht gewesen zu sein, denn „das Bunte Bündnis Gallus [hat] einen offenen Brief an Oberbürgermeister Hauff geschrieben" (FR 10. November 1990) und beschwerte sich über die Zusammenarbeit und Informationspolitik. Weitere Informationen über dieses Bündnis stehen nicht zur Verfügung.

LANZ hat in seiner Arbeit als Besonderheit des Planungsverfahrens „Galluspark" herausgestellt, dass zwar keine Bürgerbeteiligung von planungsrechtlicher Seite her durchgeführt wurde. Dafür hat

> „[...] der Investor aus eigener Initiative anstelle der Stadt ein Verfahren zur Beteiligung der Bevölkerung an den Planungen durchgeführt [...]: Dabei wurden in mehreren öffentlichen, zum Teil etwa mit Freibierausschank volksfestartigen, Veranstaltungen und Informationsständen (etwa am Markt und bei den Kulturwochen) die Pläne vorgestellt" (LANZ 1996: 148). Zusätzlich wurden Diskussionsrunden mit Stadtteilinitiativen ausgerichtet. Eine weitere im Gallus aktive Gruppe war die Bürgerinitiative „Stadtteilgruppe Gallus" (vgl. LANZ 1996: 148), die „sich seit mehreren Jahren mit Stadtteilentwicklungsprozessen auseinander[setzte] und [...] immer wieder mit Kritik, Forderungen und eigenen Plänen (etwa einem Entwurf eines Stadtteilentwicklungskonzepts) für eine sozialverträgliche Planung im Gallusviertel an die Öffentlichkeit" trat (LANZ 1996: 148).

In Interviews mit Vertretern dieser Gruppe stellte LANZ fest, dass es sich bei dem vom Investor angeregten und durchgeführten Verfahren keinesfalls um eine Bürgerbeteiligung, wie sie im Rahmen des Planungsrechts verstanden wird, handelte, da keinerlei Mitwirkungs- und Gestaltungsmöglichkeiten bestanden, noch von Seiten des Investors versprochene Zugeständnisse eingehalten wurden.

> „Die Motivation des Investors für das Verfahren hatte sich aus den Ergebnissen einer Untersuchung der lokalen Protestpotentiale durch eine von ihm beauftragte Werbeagentur ergeben" (Lanz 1996: 149).

Dies ist vor dem Hintergrund zu sehen, dass der Investor bei einem anderen Projekt, dem Projekt Campanile[32], bereits Erfahrungen mit Protestpotentialen im Gallus gesammelt und dementsprechend reagiert hat. An dieser Stelle zeigt sich, dass die aktive Beteiligung

---

[32] Beim sog. CAMPANILE handelte es sich um ein Hochhausprojekt, dass in unmittelbarer Nachbarschaft auf der Parkplatzfläche vor dem Südausgang des Frankfurter Hauptbahnhofes errichtet werden sollte. Mit einer projektierten Höhe von bis zu 300m (FR 02. November 1996) wäre es rund 130m höher gewesen als das zum damaligen Zeitpunkt (1980er Jahre) höchste Gebäude in Frankfurt am Main (Dresdner Bank mit 170m). Die potentiellen Bauherren waren Roland Ernst, der auch beim Galluspark für große Teile verantwortlich zeichnet, gemeinsam mit der Immobiliengruppe Fay KG. Befürwortung fand das geplante Hochhaus, das als Hotel und Büroraum genutzt werden sollte auf politischer Seite lediglich bei der CDU. GRÜNE und (anfänglich auch) SPD lehnten das Projekt ab und widerriefen die noch vor der Kommunalwahl 1989 von der CDU erlassene Teilbaugenehmigung nach der Kommunalwahl. Auch zahlreiche Initiativen formierten sich gegen das Projekt, darunter die Aktionsgemeinschaft Westend, die BI Schweizer Platz, die BI Holzhausenviertel, die Stadtteilinitiative Gallus, das Forum Stadtentwicklung und die Wohnraumbeschaffungsinitiative Gutleut (WOBIG).

im Frankfurter Planungsgeschehen und Immobilienmarkt, oder um die Theorieterminologie aufzugreifen, die Kenntnisse der Regeln und die Verfügbarkeit von Ressourcen (Kontakte, Kenntnis der Spielregeln) zu einem Informationsvorsprung beitragen, der zu unausgewogenen Machtverhältnissen, führen kann. Somit kann das Verfahren eher als Werbekampagne denn als Bürgerbeteiligung bezeichnet werden, zumal die Pläne zwischen Investor und Stadt zu diesem Zeitpunkt bereits abgesprochen waren (vgl. LANZ 1996: 149). LANZ bezeichnet dieses Beteiligungsverfahren als problematischen Fall von Kommunikation, dessen Folge sehr geringer Widerstand gegen das Projekt gewesen sei (so ein Vertreter der Stadt im Interview mit LANZ) (vgl. LANZ 1996: 149-150). Trotz der Unzufriedenheit der lokalen Beteiligten wurde dieses Verfahren von Vertretern aus der Politik als positiver Ansatz zur Bürgerbeteiligung angesehen, „da der Investor sich nach kontroversen Diskussionen freiwillig auf Zugeständnisse eingelassen habe, ohne dass die Stadt eingreifen musste" (LANZ 1996: 50). Der dadurch entstehende Widerspruch zwischen der Einschätzung der in der Stadtteilgruppe engagierten Bürger und der der Politiker ist wohl unterschiedlichen Perspektiven geschuldet, die in solch einem Fall als normal betrachtet werden können, da jeder Akteur entsprechend seiner Ziele agiert und urteilt.

Eine dritte BI formierte sich im Jahre 1999: die Bürgerinitiative Europaviertel/Chance fürs Gallus (vgl. FR 23. August 2001). Zunächst setzte sich diese mit dem Großprojekt Europaviertel auf dem Gelände des ehemaligen Frankfurter Güterbahnhofs, das an das Gallus angrenzt, später verstärkt und allgemeiner mit Problemen im Stadtteil Gallus auseinander und formulierte somit auch Wünsche und Zielvorstellungen zum Projekt ´Galluspark´.

Insgesamt kann an dieser Stelle auf jeden Fall die in Kap. 2.2 aufgestellte Hypothese bestätigt werden, dass die gesellschaftlichen Auseinandersetzungen um die Ressource Raum tatsächlich zunehmen und sich dies u. a. in der Bildung von Bürgerinitiativen niederschlägt. Gleichfalls kann festgehalten werden, dass der Informationsvorsprung, den einzelne Akteure gegenüber Anderen durch Netzwerke, die das Ergebnis bisheriger Zusammenarbeit mit anderen Akteuren sind, zu einem Ungleichgewicht und unterschiedlichen Ausgangsvoraussetzungen verschiedener Akteure führt. Anders formuliert bedeutet dies: es herrschen unterschiedliche Machtpotentiale zwischen den einzelnen Akteuren, so dass sich einzelne Akteure aufgrund der Verfügbarkeit größerer Ressourcen gegen andere durchsetzen können.

*Soziale Stadt – Gallus: Das städtische Programm „Frankfurt, soziale Stadt" und das Bund-Länder Programm „Stadtteile mit besonderem Entwicklungsbedarf – die soziale Stadt"*

Wenn auch kein direkter Zusammenhang zwischen dem Bürgerengagement und der im Folgenden zu schildernden Programme festgestellt werden konnte, so kann dennoch festgehalten werden, dass die deutlichen und vor allem lange anhaltenden Proteste der Bürger dazu führten, dass ihr Stadtteil im Blickfeld – nicht nur der Stadtteilpolitiker – blieb und eine Reaktion von Seiten der Politik erfolgte. Aufgrund der starken strukturellen Veränderungen im Gallus und des ökonomischen Entwicklungsdruckes, der von Seiten der ProjektentwicklerInnen immer stärker auf den Stadtteil einwirkte, verabschiedete die Stadt Frankfurt am Main im Sommer 2001 das städtische Programm „Frankfurt, soziale Stadt". Mittels dieses Programms sollten „über fünf Jahre hinweg zehn Millionen Mark in das Viertel investiert [werden, um...] das bisher vernachlässigte Gallus moderner [zu] machen" (FR 23. August 2001). Zusätzlich wurde ein Antrag zur Aufnahme in das Städtebauförderungsprogramm des Bundes und der Länder gestellt. Die Aufnahme in das Bund-Länder-Programm „Stadtteile mit besonderem Entwicklungsbedarf – die soziale Stadt", durch das jährlich Mittel in Höhe von 1 Mio. Mark ins Gallus fließen sollten, erfolgte im November 2001 (vgl. Bundestransferstelle „Soziale Stadt" 2004; Stadt Frankfurt am Main 2004b). Im Rahmen dieses Förderprogramms sind bisher unter anderem Wohnumfeldverbesserungen in Wohnsiedlungen aus den 1920er und 1930er Jahren durchgeführt worden. Dringend benötigte Frei-, Spiel- und Grünflächen wurden angelegt und ein Quartiersmanagement initiiert (vgl. Stadt Frankfurt am Main 2004b). Insbesondere von Seiten der Bürger und der BI Europaviertel/Chance fürs Gallus wurden hohe Erwartungen in diese Förderprogramme für die Entwicklung und Verbesserung ihres Stadtteils gesetzt (vgl. FR 22. November 2001).

### 5.2.2 Nutzungskonzept und Stand des Projektes

Das als nutzungsgemischt konzipierte Projekt „Galluspark" gliedert sich auf einer Fläche von rund 10ha in zwei Teilbereiche: Galluspark I und II. Dabei bestand Galluspark I aus einem Bauabschnitten (BA 1) und Galluspark II aus den Bauabschnitten 2 und 3 (vgl. Abb. 37). Die Entwicklungsaufgabe bestand in der Neubebauung im Galluspark I und der Instandsetzung der denkmalgeschützten Gebäude und der Neubebauung im daran anschließenden Bereich im Galluspark II mit dem Ziel einer städtebaulichen Aufwertung der umliegenden Bereiche. Das Gesamtvolumen der Investitionen war auf 1.5 Milliarden DM veranschlagt (vgl. FAZ 04. März 1993).

Abb. 37: Bauabschnitte und Nutzungen im Galluspark

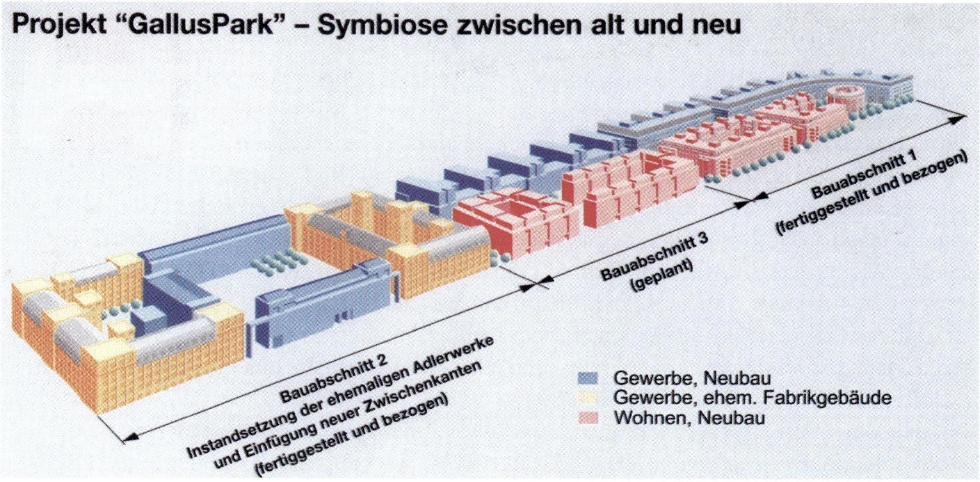

Quelle: Philipp Holzmann Bauprojekt AG (o. J., 2), überarbeitet.

Galluspark I umfasst mit dem Bauabschnitt 1 den westlichen Geländeteil, der vollständig freigeräumt und bereits neu bebaut wurde (vgl. Abb. 37). Die zuerst realisierte Bebauung Galluspark I / Bauabschnitt 1 – der Entwurf stammt von dem Architekturbüro J·S·K PERKINS & WILL, Frankfurt – wird von zwei Komponenten dominiert. Aufgrund der Nachbarschaft zum Gleisvorfeld des Frankfurter Hauptbahnhofes, das nahezu parallel zum Gelände der ehemaligen Adlerwerke die südliche Begrenzung des Gesamtprojektes bildet, wurden in diesem Bereich rund 60.000 m² BGF Büroflächen und Tiefgaragen für 1.140 Fahrzeuge entwickelt.

Dieser Komplex ist zu großen Teilen an die Deutsche Bahn AG vermietet. Ein weiterer Teil beherbergte bis Frühjahr 2005 einen Ableger der Frankfurter Volkshochschule.

Im nördlichen Anschluss wurden insgesamt 431 Wohnungen errichtet, von denen 48 (ca. 2.400 m² BGF) frei finanziert und 383 (ca. 46.000 m² BGF) öffentlich gefördert im Sozialen Wohnungsbau entstanden sind (vgl. FAZ 04. März 1993; SCHELTE 1999: 99). Die frei finanzierten Wohnungen befinden sich in der so genannten Rotunde, die zusätzlich Raum für vier Arztpraxen bietet. Die Sozialwohnungen hingegen sind in Form einer achtgeschossigen Blockrandbebauung in zwei Blöcken entlang der Kleyerstraße aufgereiht. In einem der Wohnblöcke ist eine 750m² große Kindertagesstätte integriert. Die Wohnungen bieten ein Angebot sowohl für Singles und Paare, als auch für Familien mit Kindern (vgl. WENTZ 1998: 104). Eine funktionale Trennung der gewerblichen Bereiche und der Wohnnutzung erfolgt über eine das Areal durchziehende Erschließungsstraße. Der Projektteil Galluspark II (Bauabschnitt 2 und 3) – verantwortlich für den Entwurf sind die Frankfurter Büros PAS sowie KRÄMER, SIEVERTS UND PARTNER – umfasste maßgeblich die Instandsetzung und Umwandlung der ehemaligen, unter Denkmalschutz stehenden Fabrikgebäude der Adlerwerke und die Wiederherstellung der Blockstrukturen durch ergänzende Zwischenbauten in ein Kommunikationszentrum mit 3.000 bis 4.000 Arbeitsplätzen im Dienstleistungsbereich, Arztpraxen, Geschäften und 300 Wohnungen. Auch ein Theater (Gallustheater) ist mitsamt gastronomischen Einrichtungen im Altbaukomplex untergebracht (alles in allem rund 70.000 m² BGF) (vgl. LANZ 1996: 147). Dieser Bauabschnitt wurde bis 1995 fertig gestellt und 1996 an die DEGI (Deutsche Gesellschaft für Immobilienfonds mbH der Dresdner Bank) verkauft.

Während Galluspark I (Bauabschnitt 1) sehr zügig realisiert werden konnte und bereits 1994 fertig gestellt war, ist beim Bauabschnitt 3 bis heute außer einer bereits seit mehreren Jahren eingezäunten Baugrube keine bauliche Tätigkeit zu erkennen. Dies ist einerseits in der Tatsache begründet, dass die Entwicklungsgesellschaft im Laufe der Entwicklung einen Insolvenzantrag stellen musste (vgl. Kap. 5.2.3). Andererseits verhinderte die Krise der Immobilienwirtschaft seit Mitte der 1990er Jahre ebenfalls eine rasche Fortführung der Bebauung. Als direkte Konsequenz konnte die sowohl für das Neubaugebiet als auch den angrenzenden Stadtteil vorgesehene infrastrukturelle Verbesserung nicht umgesetzt werden (Spielplatz, Bolzplatz, Grünflächen, Einkaufsmöglichkeiten etc..). Für den Bauabschnitt 3 waren zunächst weitere Büro-, Wohn- und Gewerbeflächen in einem Volumen von rund 53.000 m² BGF vorgesehen (vgl. SCHELTE 1999: 99). Ende der 1990er Jahre kam als neue Nutzung ein internationales Krankenhaus für wohlhabende Gesundheitstouristen aus der Türkei und aus Zentralasien (FAZ 08. Januar 1998) ins Gespräch. Nachdem das Hessische Gesundheitsministerium jedoch mitteilte, dass kein Bedarf für eine türkische Klinik im Allgemeinen und weitere Krankenhausbetten im Rhein-Main-Gebiet im Besonderen bestehe und somit der Zugang zum deutschen Gesundheitssystem nicht gewährleistet war, wurden

Abb. 38: Das Areal des Projektes Galluspark in der Bauphase

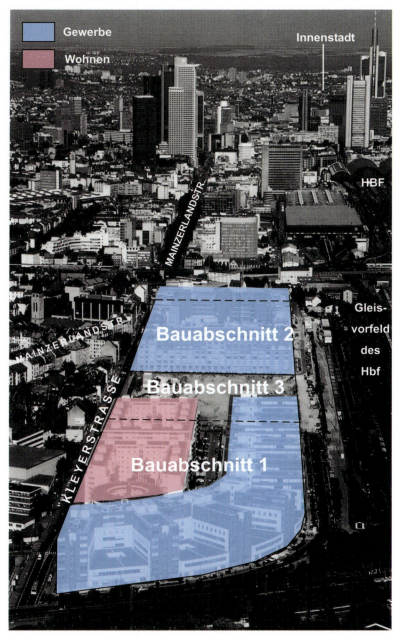

Quelle: Philipp Holzmann Bauprojekt AG (o.J.), überarbeitet und ergänzt. In dieser Abbildung sind lediglich die bereits realisierten Areale farbig unterlegt (BA 1 und 2). Für den noch nicht realisierten BA 3 ist eine Mischnutzung vorgesehen (vgl. Abb. 37).

die Pläne fallen gelassen (vgl. FR 14. November 1997). Die zuletzt angekündigten Pläne (Bau von Wohnungen und Büros) wurden im Dezember 2001 bekannt, aber auch nach dieser Ankündigung wurden bisher (Mitte 2005) keine Baumaßnahmen ergriffen (vgl. FR 05. Dezember 2001). Zum aktuellen Eigentümer des Areals können keine abschließenden Angaben getroffen werden. Recherchen ergaben widersprüchliche Auskünfte, die zum Teil Banken, zum Teil die Phillip Holzmann AG als aktuellen Eigentümer ergaben.

### 5.2.3 Organisatorischer Rahmen der Revitalisierung – Beteiligte Akteure, Finanzen

Das Projekt Galluspark ist eine rein private Entwicklung, an der die Stadt Frankfurt am Main außer ihrer planungshoheitlich zugesicherten Rechte als Genehmigungsbehörde keinerlei finanzielle oder andere Beteiligungen hatte. Daher lässt sich das Projekt Galluspark in den im Theoriekapitel erläuterten Typus der Kooperation mit „unterschiedlichen vertraglichen Regelungen" einordnen. Wie bereits in Kap. 5.2.1 beschrieben wurde, wechselte das Unternehmen Adlerwerke in den letzten Jahrzehnten des Bestehens mehrfach den Besitzer. Zuletzt gingen die Unternehmenswerte – also die Gebäude und Grundstücke im Gallus – in den Besitz der ´Adlerwerke Projektentwicklungs-GmbH & CoKG´ über. Der Verkauf des Areals durch den Eigentümer Olivetti an diese Gesellschaft ist maßgeblich mit angestrebten spekulationsbedingten Gewinnen zu begründen. Diese wurden möglich, da der Grundstückswert höher lag, als die aus der Produktion erzielbaren Gewinne (vgl. LANZ 1996: 147).

Die Adlerwerke Projektentwicklungs-GmbH & CoKG ist ein Joint Venture, das zu gleichen Teilen von den Unternehmen ROLAND ERNST, Heidelberg und einer Tochter der Philipp Holzmann Bauprojekte AG gegründet wurde. Ihre Aufgabe war die gemeinschaftliche marktorientierte Entwicklung und Vermarktung des Projekts. Somit lag das alleinige Risiko bei den beiden privaten Investoren.

Die Realisierung der Bauabschnitte 1 und 2, die 1994 bzw. 1995 fertig gestellt wurden, verlief zügig. Nachdem sowohl ROLAND ERNST, als auch Holzmann in finanzielle Schwierigkeiten gerieten, die letztlich zur Insolvenz beider Unternehmen führte, war dies das „Aus" für den letzten Bauabschnitt, der bis heute nicht realisiert worden ist. Diese Brache, auf der auch wichtige infrastrukturelle Elemente vorgesehen waren, bildet eine große, durch Bauzäune abgesperrte, Lücke zwischen den beiden Projektteilen (vgl. Abb. 39).

Abb. 39: Die eingezäunte noch brachliegende Fläche (Bauabschnitt 3) zwischen dem realisierten Neubauareal und den sanierten ehemaligen Adlerwerken; im Volksmund „Das Schwimmbad" genannt

Quelle: Eigene Photographien im Juni 2004. Oberes Bild: Blick auf die Brachfläche vom historischen Adlerwerkegebäude aus in Richtung Südwesten. Unteres Bild: Blick auf die ehemaligen Adlerwerke vom Bauabschnitt 1 in Richtung Nordosten.

## 5.2.4 Das Projekt Galluspark im Spiegel der Akteure

Die Inhalte des folgenden Kapitels basieren auf den Ergebnissen aus den mit den am Projekt Galluspark beteiligten Akteuren geführten qualitativen Interviews. Dies gilt analog für die Kapitel 5.3.4 und 5.4.4.

*Die planungsrechtliche Seite – Das Objektblattverfahren*

Das Objektblattverfahren[33] – zu Beginn der 1990er Jahre ein übliches Verfahren in Frankfurt am Main –, das beim Projekt Galluspark Anwendung fand, wurde von den befragten Akteuren äußerst unterschiedlich beurteilt. Während das Planungsdezernat das Verfahren überwiegend positiv beurteilte, wird es von Investoren-, aber auch Politikerseite als eher negativ eingeschätzt. Als positiv wurde insbesondere herausgestellt, dass mit der Anwendung des Objektblattverfahrens der bei B-Planverfahren übliche Zeithorizont von durchschnittlich zehn auf ein Jahr reduziert werden konnte und es so zu einer enormen Beschleunigung des Projektes kam, die auch vom damaligen Planungsdezernenten WENTZ gewünscht war. Dieses Argument ist umso gewichtiger, stellt man es in den Kontext des Wahlversprechens der zum damaligen Zeitpunkt noch „jungen" Stadtregierung, die unter dem Druck stand, zügig Erfolge beim Wohnungsbau nachzuweisen. Wohnungsbau war – zur Erinnerung – im Wahlkampf 1988/89 eines der dominierenden Themen und trug – so eine häufige Einschätzung – zu einem großen Teil zum Sieg der Rot-Grünen Koalition bei. Insofern ist es wenig verwunderlich, dass das Verfahren in Teilen als Positives betrachtet wird, wenn man davon ausgeht, dass das Interesse der Stadt die schnelle Realisierung des Projektes war. So haben sich die Pragmatiker und unter Erfolgsdruck stehenden für das Objektblatt- und gegen das B-Planverfahren entschieden. Da sich die private Seite kooperativ gegeben habe, sei aber auch die Grundlage für das Objektblattverfahren gegeben gewesen. Letztlich sei auch das Risiko, das im Objektblattverfahren stecke, nicht von den Investoren zu Lasten der Stadt ausgenutzt worden.

Auf der anderen Seite wiederum wurde auch von verschiedenen Seiten laute Kritik am Verfahren geäußert. So stellte ein Akteur klar, dass Investoren Rechtssicherheit einem hohen Tempo vorziehen. Mangelnde Rechtssicherheit in Verbindung mit der in Objektblättern im Vergleich zu B-Plänen geringeren Details-Regelungsdichte, könne leicht zu Überraschungen im Projektverlauf führen, die zu Verzögerungen, steigenden Kosten, „faulen Kompromissen" bis hin zum Zusammenbrechen ganzer Projekte führen könne. Darüber hinaus habe man sich von planungsrechtlicher Seite beim Galluspark an der Grenze des möglichen bewegt. Rechtssicherheit sei jedoch im Gegensatz zum B-Planverfahren beim Objektblattverfahren nicht gegeben, und somit nicht das bevorzugte Verfahren von Investoren.

Eine ähnliche Einschätzung trafen aber auch Gesprächspartner aus Verwaltung und Politik. So intervenierte die Opposition massiv, aber erfolglos gegen die Anwendung des Objektblattverfahrens, da sie ebenfalls Einwände hinsichtlich der Rechtssicherheit hegte und

---

[33] Vgl. weiterführend zum Objektblattverfahren und der damit bisher kaum erfolgten wissenschaftlichen bzw. juristischen Auseinandersetzung auch die Ausführungen in Kap. 5.2.1.

auch befürchtete, dass die Stadt zugunsten einer schnellen Entwicklung auf ihr hoheitliches Planungsrecht größtenteils verzichte.

Aber auch die Anwendung des einst für Baulücken erdachten Verfahrens selbst wurde vielfach kritisiert, da es bei Projekten in der Größenordnung des Gallusparks inakzeptabel und für die Öffentlichkeit zu wenig transparent sei. Grundsätzlich wurde auch das Erfordernis der „Ehrlichkeit der am Objektblattverfahren beteiligten Partner" herausgestellt und darauf hingewiesen, dass dieses Verfahren durchaus sinnvoll sei, sofern bereits Gestaltungsideen vorhanden und die Größe der betroffenen Fläche adäquat seien. Ob eine höhere architektonische oder städtebauliche Qualität mit einem B-Planverfahren erreicht werden könne, wurde jedoch bezweifelt.

Hinsichtlich der Bürgerbeteiligung in Planungsverfahren treten ebenfalls Probleme auf, denn das Objektblattverfahren kann gänzlich an den Bürgern und dem Ortsbeirat vorbei durchgeführt werden. Selbst die Stadtverordnetenversammlung muss darauf vertrauen, dass sie vor der Abstimmung von den zuständigen Fachausschüssen mit den notwendigen und relevanten Informationen zum Objektblatt versorgt wird. Ein Akteur bezeichnete das Verfahren deshalb auch als eines, das etwas anrüchig sei, da es aufgrund mangelnder Transparenz das Licht scheue. Aufgrund des Objektblattverfahrens sei es deshalb unbedingt notwendig, dass der Ortsvorsteher bzw. der Ortsbeirat aufmerksam die planungspolitischen Entwicklungen verfolge, um im Bedarfsfall zu versuchen, das betreffende Projekt an sich zu ziehen um Einfluss nehmen zu können (bspw. durch Gespräche mit Investoren/Projektentwicklern). Eine Einschätzung eines Akteurs lautetet:

*„Also im Prinzip ist mir das Verfahren [...] bei ganz kleinen Projekten akzeptabel erschienen. Bei Projekten dieser Größenordnung überhaupt nicht. Ich denke schon, dass das B-Plan-Verfahren ja auch dazu dient, die Öffentlichkeit, nicht nur den OBR, die Öffentlichkeit darüber zu informieren, was da geplant wird. Das muss ja dann offen gelegt werden. Das wird ja im Technischen Rathaus, wenn es so ein großes Projekt ist, ausgestellt. Da kann man sich das angucken. Das dauert dann einen Monat. Die Fristen sind da ja auch vorgesehen. Bei dem Objektblatt ist das aus meiner Sicht, damals wie heute, ein Verfahren um, ich will nicht sagen, das das Licht scheut der Öffentlichkeit, aber schon ein bisschen anrüchig"*[34].

Der mittlerweile von der CDU gestellte Frankfurter Planungsdezernent SCHWARZ lässt das Objektblattverfahren aufgrund der oben dargestellten Problematik in Frankfurt nicht mehr zur Anwendung kommen, sondern favorisiert das konventionelle B-Plan-Verfahren (telefonische Auskunft vom Stadtplanungsamt am Dienstag, 12. April 2005). Abschließend kann also festgehalten werden, dass die von GANSER & HELMS formulierte Befürchtung, dass die Gemeinwohlorientierung der öffentlichen Hand zu Gunsten marktwirtschaftlicher Interessen aufgegeben wird (vgl. GANSER 1990; HELMS 1992), nicht nur für PPP-Projekte, sondern auch für anders gestaltete Organisationsstrukturen zutreffend ist (vgl. Kap. 2.3.2).

---

[34] In der Interviewauswertung werden „Zitate" in Anführungszeichen und kursiv dargestellt. Aufgrund des Wunsches der Interviewpartner nicht wörtlich zitiert zu werden, wird auf eine namentliche Kennzeichnung der Zitate verzichtet.

*Die Rolle der Bevölkerung, der Initiativen und des Ortsbeirates*

In den vorangegangenen Kapiteln 5.2.1 bis 5.2.3 wurde geschildert, wie das Projekt von der Bevölkerung, Initiativen und dem Ortsbeirat im Gallus aufgenommen worden war. Die Stimmung in der Bevölkerung war stark gegen das Projekt gerichtet. Das Gros der Proteste, die ihren Höhepunkt mit den Trauermärschen durch den Stadtteil erreichten – kann sicherlich größtenteils auf die Schließung der Adlerwerke und dem damit zusammenhängenden Verlust von Arbeitsplätzen im traditionellen Arbeiterquartier, zurückgeführt werden. Dieses als großes Imageproblem bezeichnete Problem legte sich erst mit der Bereitstellung einer (Betriebs-)Arbeiterwohnanlage zum Selbstkostenpreise an den ehemaligen Betriebsrat der Adlerwerke. Eng damit verwoben war aber auch der Unmut über die potentiellen hohen spekulativen Gewinne, die der Endeigentümer der Adlerwerke durch den Verkauf des Areals und der Gebäude erzielen wollte.

Mit diesen Ausgangsvoraussetzungen hatten die künftigen Investoren zu kämpfen, da sich der ursprünglich auf den Arbeitsplatzverlust zurückgeführte Protest auf die Neubauplanungen im Galluspark verlagerte. Hierbei stand das Planungsverfahren, also die Anwendung des Objektblattverfahrens, selbst im Zentrum der Kritik. Auch bestand die Angst, dass Mieten steigen und alteingesessene Bevölkerung verdrängt werden wird. Die Ankündigung, dass eine große Anzahl Wohnungen im sozialen Wohnungsbau errichtet werde, führte aber auch nicht zur Entspannung der Situation, sondern erweiterte die Protestthemen um die Befürchtung, dass dadurch ein neuer sozialer Brennpunkt entstehen könne.

Durch die geführten Interviews konnte allerdings nicht endgültig geklärt werden, wie sich die Sachlage tatsächlich darstellte. Während Investor und Stadt berichteten, dass sie frühzeitig auf die Bürger und den Ortsbeirat zugegangen seien, wird dies von anderer Seite eher als Verdienst des Ortsbeirates und engagierter Bürger dargestellt, die die Investoren in den Ortsbeirat – und zwar gegen den Willen des Planungsdezernenten und der Stadtverordnetenversammlung – einluden, um so die notwendigen Informationen zu erhalten. So stellte ein Interviewpartner fest:

*„wir haben etliche Male Schwierigkeiten bekommen mit der Stadtverordnetenversammlung, weil wir in den Ortsbeirat den Investor bestellt haben, dass der uns mal die Planung vorstellt, was der auch gemacht hat. Er hat gefragt, wer ist denn das? Dürfen die das denn? Ja, das dürfen die. Die sind auch die lokalen Entscheidungsträger[35] da. Und dann sind die gekommen. Und die Stadtverordnetenversammlung [...] und auch Martin Wentz hat sich gelegentlich geärgert".*

Dies sei zu einem Zeitpunkt geschehen, als sich die Planungen bereits in einem weit fortgeschrittenen Stadium befanden und im Großen und Ganzen mit dem Planungsamt abgestimmt waren, so dass kaum noch Einflussmöglichkeiten gegeben gewesen seien. Ein Interviewpartner äußerste sich hierzu: *„[...] wir waren alle stinksauer, dass die entscheidenden Entscheidungen alle schon gefallen waren"*. Die Investorenseite hingegen berichtet von einer umfangreichen Informationspolitik, die neben Ortsbeiratsbesuchen auch Gespräche mit Nachbarn, Vereinsringen, Straßenfeste und die Initialisierung eines Marktes (Gallusmarkt) umfasste und als Mittel gegen ein ungerechtes und falsches Bild des Projektes ein-

---

[35] Vgl. hierzu Fußnote 31, in der dargestellt wurde, welche Rechte dem Ortsbeirat zukommen. Das HGO nennt ausdrücklich ein Anhörungsrecht. Ein Entscheidungsrecht kommt dem OBR jedoch keinesfalls zu.

gesetzt wurde. Diese Aussagen werden auch durch die Tatsache bekräftigt, dass die Investoren bereits bei früheren Planungen Erfahrungen im Stadtteil sammeln konnten (vgl. Projekt Campanile) und ihnen dadurch bekannt war, dass es sich beim Gallus um einen Stadtteil mit einer sehr aktiven, da sensibilisierten Bevölkerung handelt. So wird die Gallusbevölkerung auch als eine der aktivsten in Frankfurt bezeichnet, was den Bürgerzusammenhalt und Bürgertätigkeiten betrifft.

Unisono wird allerdings festgestellt, dass die Investorenseite ab dem Zeitpunkt, zu dem Sie an die Öffentlichkeit getreten ist, eine intensive Information betrieben habe, teilweise sogar eine eigene, aus zwei Vollzeitkräften bestehende Abteilung zu diesen Zwecken, eingerichtet habe. So bleibt festzuhalten, dass zwar Informationen geflossen sind, zu Beginn aber lediglich zwischen Stadt und potentiellen Investoren. Nachdem eine weitestgehende Einigung über die Planungen erreicht war, wurde die weitere Öffentlichkeit in Form des Ortsbeirates und der in den vorangegangenen Kapiteln genannten Initiativen einbezogen. So reichen auch die Statements der Respondenten von

*„das [...] erste Mal, dass ein Investor [Bürger] aus freien Stücken wegen einer größeren Akzeptanz" informiert hat bis hin zu „[...] das wird immer bis zu einem gewissen Grad unter der Decke gehalten. Und erst wenn es soweit ist, dass man sagen kann es gibt schon konkrete Formen, dann geht man an die Öffentlichkeit".*

Hinsichtlich der Frage, welche Rolle die Wohnraumbeschaffungsinitiative Gutleut (WOBIG[36]) im Projektverlauf spielte wurde festgestellt, dass sowohl Akzeptanz als auch Rückhalt im Stadtteil unterschiedlich groß gewesen seien. So reicht auch die Einschätzung der Rolle der WOBIG, von der Feststellung, dass ihre Befürchtungen berechtigt seien bis hin zu, dass es eben immer Gruppen gebe, die etwas zu nörgeln haben. Aufgrund des mangelnden Rückhaltes in der Bevölkerung habe sie sich aber selbst ins Aus manövriert. Auch wenn den verschiedenen Gruppierungen kaum Erfolge durch direktes Einwirken zugestanden wurde, so bestand dennoch die Einschätzung, *„dass Organisationen wie die WOBIG im Prinzip begrüßenswert sind, weil sie versuchen, erkannte, nicht unbedingt reale, Missstände zu bearbeiten".*

### *Weitere einzelne Themen zum Projekt Galluspark*

Neben den bisher genannten Problemfeldern gab es noch einige wenige kleinere Themenbereiche, die von den Interviewpartnern angesprochen worden sind. Diese beziehen sich in erster Linie auf das Nichterreichen einzelner Ziele, die mit dem Projekt Galluspark verbunden waren.

Als größtes Problem wird die Tatsache angesehen, dass der dritte Bauabschnitt, also der Bereich zwischen den beiden realisierten Bauabschnitten (vgl. Abb. 37 und Abb. 38) nicht mehr in Angriff genommen worden ist und dadurch die beiden realisierten Teile des Gallusparkprojektes nicht miteinander verbunden worden sind. Dies sei hauptsächlich in zwei Dingen zu begründen. Einerseits – und dies wiegt sicherlich am schwersten – führte die In-

---

[36] Die WOBIG ist die Wohnraumbeschaffungsinitiative Gutleut, die im Jahr 1993 gegründet wurde und sich laut eigenen Angaben mit der Situation in den innenstadtnahen Vierteln, besonders im Gutleut auseinandersetzt und mehrere Veranstaltungen zu diesem Thema initiierte (vgl. ausführlich 5.4.1).

solvenz von Roland Ernst und Holzmann dazu, dass die ursprünglichen Planungen nicht mehr realisiert worden sind. Andererseits fiel der Zeitpunkt der Insolvenzen mit einem Einbruch des Immobilienmarktes zusammen, so dass auch keine anderen Investoren für das Projekt gewonnen werden konnten, da sich der Büroimmobilienbau nicht mehr rentierte und keine Endabnehmer mehr zur Verfügung standen, bzw. deren Absichten nicht mit den Planungszielen der Stadt Frankfurt am Main vereinbar waren (vgl. Krankenhaus). Erschwerend kam noch hinzu, dass insgesamt die Lagequalität des Gallusparkes überschätzt worden war und sich die Vermarktungssituation bereits bei den anderen Bauabschnitten als schwierig gestaltet habe.

Künftige Planungen auf der Restbrache werden allerdings noch mit einem ganz anderen Problem zu kämpfen haben: die hohe finanzielle Vorbelastung des Grundstücks:

*„Galluspark 2 muss heute in der Größenordnung 70, 80 Mill. Euro belastet sein als Grundstückswert. Und auch bei den Banken in der Kreide stehen. Und daran hängt auch die Entwicklung, weil mit diesem hohen Bodenwert, wodurch die anderen Lasten verschoben wurden um das andere möglich zu machen [insbesondere den ersten Bauabschnitt von Galluspark 2, also der Altbau], mit diesen hohen Vorkosten, also dem Bodenwert, aus den Belastungen des Grundstücks, eigentlich das wirtschaftlich nicht mehr geht. Jedenfalls nicht mit dem von der Stadt geforderten Wohnungsbauanteil".*

Diese Entwicklungen insgesamt führten dazu, dass die für den Bauabschnitt 1 notwendige Infrastruktur, die mit dem Bauabschnitt 3 realisiert werden sollte, nicht mehr errichtet wurde. Dies verschärfe die ohnehin schon schwierige soziale Situation im Galluspark 1, der bis auf wenige Wohnungen, im ersten Förderweg des sozialen Wohnungsbaus errichtet worden sei. So wurde dieser Bereich des Projektes auch mehrfach als sozialer Brennpunkt bezeichnet, von dem man versuche, so schnell wie möglich wieder wegzukommen. So äußerte sich ein Gesprächspartner folgendermaßen:

*„[...] der soziale Wohnungsbau [...], der ist im Viertel gar nicht beliebt und wird im Viertel auch gar nicht als positiv empfunden. Das ist ein sozialer Brennpunkt. Dort sammelt sich derzeit... Wer dort heraus kann, geht raus. Dort sammelt sich der untere Bodensatz aus den Sozialwohnungen. Das liegt daran, dass es halt auch ein sehr großer Komplex ist, der völlig nach dem [ersten Förderweg] finanziert ist. Und wenn man keine Wohnung mehr kriegt in Frankfurt, dann landet man dort".*

Diese Situation wirke sich auch negativ auf die frei finanzierten Wohnungen in diesem Bereich aus, die mit einer hohen Leerstandsquote zu kämpfen haben. Eng damit verbunden ist die Feststellung, dass die mit der Realisierung des Gallusparks beabsichtige Imageaufwertung des Gallusviertels nicht erreicht wurde.

Es wurde allerdings auch darauf hingewiesen, dass die Bereitstellung der Fördermittel im Galluspark dem Projekt einen Schub gegeben habe, möglicherweise ohne Fördermittel im sozialen Wohnungsbau die Realisierung des Projektes überhaupt nicht erfolgt wäre. Denn durch die Fördermittel wurde eine langfristige dreißigjährige Rentierlichkeit des Projektes gesichert, so dass das Projekt für einen Immobilienfonds interessant wurde. Andererseits wurde der soziale Wohnungsbau auch als Zugeständnis eines Investors an die Stadt betrachtet, um ggf. an anderer Stelle und in anderen Bereichen der Stadt/des Stadtteils

(Campanile) größere Zugeständnisse von Seiten der Stadt zu erhalten. Ein Interviewpartner beschreibt diesen vermeintlichen Deal wie folgt:

> *„Der hat das Grundstück gekauft und hat damals der Stadt Sozialwohnungen da hinten zugesagt. Das hing auch zusammen mit dem Projekt Campanile. Der hat versucht noch den Campanile durchzusetzen und da mit der Stadt, dem Wentz, versucht Verhandlungen durchzuführen, dass er da Wohnungen baut und dafür der Campanile vielleicht doch noch klappt".*

## 5.3 Deutschherrnviertel

Beim zweiten Projekt handelt es sich um das Deutschherrnviertel, das auf dem Areal des ehemaligen Frankfurter Schlachthofs seit Anfang der 1990er Jahre entwickelt wird.

**Abb. 40: Zeittafel des Projekts Deutschherrnviertel**

| | Zeittafel DEUTSCHHERRNUFER |
|---|---|
| 1883-1885 | Bau des Schlachthofes auf dem Gelände des heutigen Deutschherrnviertels und Nutzung dieses Standorts bis 1995 |
| 1980 | Erste Ideen für eine Verlagerung des Schlachthofs und Umgestaltung des Geländes |
| 1987 | CDU beschließt den Bau des Bürozentrums Süd auf dem Schlachthofgelände |
| 1989 | Inbetriebnahme des neuen Schlachthofs auf dem Schlachthofgelände |
| | Wentz kündigt den Baubeginn von ersten Wohnungen für 1990 an |
| | Auslobung des städte- und wohnungsbaulichen Ideenwettbewerbs |
| 1990 | SPD-Fraktion beschließt die Verlagerung des Schlachthofs nach Niedereschbach |
| | Mehrheit zur Entscheidung für die Verlagerung kippt |
| | Erneuter Beschluss zur Verlagerung des Schlachthofs im Magistrat |
| 1991 | Auslobung des wohnungsbaulichen Realisierungswettbewerbs |
| 1992 | Vertragsabschluss mit den Betreibern des Schlachthofs zu dessen Verlagerung und Neubau in Nieder-Eschbach |
| | Gründung der Mainufer Projektentwicklungsgesellschaft |
| 1993 | Betreiber des Schlachthofs verzichten auf einen Neubau |
| | Schließung des Schlachthofs |
| 1995 | Verabschiedung des Bebauungsplans "Alter Schlachthof" |
| | Abriss des Schlachthofs |
| 1997 | Richtfest für die ersten vier Solitäre |
| | Erste Mieter beziehen das Deutschherrnviertel |
| | Consilium zur Entwicklung des Stadtraumes Main von Oktober 1990 bis Juli 1992 |

Quelle: Eigene Abbildung.

Abb. 40 und Abb. 41 geben einen Überblick über die wichtigsten Phasen, Rahmenbedingungen, Akteure und Bestandteile der Entwicklung des Deutschherrnviertels, auf die in den Kapiteln 5.3.1 bis 5.3.4 detailliert eingegangen wird.

**Abb. 41:** Überblick über die Entwicklung des Deutschherrnviertels auf dem Gelände des „Alten Schlachthofs" in Frankfurt am Main

Quelle: Eigene Darstellung.

## 5.3.1 Der Wandel des Schlachthofgeländes – Eine wechselvolle Geschichte

*Die Nutzung als Schlachthofgelände*

Der heute als „Deutschherrnviertel" bekannte neue Frankfurter Stadtteil beherbergte ein gutes Jahrhundert lang den Städtischen Schlacht- und Viehhof, der zwischen 1883 und 1885 abschnittsweise am östlichen Eingang zum innerstädtischen Mainraum auf dessen Südufer gebaut wurde (vgl. Abb. 42) und den „Zentralen Schlachthof" am Dom ersetzte. Der Schlachthof wurde sowohl von Frankfurter Metzgern, als auch von Metzgern aus der Umgebung zur lokalen Versorgung der Bevölkerung genutzt. Das Gelände des ehemaligen Schlacht- und Viehhofs befindet sich am östlichen Rand des Stadtteils Sachsenhausen (vgl. Abb. 32). Seine besondere Attraktivität resultiert einerseits aus der Lage am Südufer des Mains, andererseits aus der innenstadtnahen zentralen Lage. Das Areal in Form eines langgestreckten Rechtecks umfasst eine Fläche von rund 12 ha und war ursprünglich von drei stark befahrenen Straßen eingefasst: dem Deutschherrnufer im Norden, der Gerbermühlstraße im Süden und Osten und dem Wasserweg im Westen. Das Deutschherrnufer – eine Bundesstraße, die Frankfurt und Offenbach miteinander verband – wurde im Laufe der Entwicklung des Geländes stillgelegt und an die Gerbermühlstraße angebunden. Das Gelände erstreckt sich auf einer Länge von 700m entlang des Mainufers. Es wird im Osten von einer Eisenbahntrasse, die über die Deutschherrnbrücke verläuft, begrenzt.

**Abb. 42:** Der Schlachthof am Deutschherrenufer, Foto um 1913

Quelle: SCHEMBS (2000: 59).

Während des Zweiten Weltkriegs wurde der Schlachthof in großen Teilen zerstört, erlebte aber nach dem Zweiten Weltkrieg eine erneute Blüte bis weit in die 1960er Jahre hinein. In den 1970er Jahren kam es zur Reduzierung des Schlachtbetriebs durch Stilllegungen und Umstellungen – in erster Linie bedingt durch einen sich wandelnden Weltmarkt und sich verändernde Arbeits- und Vertriebsstrukturen in der Schlachtindustrie (vgl. Kap. 3).

*Der Schlachthof wird zu alt*

Zu Beginn der 1980er Jahre setzte eine Diskussion im Magistrat der Stadt Frankfurt am Main über die Zukunft des Schlachthofs ein, die sich über ein Jahrzehnt hinziehen sollte. Ausgangspunkt bildete der Modernisierungsbedarf des Alten Schlachthofs aufgrund hygienischer Mängel, Unwirtschaftlichkeit und Inkompatibilität mit neuen EG-Richtlinien zum Betrieb eines EG-Schlachthofs. Zuletzt subventionierte die Stadt Frankfurt den Schlachthof mit rund 4 – 4.5 Mio. DM jährlich. Zu diesem Zeitpunkt stellte das Schlachthofareal einen Unort – einen vom Leben der städtischen Gesellschaft abgekoppelten Arbeitsraum – dar (vgl. Abb. 43). Zeitgleich mit Beginn der Debatte in Frankfurt am Main wurde die Schließung der Schlachthöfe in Bad Homburg (1982) und Offenbach (ebenfalls 1982) angekündigt.

Abb. 43: **Der Schlachthof am Deutschherrnufer um 1990 (unterer Bildteil) – Ein vom städtischen Leben abgekoppelter Arbeitsraum**

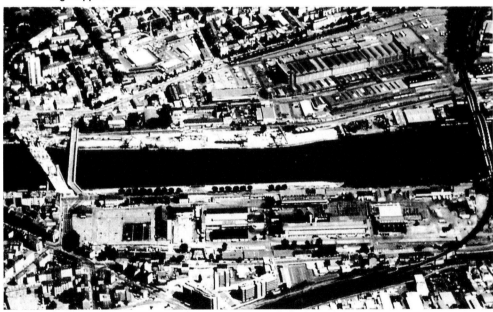

Quelle: Stadt Frankfurt am Main – Amt für Kommunale Gesamtentwicklung und Stadtplanung (1992a, 84).

*Ideen für die künftige Nutzung des Geländes*

In der politischen Debatte wurden zwei konträre Positionen vertreten. Die oppositionelle SPD unterbreitete den Vorschlag, den Schlachthof auszulagern, an seiner Stelle Wohnungen für 3.000 Menschen zu errichten und Arbeitsplätze durch die Bereitstellung von Büro- und Gewerbeflächen zu schaffen. Diese Idee wurde von der CDU-Mehrheit als „Schaumschlägerei" und „Seifenblase" abgelehnt (vgl. FR 07. August 1981). Da sich keine politischen Mehrheiten für einen Entschluss fanden, beauftragte der Magistrat der Stadt Frankfurt am Main das Planungsbüro Speer-Plan (heute Albert Speer und Partner GmbH – AS&P) mit der Erstellung eines Gutachtens zur möglichen künftigen Nutzung des Schlachthofgeländes. Dieses Gutachten behandelte drei Varianten: Erstens die Modernisierung des bestehenden Schlachthofes; Zweitens die Kompaktierung des Schachthofes (konzentrierter Neubau) auf dem östlichen Teil des Geländes und drittens den Abriss und die Verlagerung des Schlachthofes und Neubau an anderer Stelle. Dieser dritten Variante wurde im Gutachten der Vorzug gegeben und wie folgt begründet:

> *„Die Verlegung böte optimale Voraussetzungen, die städtebaulichen Zielsetzungen für dieses Gebiet zu erfüllen, wie etwa die Neuordnung des Verkehrs mit flächenhafter Verkehrsberuhigung, eine Klimaverbesserung durch Wiederherstellung einer Kaltluftschneise, die Anlage einer Grünverbindung zwischen Mainufer und Stadtwald – und nicht zuletzt die städtebauliche Ergänzung Ost-Sachsenhausens durch neue Wohnungen und Arbeitsplätze"* (JUCKEL & PRAECKEL 1996: 216).

Noch während der Untersuchung durch Speer-Plan sprach sich die CDU jedoch für die Errichtung eines neuen Kompaktschlachthofes auf dem östlichen Teil des Geländes und den Bau einer Bürostadt auf dem verbleibenden westlichen Geländeteil aus („Bürozentrum Süd" mit 50.000m² BGF) (FR 09. Oktober 1981).

*Politischer Macht- und Richtungswechsel*

Mit der Kommunalwahl 1989 änderten sich die Mehrheitsverhältnisse im Frankfurter „Römer" und die nun regierende Koalition aus SPD und GRÜNEN änderte diese Pläne. Obgleich der neue Kompaktschlachthof bereits zu großen Teilen gebaut und rund 45 Mio. DM investiert worden waren, wollte die SPD – maßgeblich der damalige Planungsdezernent MARTIN WENTZ – ihre Vision für das Schlachthofareal realisieren: Neues Ziel war der Bau eines Wohn- und Arbeitsquartiers mit 110.000m² BGF Wohn- und 40.000m² BGF Büro- und Gewerbeflächen. Diese Pläne – Abriss und Neubau des Schlachthofes an anderer Stelle und Bau eines Wohn- und Arbeitsquartiers – sollten durch den Verkauf des in städtischem Besitz befindlichen Geländes, den Verzicht auf den weiteren Ausbau des Schachthofes, damit zusammenhängende Investitionen in Höhe von 37 Mio. DM sowie durch Einsparung der Subventionen refinanziert werden. Nach zahlreichen Debatten und Diskussionen, die von den Nutzern des Schlachthofes ebenso losgetreten und geführt wurden, wie von den Parteien und Bürgern, kam es letztlich im Jahr 1995 – ungeachtet der breiten Kritik an den Plänen – zur Verabschiedung des Bebauungsplanes (B-Plan) „Alter Schlachthof", der im Wesentlichen das Ergebnis eines städtebaulichen Wettbewerbs war (vgl. Kap. 5.3.3). Der ursprünglich vorgesehene Neubau eines Kompaktschlachthofes an anderer Stelle des Stadtgebiets wurde nicht realisiert. Das vorgesehene 5ha große Gelände in Nieder-Eschbach, für das im B-Plan die Schlachthofnutzung vorgesehen ist, kam im Frühsommer 2004 als Gelände für den Neubau des ersten IKEA-Markts auf Frankfurter Gemarkung ins Gespräch (FR 30. Juni 2004).

*Die Rolle der Bürger und der Medien*

Mit Beginn der Debatte um eine mögliche Schließung bzw. Verlagerung des Schlachthofes formierten sich breite Protestbewegungen in der Bevölkerung. Bürger zahlreicher Stadtteile, in denen ein möglicher Bau eines neuen Schlachthofes angedacht wurde, kündigten sofort die Gründung von Bürgerinitiativen an, mit dem Ziel, die Ansiedlung des Schlachthofes zu verhindern. Als der Frankfurter Stadtteil Nieder-Eschbach als neuer Standort festgelegt wurde, kam es dort auch zur Gründung einer Bürgerinitiative. Nach der Offenlegung des B-Planes für den neuen Schlachthof wurden rund 1.800 Einwendungen von Bürgern eingereicht. Diese hohe Zahl ist sicherlich hauptsächlich auf das Engagement der Bürgerinitiative zurückzuführen, blieb aber weitgehend ohne Wirkung.

Neben diesem Engagement der Bürger bildete sich noch eine weitere Protestgruppe: die Frankfurter Metzgerinnung. Die Innung unternahm zwei Versuche, das Vorhaben zu stoppen. Der erste Versuch war eine Petition im Hessischen Landtag (1993), die jedoch erfolglos war. Mit dem zweiten Versuch (ebenfalls 1993) wurde das Ziel verfolgt, die vom Magistrat der Stadt Frankfurt beschlossene Stilllegung des Schlachthofbetriebes mittels eines Bürgerbegehrens „Rettet den Frankfurter Schlacht- und Viehhof" die Zulassung eines Bürgerentscheides zu erreichen und dadurch die Entscheidung des Frankfurter Magistrats umzukehren. Als Argument für die Erhaltung des Schlachtbetriebes wurde angeführt, dass der Frankfurter Bevölkerung ansonsten keine frischen Fleischwaren mehr zur Verfügung gestellt werden könnten. Darüber hinaus wurde auch die Verschleuderung von Steuergeldern (Abriss des neu gebauten Schlachthofes) als Argument für die Erhaltung herangezogen. Die für das Bürgerbegehren notwendigen 40.000 Unterschriften (10% der Frankfurter wahlberechtigten Bevölkerung) wurden zwar erreicht, jedoch scheiterte das Begehren aufgrund eines Formfehlers vor dem hessischen Verwaltungsgericht. Ein zweites Begehren wurde aufgrund des begonnenen Geländeverkaufs nicht mehr durchgeführt.

Besonders bemerkenswert ist die Rolle der Medien im Entwicklungsprozess des Schlachthofgeländes. Ausführliche Berichterstattungen hielten den Schlachthof und die damit zusammenhängenden Projekte im Gedächtnis der Bevölkerung. So weisen allein die Onlinearchive der Frankfurter Rundschau, der Frankfurter Allgemeinen Zeitung und der Frankfurter Neuen Presse 420 Beiträge zum Stichwort Deutschherrnviertel seit 1993 auf. Diese Zahl macht zweierlei deutlich: Einerseits handelt es sich um einen langwierigen und problembehafteten Prozess, dessen Spannung ein großes Interesse („gefundenes Fressen") für die Medien bildete, andererseits wurde hier auch massiv Meinungsbildung innerhalb der Bevölkerung betrieben, wobei jede betroffene Gruppe das Medium „Presse" für sich zu nutzen wusste. Zweifelsohne stellt das Projekt Deutschherrnviertel ein Paradebeispiel dafür dar, dass im Rahmen einer Untersuchung, die sich mit aktuellen städtebaulichen Projekten befasst, keinesfalls auf die Integration der Methode „Medienanalyse verzichtet werden sollte, da die Medien(vertreter) einen enorm wichtigen Akteur im Prozessverlauf darstellen, der durch seine Handlungen (i.d.R. Pressemeldungen, Zeitungsartikel) großen Einfluss auf das

Stimmungsbild in der Bevölkerung nehmen und die Zukunft von Projekten (oder in der Konsequenz Wahlergebnisse) mit beeinflussen kann.

*Die Rolle des Consiliums zur Entwicklung des Stadtraumes Main*

Da zum Zeitpunkt der Initiierung des Consiliums die Planungen für das Deutschherrnviertel weit vorangeschritten waren, beschränkte sich dessen Funktion hinsichtlich des Projektes „Alter Schlachthof" lediglich auf die Erteilung von zwei Empfehlungen. Diese bezogen sich einerseits auf die Verkehrsführung (Vorschlag zur Stilllegung des Deutschherrnufers, eine Straße entlang des Mains), andererseits auf die Vergabepraxis (Belegungspraxis) der geförderten und Sozialwohnungen (vgl. Kap. 4.4), denen entsprochen wurde. Insofern hat sich die Arbeit des Consiliums zur Entwicklung des Stadtraumes Main im Rahmen des möglichen im Projekt Deutschherrnviertel niedergeschlagen und stellt (bereits jetzt vorläufig) ein positives Instrument dar, um Projekte auf eine breitere Basis beteiligter Akteure zu stellen, dadurch höhere Offenheit und Transparenz zu schaffen und somit eine politische und mediale Beruhigung von Projekten herbeizuführen. Daher scheint es ein positiver Weg zu sein, externe Experten in Projektplanungen zu integrieren ohne Gefahr zu laufen, das Ruder aus der Hand zu geben.

In den nun folgenden Kapiteln werden die wesentlichen Bestandteile der Entwicklung des Deutschherrnviertels vorgestellt. Dabei handelt es sich jedoch nicht um eine chronologische Abfolge, sondern vielmehr um die Darstellung mehrerer parallel verlaufender Prozesse.

*Wettbewerbe*

Im Kontext der Entwicklung des Projektes „Alter Schlachthof" wurden zwei Wettbewerbe von der Stadt Frankfurt am Main ausgelobt. Der erste – ein städte- und wohnungsbaulicher Ideenwettbewerb (1989), bildete letztlich die Grundlage für die Aufstellung des B-Planes „Alter Schlachthof". Mit dem zweiten Wettbewerb – ein wohnungsbaulicher Realisierungswettbewerb –, der bereits ein Jahr später durchgeführt wurde, wurde das Ziel verfolgt, Entwurfsvorschläge für elf Einzelhäuser, die sich entlang des Mains aufreihen und Bestandteil des B-Planes sind, zu erhalten.

*Städte- und wohnungsbaulicher Ideenwettbewerb „Alter Schlachthof"*

Bereits kurz nach den Frankfurter Kommunalwahlen im März 1989 kündigte das Planungsdezernat im Sommer die Auslobung eines bundesweit offenen, einstufigen und anonymen Ideenwettbewerbs für die Neubebauung des Schlachthofgeländes an, die dann auch im Dezember desselben Jahres erfolgte. Zu diesem Zeitpunkt existierte allerdings noch kein Beschluss zur Verlagerung des Schlachthofes. Damit wurde auch ein deutliches Signal bezüglich der neuen planungspolitischen Linie gesetzt. Es sollte eine Wende weg von der Dominanz des Baus von Bürobauten und Kultureinrichtungen des letzten Jahrzehnts zugunsten des Wohnungsbaus vollzogen werden. So wurde im Ergebnisbericht zum städte- und wohnungsbaulichen Ideenwettbewerb klargestellt: „Mit dem Projekt alter Schlachthof soll ein erster wichtiger Markstein der neuen Stadtentwicklung gesetzt werden" (Stadt Frankfurt am

Main 1990a, 6). Als Richtlinien wurden die in Tab. 8 formulierten Wettbewerbsaufgaben und -vorgaben formuliert.

Tab. 8: Wettbewerbsaufgaben und Wettbewerbsvorgaben

**Wettbewerbsaufgaben – Auszug**
- Fassung der Mainuferlandschaft
- Entwicklung des stadträumlichen Anschlusses an den Stadtteil Sachsenhausen
- Entwicklung eines städtebaulichen Konzepts (Erschließungskonzept, Gestaltung der öffentlichen Frei- und Verkehrsflächen, Gebäudeformen, dominierende Nutzungen)

**Wettbewerbsvorgaben – Auszug**
- Bereitstellung unterschiedlichster Wohnformen
- Realisierung im sog. Drittelmix [1]
- Berücksichtigung des sog. Frankfurter Programms [2]
- Planung eines innerstädtischen Viertels mit dichter Bebauung
- Orientierungsgröße: 110.000 m² BGF Wohnflächen, 40.000 m² BGF für nichtstörendes Gewerbe (ca. 3:1)
- Funktionsmischung von Wohnen und Arbeiten im Verhältnis 3:1
- Beteiligung vieler Architekten zur Gewährleistung architektonischer Vielfalt, deshalb kleine Parzellen

[1] Der sogenannten „Drittelmix" sah bei Neubaugebieten die Realisierung je zu gleichen Teilen im sozialen, geförderten und freifinanzierten Wohnungsbau vor.
[2] Das „Frankfurter Programm" ist ein Programm zur Förderung von Familien mit mittleren Einkommen, wobei das Familieneinkommen als Bemessungsgrundlage einer Förderung herangezogen wird.

Quelle: Stadt Frankfurt am Main (1990a).

Letztlich wurden 224 Wettbewerbsunterlagen von Interessierten angefordert und nahezu 100 Wettbewerbsbeiträge eingereicht. Der städtebauliche Entwurf der Wettbewerbssieger (Architekten Frowein & Löffler, Stuttgart) wurde größtenteils unverändert in den B-Plan 691 „Alter Schachthof" umgesetzt (vgl. Stadt Frankfurt am Main – Amt für Kommunale Gesamtentwicklung und Stadtplanung 1994a). Als Planungsziel wird in der Begründung zum B-Plan 691 folgendes genannt:

*„Im Zusammenhang mit der städtebaulichen Entwicklung des Stadtraumes „Main" unter der Leitidee „Wohnen und Arbeiten am Fluss" sollen gewerbliche Einrichtungen im innerstädtischen Bereich wie der Schlachthof verlagert werden, um ein lebendiges Stadtviertel zu entwickeln, das vielfältigen Bewohner- und Nutzergruppen offen steht.*

*Es wird*

- *vor allem einen deutlichen Beitrag zur Behebung des Wohnungsmangels in Frankfurt leisten. Es ist daher überwiegend ein Wohnstandort.*
- *wesentlicher Bestandteil der Schritte sein, die der Magistrat zur Entwicklung des Frankfurter Ostens unternimmt.*
- *Es setzt daher Maßstäbe und gibt Impulse für die städtebauliche Entwicklung der Mainufer-Bereiche von der Innenstadt nach Osten.*

- *den östlichen Teil von Sachsenhausen von einer Barriere aus Industrie- und Brachflächen befreien und die dortigen Defizite an Grün- und Freiflächen ausgleichen. Es ist daher als Fortsetzung von Sachsenhausen und als Überleitung zu den stadtnahen Grün- und Freizeitgebieten an der Gerbermühle und in Oberrad geplant" (vgl. Stadt Frankfurt am Main – Amt für Kommunale Gesamtentwicklung und Stadtplanung 1994b, 1-2).*

Als Nutzungsarten wurden vorwiegend Allgemeine Wohngebiete (WA) und zur Durchmischung, Belebung und als Lärmschutz Mischgebiete (MI) sowie Kerngebiete (MK) ausgewiesen. Als bedeutende Regelung zur Verkehrserschließung, ist an dieser Stelle die im B-Plan vorgesehene Sperrung des Deutschherrnufers für den Verkehr zu erwähnen.

Weiterhin von Bedeutung ist die recht hohe Regelungsdichte des B-Planes. Neben den „üblichen" städtebaulichen Regelungen und Vorgaben sind eine ganze Reihe an architektonischen Festsetzungen enthalten (Angaben zur Fensterhöhe, Lage des Firsts im Verhältnis zum Trauf, Ausbildung von Gesimsen, Geschosshöhen, Art und Ausführung der Balkone und Terrassen etc.), die im Laufe der Umsetzung zu einigen Schwierigkeiten führen sollten.

Die Ergebnisse des wohnungsbaulichen Teils des Wettbewerbs hingegen haben keinen Eingang in den weiteren Verlauf des Projektes gefunden, so dass an dieser Stelle auf eine Vertiefung verzichtet werden kann.

### *Wohnungsbaulicher Realisierungswettbewerb für elf Einzelhäuser*

Lediglich ein Jahr nach der Ausrichtung des städte- und wohnungsbaulichen Wettbewerbs – noch lange vor der Verabschiedung des B-Planes, die erst am 07. März 1995 erfolgte – wurde ein wohnungsbaulicher Realisierungswettbewerb von der Stadt Frankfurt ausgelobt. Dabei handelte es sich um einen beschränkten, einstufigen und anonymen Wettbewerb. Der städtebauliche Entwurf der Preisträger des ersten Wettbewerbes sah entlang der Main-Promenade den Bau von insgesamt zwölf so genannten Punkthäusern („Solitäre") vor, darunter eines mit reiner Büronutzung (nicht Bestandteil des Wettbewerbs). Die Aufgabe des Wettbewerbs bestand im Entwurf eines von elf dieser Einzelhäuser am Mainufer, die der Wohnnutzung zugeführt werden sollten.

Als Wettbewerbsvorgaben galten u.a. folgende Richtlinien: Die Punkthäuser sollten 20x20 Meter messen, waren achtgeschossig (25m Traufhöhe) zu konzipieren und sollen je ca. 28 Wohneinheiten umfassen. Das zu erstellende Konzept sollte darüber hinaus im sozialen Wohnungsbau realisiert werden können, „auch wenn um der sozialen Mischung willen, später ein Drittel freifinanziert und ein weiteres Drittel im Frankfurter Programm (Mittelstandsförderung) erstellt werden wird" (Stadt Frankfurt am Main 1991a, 4). Baulich übergreifend sollte in je zwei Solitäre je eine Kindertagesstätte integriert werden, wobei insgesamt drei (in dann sechs Solitären) davon in dem neuen Stadtteil vorgesehen waren.

Das Preisgericht legte die städtebaulich begründete räumliche Lage der einzelnen Musterhäuser fest und empfahl dem Auslober zusätzlich dafür Sorge zu tragen, dass die Architekten der prämierten Musterhäuser mit der Realisierung der Projekte beauftragt werden.

## 5.3.2 Nutzungskonzept und Stand des Projekts

Das Deutschherrnviertel ist als nutzungsgemischtes Quartier konzipiert und bisher in weiten Teilen auch als solches realisiert worden. Das Projektgebiet kann grob in drei Bereiche untergliedert werden (vgl. Abb. 46[37]): Entlang des Maines erstrecken sich in einer Reihe elf Solitäre, hauptsächlich hochwertiger Wohnungsbau (vgl. Abb. 44). Im südlichen Anschluss an diese „Solitärreihe" folgen vier größere Projekte in Form einer Blockrandbebauung (Trapezio Fiorentino, Carré I und II, Palace/Little Soho), die hauptsächlich der Wohnnutzung dienen. (Das Projekt Palace/Little Soho ist zur Zeit in Bau, alle anderen sind fertig gestellt). Die nach Süden ausgerichteten Seiten der Baublöcke sind der gewerblichen Nutzung vorbehalten. Dies ist insbesondere der Lage entlang der stark befahrenen Gerbermühlstraße geschuldet.

Das ehemalige Schlachthofareal wird westlich vom so genannten Collosseo (Wohnen und Gewerbe, Supermarkt) und dem Mainplaza (ehemals Boardinghouse, heute Hotel) begrenzt. Im Osten wird zur Zeit (April 2005) das Projekt Palace/Little Soho realisiert und auch beim als Schallschutz geplanten Bürogebäude „Maintriangel" und den zugehörigen Solitären im äußersten Osten an den Bahngleisen ist nach einem gut zweijährigem Baustop wieder rege Bautätigkeiten zu erkennen (vgl. FAZ 06. Juli 2004). Diese beiden Gebiete stellen den dritten Nutzungsbereich innerhalb des Areals dar, der nach derzeitigem Kenntnisstand bis Mitte, spätestens Ende 2006 komplettiert sein soll (vgl. FR 19. Mai 2005).

Integriert in das Konzept war auch die Schaffung sozialer Einrichtungen: Voraussichtlich werden drei Kindertagesstätten im Deutschherrnviertel realisiert werden (bisher zwei). Großzügige Grün- und Spielflächen sind ebenfalls Bestandteil des Gesamtkonzeptes.

Der ursprünglich geplante „Drittelmix" wurde nicht erreicht. Insgesamt sind 24% der Wohnungen (20.487m²) im geförderten Wohnungsbau nach der einkommensabhängigen Förderung entstanden. Sozialer Wohnungsbau wurde nicht realisiert. Ebenfalls deutliche Abweichungen sind beim Verhältnis der einzelnen Funktionen festzustellen. Während in den Wettbewerbsvorgaben noch ein Verhältnis von 3:1 zwischen Wohnnutzung und Gewerbe festgesetzt war, werden nach endgültigem Planungsstand voraussichtlich je gut 100.000 m² BGF realisiert werden (vgl. Tab. 9).

---

[37] Die Abb. 46 gibt nicht durchweg den realen Stand der Architektur wieder. Dies betrifft insbesondere das „Trapezio Fiorentino", die Carrés 1 und 2 und das Projekt „Frankfurt Loop". Da jedoch keine aktuellere Simulation bzw. keine (Luft-)Bilder vorliegen, wurde auf diese zurückgegriffen, um einen Eindruck von den baulichen Strukturen vermitteln zu können.

Abb. 44: Die Solitärreihe am vom Verkehr beruhigten Mainufer-Hochkai

Quelle: Eigene Photographie.

**Abb. 45:** Mainplaza, Colosseo und die neue Hauptverkehrsstrasse um das Viertel (westlicher Abschluss des Projektgeländes und Übergang zu Altsachsenhausen)

Quelle: Eigene Fotographie.

**Abb. 46: Das Deutschherrnviertel**

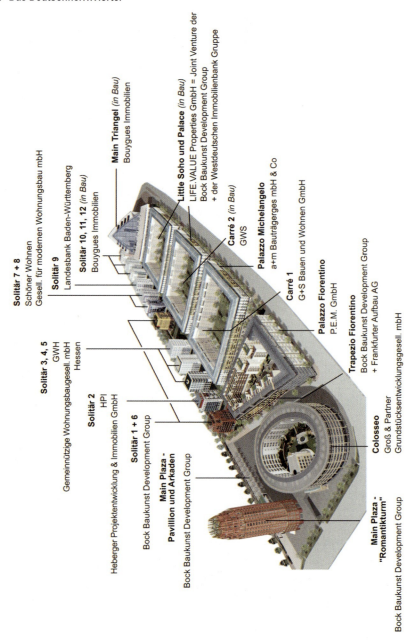

Quelle: Tom Bock Kommunikation (1999), Frankfurt am Main, verändert.

Tab. 9: Die Investoren im Deutschherrnviertel und deren Projekte

| Investor | Projekt | Zeitpunkt der Fertigstellung | Investitionsvolumen in Mio. DM ca. | davon Grundstück ca. | Fördermittel in Mio. DM | Wohnungen Anzahl | m² ca. | davon gefördert | Büro/Gewerbe m² ca. |
|---|---|---|---|---|---|---|---|---|---|
| P.E.M. GmbH (a+m) | Palazzo Fiorentino (Südspange Trapez) | Dez 01 | 43 | 13,1 | | | | | 10.615 |
| Bauträgergesellschaft mbH & Co. Südspange kG | Palazzo Michelangelo (Südspange Quadrat) | Nov 02 | 40 | 12,5 | | | | | 8.800 |
| Bouygues | Maintriangel | 2006 | 220 | 20 | | | | | 27.000 |
| Bouygues | Solitär 10 | 2006 | 20 | 3 | | 35 | 3.000 | | |
| Bouygues | Solitär 11 | 2006 | 20 | 3 | | | | | 3.000 |
| Bouygues | Solitär 12 | 2006 | 20,0 | 3 | | | | | 3.000 |
| DIV | Colosseum | Ende 1998 | n.b. | n.b. | 14,1 | 96 | 8.000 | 96 | 20.000 |
| GWH | Solitär 3 | Feb 98 | 14 | 4,3 | 4,2 | 34 | 2.298 | 30 | 339 |
| GWH | Solitär 4 | Feb 98 | 16 | 4,3 | 4,6 | 33 | 2.152 | 33 | 397 |
| GWH | Solitär 5 | Mai 99 | 15,1 | 4,3 | | 36 | 2.534 | | |
| GWH / G+S | Carré 1 | Okt 99 | 91,7 | 8,6 | 14,5 | 276 | 13.385 | 112 | 23 |
| GWH | Carré 2 | Ende 2004 | 92 | 22,5 | 7,1 | 234 | 18.383 | 57 | |
| Heberger | Solitär 2 | n.b. | n.b. | n.b. | | 39 | 2.500 | | |
| Bock Architecture Dev. | Solitär 1 | Dez 97 | n.b. | n.b. | | 23 | 2.160 | | 1.600 |
| Bock Architecture Dev. | Solitär 6 | Jun 99 | n.b. | n.b. | | 26 | 2.350 | | |
| Bock-FAAG | Trapezio Fiorentino | Dez 01 | n.b. | n.b. | | 170 | 13.000 | | 4.000 |
| Bock Architecture Dev. | Main Plaza | Okt 01 | n.b. | n.b. | | 140 | 13.000 | | |
| Bock Architecture Dev. | Pavillon | n.b. | n.b. | n.b. | | | | | |
| L-Bank | Solitär 9 | n.b. | n.b. | n.b. | | 41 | 2.500 | | |
| Life.Value | Little Soho, Palace | n.b. | n.b. | n.b. | | 130 | 15.000 | | 25.000 |
| Schöner Wohnen | Solitär 7 | n.b. | n.b. | n.b. | | 28 | 2.500 | | |
| Schöner Wohnen | Solitär 8 | n.b. | n.b. | n.b. | | 32 | 2.500 | | |
| Summe | | | | | | 1.373 | 105.262 | 328 | 103.774 |

Quelle: THEISS (2002: 89), überarbeitet und aktualisiert. Kursiv: telefonische Auskunft der MPG vom 27. November 2001. Unterstrichen: eigene Schätzung. n. b.: nicht bekannt.

### 5.3.3 Organisatorischer Rahmen der Revitalisierung – Beteiligte Akteure, Finanzen

Wie zu Beginn bereits angedeutet, war das Deutschherrnviertel eines der größten Stadtentwicklungsprojekte, das seit der Realisierung der Frankfurter Nordweststadt in den 1960er Jahren projektiert wurde. Demzufolge waren auch die Erfahrungen im Umgang mit solchen Projekten höchstens marginal vorhanden. Auch bot sich zu Beginn der 1990er Jahre kaum die Möglichkeit an, auf Erfahrungen anderer Städte mit Stadtentwicklungen im Kontext von Flächenrecycling zurückzugreifen. Planer, Politiker und Wissenschaftler, die sich hiermit befassten, befanden sich zu diesem Zeitpunkt hinsichtlich Flächenrecycling noch in einer Pionierphase und konnten sich nur auf wenige Referenzprojekte berufen.

Beim Projekt Deutschherrnviertel wählte die Stadt Frankfurt den zu diesem Zeitpunkt noch konventionellen Weg: Die Gründung einer städtischen Tochtergesellschaft. Das Projekt Deutschherrnviertel lässt sich daher dem Typus der „Urban Development Corporation" zuordnen (vgl. Kap. 2.3.2). Dieser Weg schien insofern auch der naheliegendste, da sich ein 5,5 ha großer Teil des Geländes (westlicher Geländeteil) in direktem städtischem Besitz befand und der übrige 6,5 ha große östliche Geländeteil im Eigentum der städtischen Frankfurter Fleischmarkt und Verbundbetriebe Beteiligungsgesellschaft mbH (FFVB) lag. So kam es 1992 zur Gründung der Mainuferprojektentwicklungsgesellschaft mbH (MPG), die aus der FFVB hervorging und deren Aufgaben übernahm. Die MPG ist eine 100%ige Tochtergesellschaft der Stadt Frankfurt am Main (im Folgenden auch städtische Tochter bzw. Städtische Gesellschaft; telefonische Auskunft des Referates Beteiligungen der Stadt Frankfurt am Main im September 2005) (vgl. Abb. 47). Außerdem sind in Abb. 47 bereits die für das in Kapitel 5.4 behandelte Projekt Westhafen relevanten Gesellschaften dargestellt.

Mit der Gründung der MPG wurde gleichzeitig der Verkauf des westlichen, städtischen Geländeteils an die MPG für rund 110 Mio. DM vom Magistrat der Stadt Frankfurt beschlossen. Dieser Betrag errechnete sich aus den BGF-Zahlen des sich in Aufstellung befindenden B-Plans (rund 58.000 m² BGF Wohn- und rund 35.000 m² BGF Gewerbefläche). Für die Wohnflächen wurden Quadratmeterpreise in Höhe von 750 DM, für die Gewerbeflächen in Höhe von 2.000 DM als Berechnungsgrundlage angesetzt. Aufgrund dieser Lösung war die neugegründete Gesellschaft vom ersten Tag an mit einem enormen Schuldenberg belastet, wobei 50% der Summe sofort gezahlt, die restlichen 50% zunächst gestundet wurden. Für die von der MPG aufzunehmenden Kredite übernahm die Stadt Frankfurt die erforderliche Bürgschaft. Durch den Verkauf wurde die MPG 100%ige Grundstückseigentümerin des ehemaligen Schlachthofareals (vgl. Abb. 48).

Mit der Gründung der MPG wurden mittels eines Erschließungsvertrages (zwischen Stadt Frankfurt am Main und MPG) auch ihre Aufgaben bestimmt. Eine Übersicht über diese Aufgaben gibt Abb. 48. Neben diesen vertraglichen Vereinbarungen wurde darüber hinaus die Zusammenarbeit zwischen der MPG und der ebenfalls städtischen Frankfurter Aufbau AG (FAAG) als beauftragtem Ingenieurbüro für die Durchführung der erforderlichen Arbeiten geregelt.

Neben der Art und Verteilung der Aufgaben wird noch ein Weiteres in Abb. 48 deutlich: die enge Verflechtung zwischen der Stadt Frankfurt am Main und den beiden beteiligten städtischen Gesellschaften. Obgleich die vom Baudezernat Frankfurt am Main zur Verfügung gestellte Originalabbildung den Titel „Stadtentwicklung in Frankfurt am Main – Public-Private-Partnership-Modelle" trug, so kann man nach Meinung des Verfassers hier nicht von einer „echten" Public-Private-Partnership (PPP) sprechen, da die Zusammenarbeit mit der Privatwirtschaft erst dann beginnt, wenn Parzellen verkauft werden sollen. Ein gängiges Definitionsmerkmal von PPPs ist aber die

*„institutionalisierte Form der Zusammenarbeit zwischen öffentlichen oder halböffentlichen Körperschaften, Organisationen und Institutionen und den unterschiedlichsten privaten Akteuren zum Zweck der Planung und Durchführung oder auch Koordination komplexer Erneuerungs- und Entwicklungsstrategien oder -vorhaben"* (HEINZ 1993: 487).

Diese Kriterien werden im Fall des Deutschherrnviertels nicht erfüllt. Insofern handelt es sich bei dieser Konstruktion eher um den in Kap. 2.3.2 eingeführten Typus der „Urban Developement Corporation".

Die bauliche Realisierung der 22 Einzelprojekte wurde von zehn privaten Projektentwicklern/Investoren übernommen (vgl. Abb. 46 und Tab. 9).

**Abb. 47: Beteiligungsgesellschaften und Eigenbetriebe der Stadt Frankfurt am Main (Auswahl)**

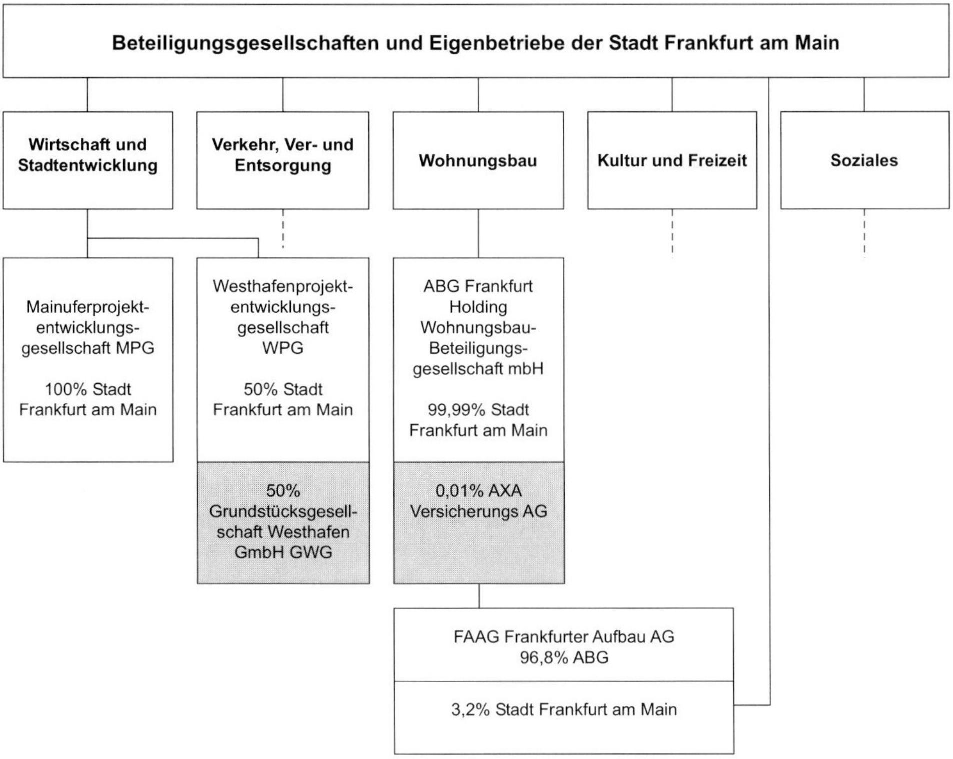

Quelle: Eigene Abbildung. Dargestellt sind nur die für die Untersuchung relevanten Eigenbetriebe und Beteiligungsgesellschaften. Grau hinterlegt sind nicht-städtische Anteilseigner. Die MPG ist rückwirkend zum 1. Januar 2002 mit der „Waldstadion Frankfurt am Main Besitzgesellschaft mbH" verschmolzen. Insgesamt existieren 209 direkte und indirekte Beteiligungen der Stadt Frankfurt am Main (Stand März 2003).

Abb. 48: Organigramm zur Entwicklung des Geländes des Alten Schlachthofs

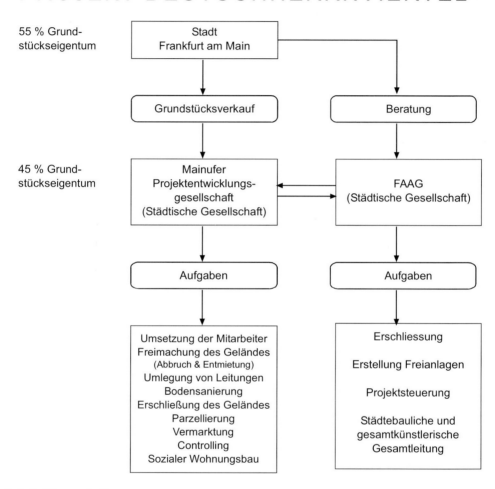

Quelle: Nach HUNSCHER (o. J.).

### 5.3.4 Das Projekt Deutschherrnviertel im Spiegel der Akteure

*Der kommunalpolitische Dissens und seine Auswirkungen auf die Frankfurter Bürger*

Als besonders schwerwiegend für den zeitlichen Verlauf des Projektes hat sich die kommunale planungspolitische Debatte herausgestellt. Die über ein Jahrzehnt andauernden parteipolitischen Auseinandersetzungen über die Zukunft des Schlachthofgeländes führten zunächst zu Unstimmigkeiten, dann zu einer massiv ablehnenden Haltung innerhalb der Frankfurter Bevölkerung (Bürgerinitiative) bezüglich des Projektes Deutschherrnviertel, die zusätzlich durch „Panikmache" von Seiten der ehemaligen Schlachthofnutzer und den Medien (Bürgerbegehren der Metzgerinnung „Rettet den Frankfurter Schlacht- und Viehhof"; Motto: Frankfurt bekommt kein frisches Fleisch mehr) geschürt wurde. Kernstück des Konflikts waren hierbei unterschiedliche Einschätzungen von Seiten der Stadt und der Metzgerinnung bezüglich der Frage, ob Frankfurt künftig überhaupt noch einen Schlachthof benötige.

Aber es wäre zu kurz gegriffen, diesen Konflikt ausschließlich auf einen parteipolitischen reduzieren zu wollen. Zu den unterschiedlichen planungspolitischen Ideologien (pointiert: CDU = Bau von Büro- und Gewerbeflächen, SPD/Grüne = Wohnungsbau) kam noch erschwerend hinzu, dass innerhalb der Stadtverordnetenversammlung und des Magistrats völlig verschiedene Positionen zur künftigen Entwicklung des Schlachthofareals bestanden und diese Positionen auf einer überparteilichen Ebene anzusiedeln sind. Dies führte letztlich auch zu handfesten Konflikten innerhalb der einzelnen Fraktionen und in der Koalition von SPD und GRÜNEN selbst, die das Gesamtprojekt in der öffentlichen Meinung weiter in Misskredit zogen.

Aber es muss noch eine dritte Betrachtungsebene einbezogen werden. Mehrfach wurden Hinweise dahingehend geäußert, dass es auch massive Diskrepanzen zwischen einzelnen Akteuren gegeben habe, die auf einer zwischenmenschlichen Ebene anzusiedeln seien. Aufgrund der anonymisierten Bearbeitung der Interviews kann an dieser Stelle keine personalisierte Vertiefung dieser Problematik erfolgen. Festzuhalten bleibt jedoch, dass zwischenmenschliche Beziehungen für Projektentwicklungen von enormer Bedeutung sind, da diese letztlich über Erfolg oder Misserfolg entscheiden. Beleg für diese schwierige Situation ist unter anderem die Feststellung, dass „*am Anfang von Wentz [gemeint ist sein Amtsantritt...] Wetten darauf abgeschlossen [wurden], dass er weder das Deutschherrnviertel, noch den Westhafen [...] hinkriegen [wird], weil das tatsächlich ja äußerst komplexe Vorgänge waren*". An dieser Stelle tritt eines deutlich zu Tage: bei der Frage, ob Strukturen oder Akteure (im Sinne der Theorieterminologie) entscheidend für Projektentwicklungen sind, so kann hier eindeutig festgehalten werden, dass die Konsequenzen der Handlungen der Akteure wesentlich weit reichender sind, als die Strukturen (in Form von Regeln und Ressourcen). Entscheidender Faktor von Projektentwicklungen sind also die handelnden Akteure und nicht die Strukturen, in denen diese sich bewegen. Strukturen beeinflussen allerdings den Vermögensspielraum der Akteure und haben Einfluss auf die Verhältnisse, die zwischen einzelnen Akteuren bestehen.

### *Der kommunalpolitische Dissens und seine Auswirkungen auf die Investoren*

Die langwierige und zähe kommunalpolitische Debatte blieb auch nicht ohne Folgen für die Investitionsbereitschaft der Investoren. So wurde die Gesamtsituation zu Beginn des Projektes als wenig vertrauensbildend bezeichnet. Lange Zeit war überhaupt nicht absehbar, was mit dem Gelände des ehemaligen Schlachthofes geschehen solle bzw. welche Pläne letztlich Realität werden würden. Zu Zeitpunkten, an denen die Planungen für das Deutschherrnviertel weit vorangeschritten bzw. bereits gebaut wurde oder erste Gebäude fertiggestellt waren, kündigte die CDU zu den Kommunalwahlen 1992 und 1997 an, das Projekt bei einem Wahlsieg sofort zu beenden. Damit brach der Immobilienmarkt für das Projekt zeitweilig komplett zusammen, wodurch die MPG aufgrund ihrer hohen Schuldenlast und den daraus resultierenden Zahlungsverpflichtungen, in finanzielle Schwierigkeiten geriet. Vor diesem Hintergrund war u.a. in der FRNP zu lesen: „Die Investoren warten jetzt noch ein bisschen länger, in der Hoffnung, den einen oder anderen Nutzen aus den Streitereien ziehen zu können" (FRNP 27. Februar 1997). Dieser hier angesprochene Nutzen konnte in zweierlei Hinsicht realisiert werden: Zum Einen erhöhte sich der Spielraum bei den Grundstückspreisen, zum Anderen wurden auch der B-Plan und dessen Festsetzungen zusehends zum Gegenstand von Diskussionen, die letztlich zu zahlreichen Befreiungen führten (s.u.). Hier tritt, wie an kaum einer anderen Stelle der vorliegenden Untersuchung, die Rolle unterschiedlicher Machtverhältnisse zu Tage. Zwar kam es nicht zu einem offenen Konflikt zwischen Investoren und städtischen Akteuren. Dennoch wurde die insgesamt angespannte Situation als Druckmittel von potentiellen Investoren und Entwicklern genutzt, um ihre eigenen Interessen gegenüber denen der Stadt durchzusetzen. Besonders interessant ist an dieser Stelle, dass die Komponente Zeit zum Machtmittel der Investoren avancierte, ohne dass der zugrunde liegende Konflikt auf die Handlungen der Investoren, sondern vielmehr auf die Auseinandersetzungen über ideologische und strukturelle Fragen der politisch Verantwortlichen zurückzuführen ist.

### *Die planungsrechtliche Seite – Der Bebauungsplan im Focus der Akteure*

Insbesondere von Seiten der Investoren wurde bemängelt, dass die „wesentlichen" Akteure des Prozesses nicht bereits im Vorfeld an den Planungen beteiligt worden seien. Diese Kritik bezieht sich sowohl auf die Austragung der Wettbewerbe, als auch auf die Aufstellung des B-Planes. Dadurch sei ein B-Plan entstanden, der der Realität nicht Stand halten könne (unrentabel, unpraktikabel). Im Kern der Kritik stand hier einerseits die hohe Regelungsdichte des B-Plans, die – so die Meinung vieler Akteure – über das städtebaulich Notwendige hinaus, weit in den Bereich der Architektur und Gestaltung hinein reichte.

Andererseits galt auch lange Zeit die von der Stadt Frankfurt angestrebte kleinteilige Eigentumsstruktur als Hemmnis, da die Investoren den hohen Koordinationsaufwand (hauptsächlich große gemeinsame Tiefgaragen unter den einzelnen Baublöcken) scheuten. Dies führte insgesamt zu einer schwierigen Vermarktungssituation insbesondere des Collosseo und der großen Baublöcke (Trapezio Fiorentino, Carré 1+2, Palace/Little Soho). Weiterhin wurde angemerkt, dass eine hohe Regelungsdichte in einem B-Plan nicht zwangsläufig auch zu einer hohen städtebaulichen und architektonischen Qualität führen, so dass dieses Argument für eine hohe Regelungsdichte nicht tragbar sei. Vielmehr sei ein Steuermann für solch ein Großprojekt von Nöten, der regulierend eingreife und lenke. Auch Beharrlichkeit und Standhaftigkeit spielten eine große Rolle. An dieser Stelle findet sich also erneut ein Hinweis darauf, dass die Bedeutung, die einzelnen Akteuren zugemessen werden muss, höher einzuschätzen ist, als die der Strukturen.

Andererseits ergaben sich aus diesem dicht gestrickten B-Plan auch ein hoher Abstimmungs- und Diskussionsbedarf, die wiederum weitereichende Einflussmöglichkeiten für die Investoren mit sich brachten. Auch führte die zögerliche Investitionsbereitschaft zu Beginn dazu, dass die Stadt in ihren Forderungen nachgab: *„den Mut anzufangen, haben wir ge-*

*steuert darüber, dass wir im Baurecht nachgegeben haben und auch wieder öffentliche Fördermittel zur Verfügung gestellt haben".*

### Das Consilium zur Entwicklung des Stadtraumes Main und das Leitbild „Wohnen und Arbeiten am Fluss"

Während der Interviews stellte sich heraus, dass der Zeitpunkt der Initiierung des Consiliums zur Entwicklung des Stadtraumes Main keinesfalls zufällig in die Anfangsphase des Projektes Deutschherrnviertel fiel. Das Consilium wurde bewusst zu einem Zeitpunkt ins Leben gerufen, als es bereits heftige Gegenpositionen in Stadtverwaltung, Presse, Bevölkerung und Parteienwelt gab und *„der Wind rau wurde".*

Der Schachzug bestand dann darin, dass das SPD-geführte Planungsdezernat den Posten des Vorsitzenden des Consiliums mit einem Experten besetzte, den auch die vorherige CDU-Regierung bei anderen (strittigen) Planungsfragen bereits bemüht hatte und dadurch gewissermaßen sakrosankt war: *„Den, den die selber geholt haben, können sie [...] nicht [anprangern] als einen vorbefangenen Vorsitzenden des Consiliums".* Durch den Einbezug Externer in den Entwicklungsprozess wurde erreicht, dass die Position des Planungsdezernenten von externen Fachleuten bekräftigt wurde, da Externe eine höhere Glaubwürdigkeit genießen als Prozessbeteiligte: *„Wenn Sie eine schwierige Botschaft haben, müssen sie sich immer einen Externen holen, denn wenn sie selber die Botschaft verkünden, glaubt ihnen niemand. Wenn ein Externer kommt und sagt genau das selbe, dann kriegt es Gewicht".* So muss das Consilium als größtenteils erfolgreicher Versuch gewertet werden, mittels externer Experten die Widerstände gegen das Projekt zu reduzieren und schließlich zu brechen.

Für eine positive Wirkungsweise gestärkt wurde das Consilium weiterhin dadurch, dass externe Experten und Gutachter gemeinsam mit den Amtsleitern der beteiligten Ämter das Consilium besetzten und dadurch die Entscheidungen gemeinsam herbeigeführt und in die Verwaltung transportiert wurden. So bestand eine paritätische Besetzung mit jeweils fünf internen und externen Experten, wodurch *„[...] wir sozusagen ein nicht angreifbares Consilium geschaffen [hatten], das zumindest fachlich nicht angreifbar ist. Und wir haben dann ein zweites getan. Wir haben zu dem Consilium einen Beirat gehabt und da waren Personen und Vertreter aller Parteien drin".* Der Beirat hatte zwar kein Stimmrecht, konnte sich aber an den Diskussionen beteiligen und Anregungen geben, wodurch es insgesamt zu einer Beruhigung des Projektes kam, die Opposition aber nach wie vor gegen das Projekt eingestellt war. Insbesondere in der Koalition, der Presseberichterstattung und in der Bevölkerung führte das Consilium jedoch dazu, dass dem Schlachthofprojekt ein positive(re)s Image verliehen und Widerstände reduziert wurden, da man ihm den Charakter eines gesamtstädtischen Entwicklungskonzeptes überstülpte und erreichte, dass das Deutschherrnviertel nur als erster von vielen Bausteinen betrachtet wird, um das Leitbild „Leben und Arbeiten am Fluss" zu realisieren. So wurde der Mainraum zum Symbol des Umbruchs und Wandels, wodurch das Projekt Deutschherrnviertel einen anderen Charakter erhielt: Durch die Einbindung in ein gesamtstädtisches Entwicklungskonzept

> *„interessierte es nicht nur die Metzgerleute oder die Verkehrsleute und Logistiker und Hafenleute, jetzt interessiert es die ganze Stadtbevölkerung. Und dadurch reduzierte sich sozusagen das Gewicht, wo sie angreifbar sind. Je größer und komplexer solche Projekte sind, umso wichtiger ist es, dass man [...] den gesamtstädtischen*

*Charakter eines solchen Projektes [herausstellt]. Und das dürfen sie nie vernachlässigen".*

Neben diesen kurzfristigen Erfolgen bleibt noch ein weiterer Punkt festzuhalten. Während der Interviews zeigte sich zwar, dass das Consilium und der damit zusammenhängende Bericht heute nicht mehr explizit auf der Agenda stehen. Dennoch – und dies ist von hoher Bedeutung – hat es als enorm starkes planerisches Leitbild in die städtischen Planungen Frankfurts Einzug erhalten und ist bis heute in den Köpfen der Verantwortlichen verankert. So kann an zahlreichen Stellen im gesamten innerstädtischen Mainraum ein kontinuierlicher Fortschritt an der Verwirklichung des Leitbilds beobachtet werden. Ein Akteur schätzt dies so ein:

*„[...] es ist tatsächlich eine Grundstruktur, die von ihrem Grundkonzept her so klar war und auch so richtig war, dass sie mittlerweile Eigenleben entwickelt hat und sich alles weitere daran anknüpft. Es sind mittlerweile tausend Stellen an denen man sich damit beschäftigt. Ich glaube Viele, ohne dass sie den übergreifenden Gedanken haben, [...] arbeiten faktisch an diesem Konzept, weil es in sich logisch ist. [...] Ich glaube, dass sich in der Stadt so ein Stolz daraus entwickelt hat. Ich glaube die Stadt Frankfurt ist im Moment auf zwei Dinge wirklich stolz. Auf die Hochhausskyline und auf das Mainufer. [...] Also von daher muss ich sagen, ist das ein selten erfolgreicher Prozess eines klaren Programms bis hin zur Akzeptanz".*

### *Informationspolitik und Einbindung der Öffentlichkeit in das Projekt*

Unterstützt wurde die zunächst ablehnende Haltung in der Bevölkerung durch eine geringe Information und Einbindung von Seiten der Planungsverantwortlichen:

*„Wenn man das das zweite Mal zu machen hätte, hätte man sicherlich das eine oder andere mehr berücksichtigt. Hauptsächlich die Öffentlichkeit. Da wird vom Gesetz vorgegeben, die Öffentlichkeit muss so und so berücksichtigt werden. Das ist also alles geschehen. Da hätte auch ein Jurist nichts einzuwenden gehabt. [...] Die Öffentlichkeit muss eingeschaltet sein, muss weitestgehend mitbestimmen können und das könnte man auch heute noch weitestgehend ausbauen. Da würde ich sicherlich von mir aus immer wieder plädieren, die eine oder andere Gruppe doch noch einzuladen und mit ihnen zu diskutieren"*

lautet die Einschätzung eines Akteurs. Damit kann zwar festgehalten werden, dass die Öffentlichkeit nach BauGB ordnungsgemäß in das Verfahren integriert wurde, eine darüber hinaus gehende Beteiligung und Information aber nicht stattgefunden hat.

Der Widerstand der Frankfurter Bevölkerung ließ erst nach, als die ersten Erfolge im Neubaugebiet erkennbar wurden. Vor allem der Stillegung des Deutschherrnufers und der Umgestaltung des Tiefkais (vgl. Abb. 49) kommen hierbei Signalfunktionen zu. Die Verwirklichung der ersten Bauten brachte auch eine spürbare Wende in der Berichterstattung der Medien mit sich, sobald sich abzeichnete, dass das lange als Utopie und finanzielles Fiasko angesehene Projekt letztlich doch Realität werden wird.

**Abb. 49: Das umgestaltete Tiefkai unterhalb des Deutschherrnviertels (Blick Richtung Osten)**

Quelle: Eigene Fotographie.

*Die organisatorische Seite – Die Struktur der Mainufer-Projektentwicklungsgesellschaft mbH (MPG)*

Obgleich umfangreiche Recherchen zum Projekt und den damit verbundenen organisatorischen Strukturen des Deutschherrnviertel unternommen worden sind konnte auf keine wissenschaftlichen Publikationen zurückgegriffen werden. Insofern stellen die Medienanalyse und die geführten Interviews, deren Auswertung und Interpretation die einzige wissenschaftliche Arbeit zum Thema dar.

Über die Tatsache, dass ein Projekt in der Größenordnung des Deutschherrnviertels aus einer reinen Ämterstruktur heraus kaum zu managen sei, herrschte Übereinkunft bei den befragten Akteuren. Die enge Verbindung der MPG mit der Stadt Frankfurt jedoch, die in Abb. 48 dargestellt ist, wurde aber überwiegend als die falsche Herangehensweise betrachtet, da hierdurch die Problematik erwuchs, dass das Projekt mitsamt der beteiligten städtischen Gesellschaften MPG und FAAG, leicht in die Mühlen der Politik gerieten (zur Verbindung der Stadt Frankfurt am Main zu den Gesellschaften MPG und FAAG vgl. Abb. 47, S. 134).

Konflikte, die in Zusammenhang mit der MPG stehen, sind in erster Linie auf den Verkauf des städtischen Geländes an die MPG und die daraus resultierende hohe Schuldenlast zurückzuführen. Besonders fragwürdig erscheint der Verkauf des Geländes insbesondere dann, wenn man sich vor Augen führt, dass sich der Preis von 110 Mio. DM auf den Wert des entwickelten und von Altlasten befreiten Geländes bezieht, während die MPG das Gelände unentwickelt und altlastenverseucht übernommen hat und die Sanierungs- und Entwicklungskosten selbst erwirtschaften musste: Der Kaufpreis war also viel zu hoch. Der Vertrag über den Verkauf des Geländes entstand zu einem Zeitpunkt, zu dem die Kosten für die Altlastensanierung noch nicht abschließend geklärt waren. Der Verkauf zu diesen Bedingungen war nur möglich, da es sich bei der MPG um eine städtische Gesellschaft handelte. Ein privater Investor oder Projektentwickler hätte das Gelände zu diesen Bedingungen kaum übernommen.

Weiterhin verwunderlich ist auch die Tatsache, eine Schlachthofbetreibergesellschaft in eine Projektentwicklungsgesellschaft umzuwandeln, und dabei keine personellen Veränderungen vorzunehmen. Bei diesem Vorgehen muss es zwangsläufig zu mangelnden Kenntnissen und Wissenslücken hinsichtlich Projektentwicklung, Bau und Planungsrecht gekommen sein, die – wenn überhaupt – nur durch mühsame Lernprozesse gefüllt werden konnten. Ein Akteur schätzte diesen Vorgang folgendermaßen ein:

*„Der Magistrat hat damals in seiner Weisheit beschlossen, wenn die [ehemalige Schlachthofbetreibergesellschaft] schon nicht mehr schlachten soll, dann soll sie Projektentwickler werden und das Ganze aufbereiten. [...] Jetzt hatten wir eine städtische Gesellschaft, die war Grundstückseigentümerin und hatte von Bauen keine Ahnung und sollte das ganze entwickeln als Grundstückseigentümer".*

Die hohe Schuldenlast führte von dem Moment der Gründung der MPG an zu einem hohen finanziellen Erfolgsdruck, der aus mehreren Gründen nicht ohne weiteres erfüllt werden konnte. Der finanzielle Druck konnte nur durch einen zügigen Verkauf der Parzellen gemindert werden. Dem standen jedoch die oben dargestellten Konflikte entgegen. Zusätzlich kam es verstärkt ab Mitte der 1990er Jahre zu einer Rezession auf dem Immobilienmarkt, so dass viele Investoren zunächst eine abwartende Haltung einnahmen. Diese Rahmenbedingungen wurden von den Investoren dazu genutzt, ihre Vorstellungen und Ziele durchzusetzen, wodurch auch zahlreiche Befreiungen vom B-Plan zu erklären sind. So wurden die MPG und ihre Informationskanäle in die städtische Verwaltung von den Investoren instrumentalisiert und zu deren Gunsten eingesetzt. Dies spiegelt sich auch deutlich in den Einschätzungen der Investoren bezüglich ihres Verhältnisses zur MPG und den städtischen Ämtern wieder. Während das Verhältnis zur MPG als sehr partnerschaftlich beschrieben wird, zeigt sich bei der Einschätzung des Verhältnisses zu den städtischen Ämtern ein breiter gefächertes Bild, dessen Bewertung von „partnerschaftlich" und „kooperativ" bis hin zu „von gegensätzlichen Interessen und Zielen geprägt" reicht.

Weitere einzelne Themen zum Projekt Deutschherrnviertel

Außer den bisher dargestellten Themenfeldern wurden noch einige andere Themenfelder von den Interviewpartnern als relevant angesprochen.

Ein Akteur wies darauf hin, dass durch die zunehmend aktive Beteiligungen der Stadt an Projektentwicklungen in Form von Tochtergesellschaften oder PPPs die Anzahl der Architekturwettbewerbe drastisch zurückgegangen sei. Zu diesem Trend erfolgte folgendes Statement:

> *„Das ist kein Zufall. Und jetzt ist natürlich [...] auch klar, [...dass] man als Kommune [...] einem privaten Investor einen Architekturwettbewerb aufs Auge drückt. Oder aber, dass man sagt, als Bauherr, als öffentlicher Bauherr ist man verpflichtet so etwas zu machen. Das sind die beiden klassischen Rollen. In beiden Fällen gibt es ein klares Muster, was zu einem Wettbewerb führt. [...] Wenn man selber Teil der Projektentwicklung ist, ist der Zeitfaktor und der Kostenfaktor enorm groß. Das Ganze ist aber nicht mehr so öffentlich, dass dieser Druck besteht, es muss aber unbedingt ein Wettbewerb sein".* Zwar folge aus einer Reduzierung der Wettbewerbe nicht kausal schlechte Architektur, es bleibe aber ein *„schlechter Beigeschmack"* und die Gefahr, dass auf neue Impulse und Ideen verzichtet werde.

Diese Einschätzung wurde analog für das Projekt Westhafen getroffen (vgl. Kap. 5.4.4).

Interessant stellt sich auch die Rolle des Ortsbeirats im Prozessverlauf dar. Denn dieser sah sich hauptsächlich als Vermittler im Verfahren zwischen Bürgern und Ämtern und als Informationskanal für die Bürger, die zu wenig informiert gewesen seien. Diese reduzierte Einbindung und Unterordnung in den Prozess wird besonders bei der Beschreibung der Rolle in der Wettbewerbsjury deutlich: „[...]*diese Jury bestand ja aus Professoren, internationalen Professoren und Architekten. Also da muss man schon als OBR bekloppt sein, dagegen anzugehen*".

## 5.4 Westhafen

Als drittes und letztes wird im Folgenden das Projekt Westhafen vorgestellt. In Abb. 50 ist zunächst die Chronologie des Projekts Westhafen zusammengefasst.

**Abb. 50: Zeittafel des Projekts Westhafen**

| | Zeittafel WESTHAFEN |
|---|---|
| seit 1886 | Areal des Sicherheits- und Handelshafens Westhafen |
| 1970er Jahre | kontinuierliche Veränderung der Hafennutzerstruktur und der Hafennutzung weg von wassergebundenen Nutzungen, Reduzierung des schiffsgebundenen Transportvolumens |
| seit 1970er | Erste Ideen für eine Umnutzung sind im City-Leitplan formuliert |
| 1984 | Parlamentarische Initiative der SPD Frankfurt zur Verlagerung der Lagerhafen- und Speditionsbetriebe |
| 1989 | Machtwechsel im Frankfurter Römer zu SPD/die Grünen |
| | Gutachten zur Zukunft der Frankfurter Häfen |
| 1990 | Geschlossener Investorenwettbewerb, Teilnahme des Konsortiums IPL |
| 1991 | Empfehlung des Consiliums zur Entwicklung des Stadtraumes Main zur Umnutzung des Hafenareals und Überarbeitung des Entwurfs von IPL |
| 1993 | Gründung der Wohnraumbeschaffungsinitiative |
| | Auflösung des Konsortiums um IPL |
| 1994 | Gründung des neuen Konsortiums Grundstücksgesellschaft Westhafen GmbH |
| | Abschluss Grundstückskaufvertrag und Gründung Westhafen Projektentwicklungs-GmbH |
| 1995 | Kauf der F&F Grundstücksverwaltungsgesellschaft (Erbbaurecht bis 2005) |
| 1996 | Präsentation der Machbarkeitsstudien zum Bebauungsplan. Reduzierung der BGF von insgesamt rund 250.000 m$^2$ auf rund 212.000 m$^2$ |
| 1997 | Verabschiedung des erarbeiteten städtebaulichen Konzepts |
| | Kauf von der Rhenus AG gehaltenen Erbbaurechte (drei Flächen bis 2001, 2004 und 2050), 2003 Umzug der Rhenus AG in den Osthafen |
| 1998 | Bürgerbeteiligung nach § 3 Abs. 1 BauGB |
| 1999 | Abschluss des Auflösungsvertrages mit der Sehring AG. Verlagerung der Sehring AG in den Gutleuthafen |
| | B-Plan wird rechtskräftig |
| | Finanzielle Probleme von Holzmann und Roland Ernst beginnen |
| | Erster Spatenstich und Beginn der Erschließungsarbeiten (insbesondere Verlegung der Fernwärmeleitung) |
| 2000 | Gründung der Westhafeninitiative |
| | Beginn größerer Gebäudeabbrucharbeiten |
| | Baubeginn auf der Mole |
| | Baubeginn Westhafen Tower, Westhafen Haus und Brückengebäude |
| 2001 | Umzug der Hafenbetriebe in die Hanauer Landstraße. 90 % der Projektfläche stehen für Abriss- und Neubautätigkeiten zur Verfügung |
| 2002 | Offizielle Einweihung der Info-Box |
| 2003 | Einzug erster Mieter in das Brückengebäude |
| | Einzug erster Mieter in die Wohnbebauung auf der Mole |
| | Consilium zur Entwicklung des Stadtraumes Main von Oktober 1990 bis Juli 1992 |

Quelle: Eigene Abbildung.

Ergänzend gibt die Abb. 51 im Anschluss einen Überblick über die prozessualen Strukturen des Projekts. In den anschließenden Kapiteln werden einzelne Prozesse näher beleuchtet und dargestellt.

Abb. 51: Überblick über den Entwicklungsprozess des Westhafengeländes in Frankfurt am Main

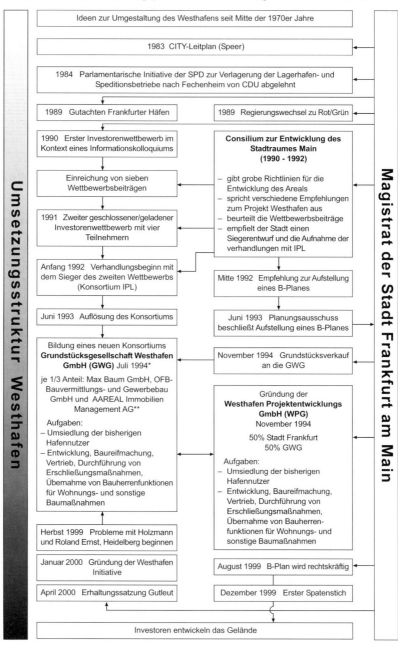

\* ursprünglich sieben Mitglieder zu je 1/7 Anteil: Philipp Holzmann AG, Max Baum GmbH, OFB-Bauvermittlungs- und Gewerbebau GmbH, Contracta AG, Roland Ernst, DePfa-Immobilienmanagement AG und IPL GbR.

\*\* ehemals DePfa-Immobilienmanagement AG (Namensänderung im Mai 2002)

Quelle: Eigene Abbildung.

Ähnlich wie beim Projekt Deutschherrnviertel existiert eine ausführliche Berichterstattung in der Lokalen Presse, so dass die mit dem Projekt Westhafen verbundenen Debatten, Positionen und Diskussionen gut dokumentiert sind. Die Online-Archive der Frankfurter Allgemeinen Zeitung, der Frankfurter Neuen Presse und der Frankfurter Rundschau ergeben bei einer Suche nach dem Stichwort „Westhafen" (in lokalen Rubriken) 767 Treffer[38]. Die Bedeutung der Medien als mächtiger Akteur im Rahmen von Stadtentwicklung wird also erneut eindeutig bestätigt.

### 5.4.1  Der Wandel des Hafengeländes

*Der älteste Frankfurter Hafen – die Nutzung als Hafen und sein Wandel*

Beim Frankfurter Westhafen handelt es sich um ein Gebiet, das durch eine Mole vom Main abgetrennt ist und seit 1886 als Sicherheits- und Handelshafen neben weiteren Häfen (bspw. Osthafen, Gutleuthafen) auf Frankfurter Stadtgebiet genutzt wurde (vgl. Abb. 29 und Abb. 32).

Zum Zeitpunkt der Errichtung des Westhafens in den Jahren 1883 – 1886 lag dieser noch am Stadtrand und sollte als zentrumsnahes Zwischenlager für die Güterverteilung (vgl. Abb. 52) genutzt werden (vgl. WENTZ 1993: 106).

**Abb. 52:  Westhafen um 1930**

Quelle: Frankfurter Verein für Geschichte und Landeskunde e.V. (2005: 247).

---

[38] Vgl. Fußnote 29

Im Zuge des verstärkt seit den 1970er Jahren durch voranschreitende Internationalisierung und Globalisierung einsetzenden wirtschaftlichen und strukturellen Wandels und den damit verbundenen Veränderungen tradierter Logistik- und Transportstrukturen (vgl. Kap. 3.2) ergab sich die Chance das Gelände einer neuen Nutzung zuzuführen. Die ursprüngliche Hafenfunktion als „nasser" Güterumschlagsplatz trat immer mehr zugunsten der Nutzung als „trockenem" citynahen Großhandelsstandort in den Hintergrund, der Güterumschlag hingegen ging stetig zurück (vgl. Abb. 53).

Auslöser für diesen Wandel war die Verlagerung des Gütertransportes auf Straße und Schiene (Westhafen Projektentwicklungs-GmbH o. J.): So konnte sich an dieser Stelle zeitweilig nach Hamburg Europas zweitgrößter Umschlagplatz für Orientteppiche etablieren (vgl. BERGE 2002b, 1). Im Jahre 1989 lagerten beispielsweise im Teppichlager der Fa. Türkas im Westhafen rund 50.000 Teppiche im Wert von ca. 50 Mio. DM (OFP 25. Oktober 1989).

**Abb. 53: Entwicklung des Güterumschlags in den Frankfurter Häfen seit 1951**

Quelle: Eigene Abbildung. Datenquelle: Stadt Frankfurt am Main – Bürgeramt, Statistik und Wahlen 2000; 2004b).

„Das Westhafenbecken selbst wird nur noch von privaten Jachten und von Schiffen genutzt, die Baumaterial für Frankfurts Hochhausprojekte bringen" (OFP 25. Oktober 1989). Speditions-, Handels- und Lagerhausnutzungen (Teppiche, High-Tech-Güter und andere hochwertige Güter einschließlich flankierender Dienstleistungsbetriebe) dominieren seit längerer Zeit diesen Standort (vgl. SCHELTE 1999: 103; WENTZ 1993: 106). Gleichzeitig fiel der Anteil des Warenumschlags auf dem Wasser kontinuierlich – im Jahre 1989 betrug er weniger als 25% (Westhafen Projektentwicklungs-GmbH o. J.) – so dass schon seit den 1970er Jahren die Hafennutzung an dieser Stelle immer mehr in Frage gestellt und über Folgenutzungen spekuliert wurde. Zuletzt arbeiteten im Jahre 1989 96 Firmen mit 860 Beschäftigten auf dem Gelände (vgl. Stadt Frankfurt am Main – Amt für Kommunale Gesamtentwicklung und Stadtplanung 1992a, 79). Als wichtigste verbliebene schiffsgebundene Transportgüter können vor allem Kohle für das nahe gelegene Heizkraftwerk West, Sand- und Kiesanlieferungen für ein auf der Mole gelegenes Betonmischwerk und Getreideanlieferungen angeführt werden (vgl. WENTZ 1993: 106). In Abb. 54 ist die bauliche Struktur des Areals vor Revitalisierungsbeginn dargestellt.

**Abb. 54: Westhafen mit Yachthafen 1993. Blick von Westen in die Hafenmole hinein**

Quelle: Frankfurter Verein für Geschichte und Landeskunde e.V. (2005: 268).

*Frühe Ideen für eine künftige Nutzung ... und erste Proteste*

Die Mitte der 1970er Jahre begonnene Debatte über die Zukunft des Areals erfuhr zunächst mit dem City-Leitplan (1983) von Albert Speer (vgl. JUCKEL & PRAECKEL 1996: 52ff) (vgl. auch Kap. 4.3) einen ersten Auftrieb, denn SPEER stellte bereits 1983 fest: „Es wird vorgeschlagen, die Funktion Wohnen verstärkt in innerstädtischen Bereichen, z.B. am Mainufer durch Umnutzung des Westhafens [...] möglich zu machen" (FR 26. Januar 1989). Die Debatte verlor jedoch mangels stadtpolitischer Mehrheiten an Dynamik (FR 26. Januar 1989). So scheiterte die oppositionelle SPD im Jahre 1984 mit ihrer parlamentarischen Initiative, die Lagerhallen und Speditionsbetriebe zu verlagern, da diese „auf dieser innenstadtnahen Fläche Platz für hochwertigen Wohnungsraum blockieren [...und] im Gewerbegebiet des Fechenheimer Mainbogens bestens untergebracht [wären]" (FR 26. Januar 1989). Noch Anfang des Jahres 1989 argumentierte der damalige Planungsdezernent KÜPPERS (CDU): „Die Verlagerung der dort [im Westhafen] ansässigen Firmen ist ein langwieriger, komplizierter und kostenintensiver Prozess" (FR 26. Januar 1989). Erst mit den Arbeitsergebnissen des Consiliums zur Entwicklung des Stadtraumes Main (1990 – 1992) (vgl. auch Kap. 4.4) – und einem vorangegangenen Regierungswechsel in Frankfurt zu Rot/Grün – erhielt die Debatte neuen Antrieb, so dass seit Beginn der 1990er Jahre die Revitalisierungspläne immer konsequenter verfolgt wurden. Eine Stärkung ihrer Position erhielten die Befürworter des

Projektes auch durch ein von der Stadt Frankfurt am Main in Auftrag gegebenes „Gutachten über die langfristigen Zukunftsperspektiven der städtischen Häfen", das die Aufgabe des Westhafens unterstützt, sofern gewisse Bedingungen erfüllt werden: Hierzu zählten der Erhalt der Kohleandienung für das benachbarte Kohlekraftwerk der Frankfurter Stadtwerke MAINOVA und die Verlagerung der Zolllager, mehrerer Unternehmen und des Teppichzentrums in den Osthafen (FR 01. August 1989).

Diese Planungen stießen allerdings nicht auf uneingeschränkte Gegenliebe, denn den Hafennutzern schwebte eher eine Expansion am angestammten Standort, denn eine Verlagerung und Einengung vor (vgl. OFP 25. Oktober 1989). Die Position des neuen Planungsdezernenten WENTZ hierzu lautete: „Wir wollen mindergenutzte Hafenflächen umstrukturieren. Das Ergebnis können dann durchaus Wohnbauten inmitten der Hafenanlagen sein. Wenn beim Verladen der Güter jedoch zuviel Lärm entstehe, müssten einzelne Anlagen eventuell verlegt werden" (OFP 25. Oktober 1989). Allerdings formierte sich noch von weiteren Seiten Widerstand gegen die Pläne: Die Hafenbetriebe (in der Person des Direktors MICHAEL SCHREY) wiesen deutlich darauf hin, dass eine Revitalisierung nur dann in Frage käme, wenn dadurch die Versorgungsfunktion der Frankfurter Häfen nicht beeinträchtigt werde und unterstrichen diese Position dadurch, dass sie auf das Recht auf selbstständige Planung für einen Großteil der Hafenareale hinwiesen (vgl. OFP 25. Oktober 1989). Die Rolle der Gutleutbevölkerung wird in diesem Kapitel an anderer Stelle behandelt.

### *Erste Planungen der Stadt Frankfurt am Main*

Das „Projekt Westhafen" erhielt im Rahmen des Consiliums zur Entwicklung des Stadtraumes Main den Stellenwert eines „der großen Umnutzungsvorhaben im Stadtraum Main" zugewiesen (vgl. Stadt Frankfurt am Main – Amt für Kommunale Gesamtentwicklung und Stadtplanung 1992a, 78). Die besondere Attraktivität des Areals für eine Revitalisierung liegt in seiner ausgezeichneten Lage begründet (vgl. Abb. 32), die auch für die bisherige Entwicklung zum attraktiven citynahen Gewerbestandort die Grundlage bildete: Direkt am Mainufer gelegen, nur 700m südlich des Hauptbahnhofs im Gutleutviertel situiert, 1.5km südwestlich des Frankfurter Citymittelpunktes und rund 3.5km vom nächsten Autobahnanschluss entfernt, waren hier hervorragende Voraussetzungen für eine Revitalisierung gegeben. Das am Mainufer gelegene Gebiet wird südlich vom Main, nördlich von der Gutleutstraße und dem bestehenden Stadtteil Gutleut, westlich von einem Heizkraftwerk (Heizkraftwerk West) und einer Eisenbahnbrücke (Main-Neckar-Brücke) und östlich von einer Autobrücke (Friedensbrücke) eingefasst.

Ebenso wie das ehemalige Schlachthofgelände befand sich das 12.5ha große Areal, das ein von Wasserflächen durchzogenes rund 1 km breites langgestrecktes Rechteck bildet – in diesem Falle über die stadteigenen Hafenbetriebe – im Besitz der Stadt Frankfurt am Main. Bedingt durch die kontinuierliche Reduzierung des schifffahrtsgebundenen Transportvolumens in allen Frankfurter Häfen – und somit auch im Frankfurter Westhafen – und die Pläne zur Konzentration der Hafenfunktion im Frankfurter Osthafen im Rahmen des Konzeptes HAFEN2000+ (vgl. IHK Frankfurt am Main 2004) legte die Stadt Frankfurt am Main im Jahre 1990 für die Entwicklung dieses geplanten Stadtquartiers folgende städtebauliche Leitlinien für die künftige Nutzungsstruktur des Westhafens fest:

*„Auf dem Gelände des Frankfurter Westhafens soll eine Bebauung entwickelt werden, die*

- *die attraktive Lage am Mainufer für Wohnungen und die dazu erforderliche Infrastruktur nutzt,*
- *die heute bestehenden Nutzungen berücksichtigt, soweit sie auf diesen Standort angewiesen sind,*
- *höherwertige gewerbliche Nutzungen entsprechend der Nähe zu Hauptbahnhof und City integriert und*
- *die gewachsene Sozialstruktur der benachbarten Stadtteile (Gutleutviertel und Wurzelsiedlung) berücksichtigt"* (Magistrat der Stadt Frankfurt am Main 1990).

Die Wohn- und gewerbliche Nutzung sollten dabei durch gleich große Anteile repräsentiert werden. Angestrebt war die Realisierung von je 120.000m² BGF für ca. 1.200 Wohnungen bzw. Gewerberäume. Für die Mainuferbebauung wurde eine maximale Geschosshöhe von acht Vollgeschossen vorgegeben. Die Neubauten entlang der Gutleutstraße sollten sich an der dort vorhandenen Bebauung orientieren.

### *Forcierung der Pläne*

Noch in der Phase der Ideenfindung forderte der Magistrat der Stadt Frankfurt am Main im Frühsommer 1990 „anlässlich eines Informations-Colloquiums 50 Firmen zur Abgabe einer Projektstudie auf" (Westhafen Projektentwicklungs-GmbH o. J.). Dieser Aufforderung folgten sieben Investoren. Im Jahre 1991 wurden dann vier der sieben Investoren bzw. Konsortien in Form eines geschlossenen Investorenwettbewerbs mit der Ausarbeitung ihrer jeweiligen Projektidee beauftragt. Diese Ausarbeitung „umfasste drei Themenbereiche:
- die angestrebte Organisationsform für die Partnerschaft mit der Stadt,
- das ökonomische Modell für Umfang und Verteilung der erwarteten geldlichen und ideellen Gewinne,
- das städtebauliche Konzept in einem Detaillierungsgrad, der geeignet ist, das ökonomische Konzept zu begründen und den organisatorischen Ablauf des Projekts in zeitlicher und räumlicher Hinsicht zu verdeutlichen" (Stadt Frankfurt am Main – Amt für Kommunale Gesamtentwicklung und Stadtplanung 1992a, 80).

Auf die Abgabe von drei Hauptstudien im September 1991 folgte eine intensive – von fachlichen und politischen Diskussionen begleitete – Auswahlphase, die letztlich im Frühjahr 1992 zu einem Beschluss der Stadtverordnetenversammlung führte und die Verhandlungen mit einer der Investorengruppen – International Properties Limited (IPL) (Frankfurt: Makler LIPKA/STAWSKI/London: Architekturbüro SEIFERT International) und Victoria Versicherung (Düsseldorf)) – einläutete. Hierbei spielte das Consilium zur Entwicklung des Stadtraumes Main eine wichtige Rolle.

### *Die Rolle des Consiliums zur Entwicklung des Stadtraumes Mains*

Während die Planungen für das Deutschherrnviertel zum Zeitpunkt der Initiierung des Consiliums weit vorangeschritten waren (vgl. Kap. 5.3.1), stellte sich die Situation beim Projekt

Westhafen anders dar. Das Consilium wurde von Anfang an stark in den Planungsprozess integriert und seine Empfehlungen wurden weitestgehend in den Planungen berücksichtigt.

Nachdem das Consilium zu Beginn über den Stand der Planungen für das Areal des ehemaligen Westhafens informiert worden war, beschäftigte es sich in seiner vierten Sitzung im Oktober 1991 intensiv mit den Planungen, insbesondere mit städtebaulichen und organisatorischen Fragestellungen. Auf dieser Sitzung wurden auch die oben genannten Hauptstudien diskutiert und beurteilt. Alle Entwürfe wurden jedoch entweder aus technischen bzw. bau- oder planungsrechtlichen Gründen als nicht realisierbar eingestuft und eine weitere Überarbeitung gefordert. Für diese Überarbeitung wurden von Seiten des Consiliums (in Empfehlung Nr. 15) zahlreiche Vorgaben formuliert, die sich Magistrat und Stadtverordnetenversammlung zu eigen machten und somit Eingang in die Planungen fanden (vgl. Stadt Frankfurt am Main – Amt für Kommunale Gesamtentwicklung und Stadtplanung 1992a, 81).

Auf die Empfehlung des Consiliums erfolgte die Überarbeitung des IPL-Entwurfes der nach der Präsentation auf der siebten Sitzung im Juli 1992 positiv beurteilt wurde. Auf dieser Grundlage empfahl das Consilium in seiner Empfehlung Nr. 22 der Stadt Frankfurt am Main die Aufstellung eines B-Planes auf der Basis der überarbeiteten Planungen des Konsortiums IPL (vgl. WENTZ 1993: 106), dessen „Festsetzungen [...] sich jedoch auf strukturelle Grundmerkmale – Baugrenzen, maximale Geschossflächen und Gebäudehöhe – beschränken, um im Rahmen der Bauwettbewerbe eine weite gestalterische Interpretation zu ermöglichen" (Stadt Frankfurt am Main – Amt für Kommunale Gesamtentwicklung und Stadtplanung 1992a, 123).

Weitere Empfehlungen waren unter anderem
- der Erhalt der Mole und Schaffung öffentlicher Freiflächen,
- die Festschreibung der BGF auf maximal 240.000m² als Obergrenze und
- die Schaffung einer Verbindung vom Stadtteil Gutleut an den Main,

gleichzeitig soll jedoch auch gesichert sein, dass keine Strukturen geschaffen werden, die zur Verdrängung der gegenwärtigen Gutleut-Bewohner führen würden (vgl. Stadt Frankfurt am Main – Amt für Kommunale Gesamtentwicklung und Stadtplanung 1992a, 118-120).

Erneut zeigt sich also an dieser Stelle die hohe Bedeutung, die dem externen Expertengremium für die Stadtentwicklung Frankfurts der 1990er Jahre zukommt.

### *Neue Suche nach geeigneten Projektpartnern*

Obgleich es für die Stadt Frankfurt am Main zunächst so aussah als habe sie einen geeigneten Projektpartner während der Wettbewerbsphase gefunden, löste sich das Konsortium IPL im Sommer 1993 überraschend auf, da die Victoria Versicherung aufgrund einer geänderten Geschäftsstrategie – namentlich die Konzentration ihrer Tätigkeitsbereiche in Ostdeutschland – aus dem Frankfurter Engagement ausgestiegen ist. Es folgte eine langwierige Suche nach einem neuen Partner, die – nach zahlreichen ergebnislosen Ankündigungen in der lokalen Presse – erst im Juli 1994 erfolgreich abgeschlossen werden konnte.

Das neu gebildete Konsortium, die Westhafen GmbH, bestand zunächst aus sieben Unternehmen, die je zu einem Siebtel am Konsortium beteiligt waren. Im Einzelnen handelte es sich um folgende Partner: IPL (ohne Victoria Versicherung), OFB (Tochter der

HELABA), Philipp Holzmann AG, Projektentwickler Michael Baum, Roland Ernst-Gruppe, Depfa und Contracta (eine 50%ige Tochter der Philipp Holzmann AG). Nach den Schwierigkeiten der Philipp Holzmann AG und der damit verbundenen Insolvenz der Roland Ernst-Gruppe, übernahmen die verbliebenen fünf Mitglieder deren Anteile (vgl. FR 10. November 1999), wobei sich die Anzahl der Konsortiumsmitglieder später noch weiter auf drei reduzierte (Max Baum GmbH, OFB, AAREAL (ehemals DePfa)). Die Aufgaben innerhalb des Konsortiums und die organisatorischen Strukturen werden in Kap. 5.4.3 detailliert dargelegt (vgl. auch Abb. 61).

*Baubeginn*

Nachdem die organisatorischen Fragen geklärt waren und der B-Plan am 24. Juni 1999 Rechtskraft erlangte, wurden erste bauliche Maßnahmen im Westhafen in Angriff genommen. Der erste Spatenstich erfolgte Mitte Dezember 1999 und läutete den Beginn der Erschließungsmaßnahmen ein (insbesondere die Verlagerung der vom Heizkraftwerk West ausgehenden Fernwärmeleitung und die Umlegung der Hafenbahngleise, die zur Sicherung der Versorgung des benachbarten Kohlekraftwerkes erhalten bleiben mussten). Vorangegangen waren jedoch zahlreiche langwierige Verhandlungen mit den Hafennutzern, die teilweise über Erbpacht- und Mietverträge verfügten, die in bestimmten Gebieten des Westhafenareals eine Erschließung bis ins Jahr 2050 verhindert hätten. Dies hätte eine enorme Verzögerung der vollständigen Errichtung des neuen Stadtteils nach sich gezogen (insbesondere Fa. Rhenus AG, die nach der Vereinbarung spätestens 2003 in den Osthafen umziehen wird und Fa. Sehring, die Mitte 2000 in den Gutleuthafen verlagert wurde) (vgl. BERGE 2002a, 1). Auch die Hafenbetriebe mussten vom Westhafen in den Osthafen umziehen. Der Hafenbetrieb im Westhafen wurde im August 2000 endgültig eingestellt (FR 07. Oktober 2000) (mit Ausnahme der Kohleandienung, siehe unten).

*Proteste und Bürgerinitiativen*

Im Gutleut gründete sich im Jahr 1993 die Wohnraumbeschaffungsinitiative Gutleut (WOBIG), die sich – laut eigenen Angaben – mit der „Situation in den innenstadtnahen Vierteln, besonders im Gutleut" (Wobig 1995: 4) auseinandersetzt und mehrere Veranstaltungen zu diesem Thema initiierte (vgl. Abb. 55).

Erklärtes Ziel der Initiative war es „darüber [zu] diskutieren, ob und wie es möglich sei, sich gegen die kommunale Planungspolitik, die an den Bedürfnissen der BewohnerInnen und MieterInnen vorbeigeht, zu wehren" (Wobig 1995: 4). Eingefordert wurde darüber hinaus, die von Seiten der Stadt Frankfurt am Main zugesicherte Beteiligung der Bürger an den Planungen für das Westhafenareal in Form eines „Runden Tisches" (vgl. FR 28. Februar 1994).

Als Hintergrund für die Gründung der BI kann eine Reihe von Gründen aufgeführt werden: Einerseits verschärfte sich die Situation des zwischen Main und Bahnhofsvorfeld eingekeilten Stadtteils durch ökonomische Interessen immer mehr. Als Beispiel sei hier die jahrelange Debatte über den Bau des sogenannten CAMPANILE angeführt (vgl. Fußnote 32). So stellte die BI WOBIG fest: „Die Mieten werden immer teurer, die Banken und Büros expandieren immer mehr in die Wohngebiete, Umwandlung und Zweckentfremdung von Wohnraum sind längst Normalität geworden. Im östlichen Gallus gibt es ganze Häuserblocks in denen niemand mehr wohnt, sondern nur noch leere Büros, die von Hausmeistern bewacht werden. Entlang der Mainzer Landstraße sieht es so aus, als wolle man die letzten Häuser entmieten" (Wobig 1995: 4).

Auf der anderen Seite zählt das Gutleut zu den Frankfurter Stadtteilen mit den höchsten Ausländeranteilen (1987: 71,2%; 2000: 51,3%) und einem sehr hohen Anteil an Sozialhilfeempfängern (1987: 11,3%; 2000: 12,9%) (vgl. Stadt Frankfurt am Main – Bürgeramt, Statistik und Wahlen 1995). Auch die Erfahrungen, die die Bürger mit dem Projekt Deutschherrnviertel gemacht haben, schlagen sich hier nieder: „Die Stadt ist pleite [...] und die Bebauung am Schlachthofgelände zeigt, dass man den Planungen nicht trauen darf, denn dort entsteht trotz großer Versprechen keine einzige Sozialwohnung" (Wobig 1995: 4) (vgl. hierzu auch Kap. 5.3.2). Insgesamt besteht innerhalb der BI die Befürchtung, dass die ohnehin schwache Bevölkerung weiter aus dem Gutleut – nun durch einkommensstärkere Bevölkerungsteile – verdrängt und ein klassischer Gentrificationprozess in Gang gesetzt wird. So heißt es bezüglich der geplanten Nutzungsstruktur des Westhafenareals: „Wohnungen! Leider werden sich diese Wohnungen nur sehr wenige leisten können, denn sie fallen unter die Kategorie privilegiertes Wohnen, d.h. der m² kostet 22 DM oder sogar noch mehr" (Wobig 1995: 4). In diesem Kontext ist auch die Version von PPP in der Broschüre der BI zu sehen: „PPP (public private partnership oder auf Deutsch: Profit Profit Profit)" (Wobig 1995: 4).

Aus der WOBIG heraus bildete sich Anfang 1995 eine weitere Initiative gegen die Pläne für die Neubebauung des Westhafenareals, die Westhafeninitiative (WHI) (vgl. Wobig 1995: 13). Diese hegte die Befürchtung, dass „gewachsene Strukturen des Stadtteils" (FRNP 31. Januar 1995) Gutleutviertel zerstört werden. „Die Stadtplanung, verkündeten Vertreter der WHI auf einem Treffen [...], forciere den Straßenbau und nehme in Kauf, dass die Bewohner des Gutleutviertels durch Luxuswohnungen vertrieben würden" (FRNP 31. Januar 1995). Diese Einwände wurden von Seiten des Referenten im Planungsdezernat Michael Kummer unter Hinweis auf zahlreich durchgeführte Bürgerversammlungen zurückgewiesen (vgl. FRNP 31. Januar 1995). Darüber hinaus verfolge die Stadt nicht das Ziel „einen neuen Stadtteil zu bauen, vielmehr solle das Gutleutviertel verbessert und in seinen gewachsenen Strukturen stabilisiert werden [...]. In jedem Fall strebe die Stadt aber eine sozialverträgliche Modernisierung des Gutleutviertels an" (FRNP 31. Januar 1995). Weitere Forderungen wurden mit einer Erklärung der WHI bekannt (vgl. Abb. 56).

All diese Aktivitäten der WOBIG und der WHI deuten abermals darauf hin, dass die in Kap. 2.2 aufgestellte These, dass gesellschaftliche Auseinandersetzungen um die Ressource Raum zunehmen werden, bestätigt werden kann.

Im Laufe der Planungen kam es dann zu einer Veränderung des Konzeptes, das auf einer Bürgeranhörung im Juni 1998 überwiegend positiv aufgenommen wurde (vgl. FR 27. August 1998). Im Juni 1999 schließlich meldete die FR: „Ein ´Zusammenprall der Kulturen` zwischen diesen beiden Gebieten [Gutleut und Westhafen] soll freilich nicht provoziert werden, weshalb knapp zehn Prozent der rund 850 neuen Wohnungen für den sozialen Wohnungsbau reserviert sind – nicht zuletzt um einer Bürgerinitiative aus dem Gutleut den Wind aus den Segeln zu nehmen, die vor vier Jahren gegen ein ´Eliteviertel am Fluss` mobil gemacht hatte" (FAZ 16. Februar 1999; vgl. FR 20. Mai 1999). Die Arbeit der WHI resultierte in einem Gegenentwurf für die Bebauung des Westhafenareals, die hauptsächlich günstigen Wohnraum (12 – 13 DM/m²) und einen stark reduzierten Anteil an Büroflächen vorsah und mit der Forderung nach Auflösung des Vertrages zwischen Stadt und Konsortium einherging (vgl. FAZ 06. April 1995; FR 13. April 1995). Die GRÜNEN formulierten auf Basis dieser Alternativplanungen einen Antrag, der dem Ortsbeirat 1 zur Diskussion und Abstimmung vorgelegt (Die Grünen im Ortsbeirat 1, 1995) und weitestgehend abgelehnt wurde (Westhafeninitiative (WHI) 1995). In der Folge wurden erneut Forderungen nach der Durchführung des schon lange angekündigten „Runden Tisches" laut: Es sei „sofort ein runder Tisch vonnöten, um Stadt und Investoren noch von ihren Plänen abzubringen" (FR 29. Juni 1995).

Als eine weitere Maßnahme zur Information der Bevölkerung kann die im Jahre 2002 errichtete Infobox (vgl. Abb. 57) – als temporäres Gebäude – verstanden werden. Ihre Aufgabe ist es die Bürger über den Fortgang der baulichen Entwicklung zu informieren. Dafür stehen Modelle, Pläne und Informationsmaterial bereit. Die Infobox ist samstags und sonntags geöffnet (vgl. Westhafen Projektentwicklungs-GmbH 2002).

**Abb. 55: Einladung der Wohnraumbeschaffungsinitiative Gutleut (WOBIG) zur Informationsveranstaltung am 14. November 1994**

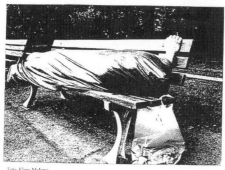

Quelle: Wobig (1995: 3).

**Abb. 56: Erklärung der Westhafeninitiative vom 14. Februar 1995**

<u>Erklärung der Westhafen-Initiative vom 14.2.95</u>

Wir lehnen die Art der Planung zum Westhafen, das Investitionsmodell sowie grundsätzlich den Ansatz dieses städtebaulichen Projekts ab.

**Kein neuer Stadtteil Westhafen !**
Die bestehende Investoren-Planung bemüht sich nicht im geringsten um eine Integration in das Gutleutviertel. Die 4-5spurig geplante Hafenstraße mit Bahntrasse soll zukünftig das Gutleut vom groß-angekündigten "neuen Stadtteil Westhafen" trennen. Eine soziale und strukturelle Trennung ist in der Investoren-Planung als unlösbarer Widerspruch vorhanden.

**Im einzelnen:**
- Das geplante Hochhaus ist nicht nur aus klimatischen Gesichtspunkten abzulehnen. Als angeblicher "Identifikationspunkt" ist es überflüssig, es ist völlig ohne Maßstab dahingeplant und treibt die Verdrängungsmechanismen im Gutleut voran.
**Ein Hochhaus darf es im Gutleutviertel nicht geben !**
- Eigentumswohnungen und teure Mietwohnungen, Boarding-Haus, große Einkaufsgalerien und Bürokomplexe sind hier völlig deplaziert und nicht erwünscht. Sie bringen den Investoren zwar maximalen Gewinn, den Menschen im Gutleutviertel jedoch kaum bezahlbare Nutzungsmöglichkeiten - nur der Spekulationsdruck auf das Gutleut wird steigen.
- Wir lehnen den Verkauf städtisch-öffentlicher Flächen und Einrichtungen ab. Hier im Westhafen werden als neuartiges Modell-Projekt städtische Flächen zu Spottpreisen an Großbanken und Baumultis verschleudert. So ist es im PPP-Modell vorgesehen. Bis zur Gewinnbeteiligung der Stadt in ferner Zukunft (oder nie?) trägt diese erst einmal großzügig die enormen Kosten der Nutzbarmachung. Unterm Strich ein schlechtes Geschäft für die Öffentlichkeit, ein äußerst profitables jedoch für die beteiligten Großkonzerne.
**Wir fordern umgehende Einlösung des Rücktrittrechts der Stadt aus dem Vertrag, neue Planung und dezentraler Wohnungsbau und der dazugehörigen Gewerbestruktur durch städtische Baugesellschaften sowie Genossenschaften und Initiativen !**
- Die eigentliche Planung lief bisher hinter verschlossenen Türen ab und basiert tatsächlich immernoch auf einen nichtöffentlichen Wettbewerb aus dem Jahre 1990. Der alleinbeauftragte Architekt Seifert hat bereits in den Londoner Docklands Hafenbebauung der Luxusklasse zelibriert, die heute als Investitionsruinen dastehen. Die Westhafenplanung ist zerfahren und auf der bestehenden Grundlage nicht mehr verantwortungsbewußt weiterzuführen.
**Wir fordern sofortigen Planungsstopp !**

**Wir fordern ein Konzept für den Umbau des Westhafens, das eine sinnvolle Erweiterung des Gutleutviertels bis zum Main darstellt. Unsere eigene Alternativ-Planung für den Westhafen wird ein solches sein. Wir werden es zu gegebener Zeit vorstellen.**

Wir unterstützen hier und heute die Anträge der Grünen-Fraktion des Ortsbeirats 1 zum Westhafen. Auch - wenn die Grünen im Römer maßgeblich an den Fehlentwicklungen in dieser Stadt beteiligt sind.

Quelle: Wobig (1995: 15).

Abb. 57: Die Infobox im Westhafen

Quelle: Eigene Photographie im Juni 2004.

### 5.4.2 Nutzungskonzept und Stand des Projektes

Auf dem Gelände des Westhafens sind die in Tab. 10 und Tab. 11 angegeben Flächenrealisierungen, Gebäude und Nutzungen vorgesehen.

**Tab. 10: Projektdaten zum Westhafen**

| Art | Fläche |
|---|---|
| Hafengrundstücksfläche (= Bruttobauland) | 126.746m² |
| Zusätzlich Wasserfläche im Hafenbecken | 45.078m² |
| Bauparzellen (= Nettobauland) | 63.138m2 |
| BGF gesamt | 207.090m² |
| davon BGF Büro | 111.840m² |
| BGF Hotel | 10.000m² |
| BGF Wohnen | 63.975m² |
| BGF Private Infrastruktur | 8.435m² |
| BGF Soziale Infrastruktur | 12.840m² |
| | |
| Arbeitsplätze | 3.500 |
| Einwohner | 1.600 |
| Wohnungen gesamt | 650 – 700 |
| davon gefördert | 70 |
| Investitionsvolumen der Baulandentwicklung | 100 Mio. Euro |

Quelle: Eigene Zusammenstellung (nach BERGE 2002a, 1; 2002b, 1f.; SCHELTE 1999: 104f.).

Das vorgesehene Nutzungskonzept trägt der Lage und der Umgebung des neu entstehenden Quartiers Rechnung: Wie im vorangegangenen Kapitel bereits beschrieben, ist das Gelände des ehemaligen Westhafens von wohnungsbausensiblen Nutzungen umgeben. Daher kamen insbesondere für eine Wohnnutzung nur ausgewählte Standorte in Frage. Insgesamt sollen im Westhafen ca. 207.000m² BGF entstehen, wobei für eine gewerbliche Nutzung etwa 111.000m² BGF und für die Wohnnutzung rund 64.000m² BGF vorgesehen sind. Die übrige BGF verteilt sich auf private und soziale Infrastruktur (vgl. Tab. 10). Diese Verteilung stellt eine deutliche Abweichung von dem ursprünglichen Konzept dar, das gleiche Anteile für Wohn- und Gewerbeflächen vorgesehen hatte. Dieser „ursprünglich angestrebte „Fifty-Fifty-Mix" ist angesichts der bestehenden Nachbarschaftssituation planungsrechtlich und wirtschaftlich undurchsetzbar".

Aufgrund der Lärmemissionen, die einerseits im Westen von der Eisenbahnbrücke und andererseits im Osten von der Autobrücke ausgehen, kam für diese beiden Teilbereiche (Baufelder 1.1-1.3; 13.1-13.3, 14; vgl. Abb. 59) lediglich eine gewerbliche Nutzung des Geländes in Frage, die somit eine Klammer um das Gebiet bildet: Daher ist im Osten des Plangebietes ein Dienstleistungskomplex entstanden, der von einem rund 100m hohen Hochhaus (Westhafen Tower) und daran angegliederten Blockstrukturen dominiert wird

Tab. 11: Die einzelnen Baufelder, Bauherren, Gebäude und Nutzungen im Westhafenquartier

| Baufeld | Projekt | Nutzung | Fläche in m² BGF | Anzahl Wohnungen (ca.) | Investor/Bauherr |
|---|---|---|---|---|---|
| 1.1 | Westhafen Tower | Büro | 29.977 | - | Mann GmbH (OFB, Max Baum, Depfa) |
| 1.2 | Westhafen Haus | Büro/Gastro | 10.630 | - | Mann GmbH (OFB, Max Baum, Depfa) |
| 1.3 | Brückengebäude | Büro / Gastro | 5.407 | - | Mann GmbH (OFB, Max Baum, Depfa) |
| 2 | KITA | Kita | 840 | - | Stadt Frankfurt |
| 3 | Marina | Wohnen | 10.575 | 81 | Bayrische Architektenversorgung |
| 4 | N.N. | Wohnen / Einzelhandel | 14.625 | | N.N |
| 5 | PortDuo, zwei Mal 2 Punkthäuser | Wohnen | 3.700 | 42 | BauBeCon Projekt GmbH |
| 6 | | Wohnen | 3.700 | 42 | BauBeCon Projekt GmbH |
| 7 - 10 | MAINSIDE, vier Mal 2 Punkthäuser | Wohnen | 3.700 | 30 | HPE Investitionsgesellschaft Wohnen am Westhafen GmbH |
| | | | 3.700 | 30 | |
| | | | 3.700 | 26 | |
| | | | 3.700 | 26 | |
| 10.1 | Molencafé | Gastronomie | 800 | - | HPE Investitionsgesellschaft Wohnen am Westhafen GmbH |
| 11.1 | QWATERWEST | Wohnen | 11.175 | 108 | Viterra Development GmbH |
| 11.2 | N.N. | Wohnen / Einzelhandel | 10.418 | 80 | Cronstetten und Hynspergische Evangelische Stiftung |
| 12 | Haus am zentralen Platz | Büro/Bistro | 5.300 | - | HeLaBa |
| 13.1 | Hafenbogen | Büro | 15.780 | - | HeLaBa |
| 13.2 | Werfthaus | Büro | 13.920 | - | N.N. |
| 13.3 | Torhaus | Büro | 14.930 | - | Pensionskasse der Mitarbeiter der Höchst-Gruppe VVaG |
| 14 | Westhafen Pier | Büro/Gastronomie | 16.700 | - | SEB Immobilien-Investment GmbH |
| 15 | "Sozialzentrum" | Kindergarten, Jugenzentrum, ev. Gemeindezentrum | 12.000 | | Stadt Frankfurt am Main |
| 16 | Westgarten | 70 Sozialwohnungen, Supermarkt | 8.180 | 70 | Max Baum Immobilien |
| 17 | Boardinghouse | Boardinghouse | 10.000 | - | N.N |
| 18 | N.N. | Büro | 3.202 | - | N.N |
| **Summen** | | | **216.659** | **535** | |

Quelle: Eigene Zusammenstellung. Die unter der Rubrik Baufeld angegebenen Nummern beziehen sich auf die in der folgenden Abb. 59 angegebenen Baufeldbezeichnungen.

und gleichzeitig zum Wahrzeichen des neuen Stadtteils avancieren soll. Der westliche Abschluss des Geländes hingegen beherbergt ein Gewerbezentrum und soll gleichzeitig als Schallschutz gegen die Emissionen, die von der Eisenbahnbrücke ausgehen, fungieren. Eine Besonderheit in diesem Bereich ist die für den künftigen Fortbestand des Betriebes des nördlich an das Areal anschließenden Kohlekraftwerkes notwendige Kohleandienung. Zum einen stellt sie die letzte schiffsgebundene Nutzung im Westhafen dar, die auch das Ende des eigentlichen Hafenbetriebes überdauert hat. Zum anderen führte dies zu einer architektonischen Besonderheit, da die vom Main ausgehenden Kohleförderbänder durch die neuen Gebäudekomplexe hindurchgeführt und integriert werden mussten.

In den landseitigen Kernbereichen rund um das Hafenbecken (Baufelder 3, 4, 11.1, 11.2, 12) wird hauptsächlich Wohnnutzung realisiert (vgl. Abb. 59 und Abb. 60). Während ursprünglich der so genannte „Drittelmix" – also die Realisierung sozialen, geförderten und privat finanzierten Wohnungsbaus zu gleichen Teilen – von der Stadt Frankfurt am Main angestrebt worden war (vgl. Kap. 4.1.4), veränderte sich dieses Ziel im Projektverlauf einerseits um der baulichen Umgebung und dem Immissionsschutzrecht Rechnung zu tragen, andererseits aber sicherlich auch als Zugeständnis an die Investoren (vgl. FR 21. Dezember 1992), so dass letztlich kein sozialer, aber in geringem Umfang geförderter und hauptsächlich frei finanzierter Wohnungsbau realisiert werden wird. Insgesamt ist die Errichtung von rund 650 – 700 Wohnungen angestrebt, wobei rund 70 davon als mietpreisgebundene Wohnungen errichtet werden (im Projekt Westgarten, Baufeld 16) (vgl. DIE WELT 05. Februar 2004). Ebenfalls verändert hat sich somit die projektierte Gesamtzahl der Wohnungen auf knapp die Hälfte der ursprünglich geplanten 1.200 Einheiten. Dabei beherrscht hochwertiger Wohnungsbau auf der Hafenmole (Baufelder 5-10) die Struktur, während das Preisniveau entlang der Gutleutstraße niedriger sein wird (Baufelder 3, 4, 11.1-11.2, 12, 16). Im ehemaligen Hafenbecken wurde ein Yachthafen angelegt, dessen Liegeplätze den Solitären auf der Mole zugeordnet sind. Mole und „Festland" sind über eine Fußgängerbrücke im Westen und eine Autobrücke im Osten miteinander verbunden (vgl. Abb. 58).

Insbesondere entlang der geplanten Promenade und am zentralen Platz sind Einzelhandels- bzw. Gastronomienutzungen in den Erdgeschossen der Gebäude möglich (Baufelder 4, 11, 12). Für die Molenspitze sind ein Park und eine gastronomische Einrichtung vorgesehen (Baufeld 10.1), deren Realisierung an den Bau der zwei Solitäre auf Baufeld 10 vertraglich geknüpft ist.

Ein weiterer wichtiger Bestandteil des Projektes ist nicht nur die Schaffung eines gemischt genutzten, multifunktionalen neuen Stadtquartiers, sondern gleichzeitig soll die Versorgung des neuen Stadtteils gesichert als auch die des angrenzenden Stadtteils Gutleut verbessert werden, da hier bisher eine Unterversorgung bestand. Daher werden „Einzelhandelsflächen in einer Größenordnung von 2.500 – 5.000m² Verkaufsfläche, die der Nah- und Grundversorgung dienen sollen, sowie endverbrauchernahe Dienstleistungen und Gastronomiebetriebe" (SCHELTE 1999: 104) ebenso errichtet, wie soziale Infrastruktur, die zwei Kindertagesstätten (Baufeld 2), ein Gemeindezentrum der evangelischen Gemeinde und ein Jugendzentrum umfassen wird (Baufeld 15). Für die ursprünglich geplante Grundschule meldete die FR das Aus im Juni 2004: „Die Stadt baut keine Grundschule im neuen Wohngebiet Westhafen. [...] Ein Grund ist der Erlass des Innenministeriums zum Haushalt 2003, wonach die Stadt prüfen sollte, ob sie auf Schulneubauten verzichten kann, indem sie bestehende Schulen besser auslastet und Schulbezirksgrenzen verändert" (FR 02. Juni 2004). Neben dem finanziellen Zwang hat sich jedoch auch aufgrund der deutlichen Reduzierung der Anzahl der Wohneinheiten die Zahl der ursprünglich erwarteten Schüler pro Jahrgang von 45 auf 18 reduziert, die von einer nahe gelegenen Schule, der Karmeliterschule, aufgefangen werden können.

Abb. 58: Molenhäuser, Yachthafen, Autobrücke und das neue Wahrzeichen des Westhafenareals, der Westhafen Tower

Quelle: Eigene Photographie im Juni 2004.

Im Gegenzug könnten durch den Verzicht des Schulbaus die Freiflächen der anderen Einrichtungen großzügiger gestaltet werden (vgl. FR 02. Juni 2004). Die Projektentwickler verhandelten aber auch mit der Stadt Frankfurt am Main über den Bau von zusätzlichen

Wohnungen (vgl. FR 01. Juli 2004). Im östlichen Anschluss an diesen Komplex sind ebenfalls Wohnungen (Baufeld 16) und ein Boardinghouse oder Hotel geplant (Baufeld 17).

Zum Zeitpunkt der Erfassung (Mai 2005) sind große Teile des Areals bereits realisiert. Insbesondere die gewerblich genutzten Gebäude im Osten und Westen des Areals sind fertig gestellt und bezugsbereit (Baufelder 1.1-1.3; 13.1-13.3; 14). Ebenfalls begonnen bzw. teilweise bereits realisiert sind die „Solitäre" und die Kindertagesstätte auf der Mole (Baufelder 2, 5-10). Noch nicht begonnen wurde mit den zentralen Baufeldern 3, 4, 12 und 15 –18 (vgl. Abb. 59 und Abb. 60). Laut Geschäftsführer der WPG soll die Erschließung und Bebauung Mitte 2005 abgeschlossen werden, wobei für zwei Baufelder noch keine Investoren gefunden worden seien (vgl. FRNP 29. April 2004).

**Abb. 59: Nutzungsstruktur im Westhafen**

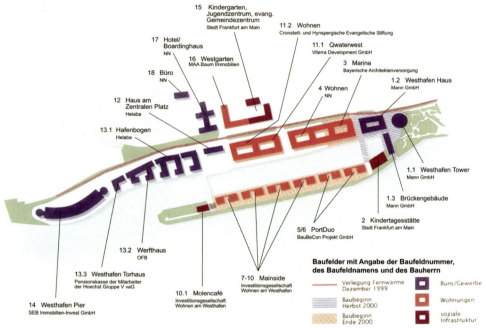

Quelle: Eigene Abbildung. Grundlage: Westhafen Projektentwicklungs-GmbH (2002).

Abb. 60: Das Projekt Westhafen. Computersimulation

Quelle: FAZ (16. Juni 2002).

## 5.4.3 Organisatorischer Rahmen der Revitalisierung – Beteiligte Akteure, Finanzen

Obwohl der Beginn der Entwicklung des ehemaligen Schlachthofareals erst kürzlich erfolgt war (vgl. Kap 5.3), beschritt die Stadt Frankfurt am Main für die Entwicklung des Westhafengeländes neue Wege und erregte damit auch bundesweit reges Interesse. Während – wie in Kap. 5.3.3 beschrieben – beim Schlachthofareal eine städtische Tochtergesellschaft (Typus Urban Development Corporation) gegründet wurde, suchte man beim Westhafenareal private Projektpartner, mit denen eine gesellschaftsrechtliche Verbindung, eine Public Private Partnership (PPP), eingegangen werden sollte. Es handelt sich also um den in Kap. 2.3.2 dargestellten Typus des „Zusammenschlusses öffentlicher und privater Akteure in einer gemischtwirtschaftlichen Gesellschaft", einer Public Private Partnership. Hauptgrund dieser Vorgehensweise waren die „erhebliche[n] Investitionen in die technische und soziale Infrastruktur neuer Baugebiete" (WENTZ 1995b, 61), die eine Stadt – angesichts der schwierigen Haushaltslage der Gemeinden und Städte – alleine nicht mehr finanzieren kann. Es ist bundesweit ein „erstes Beispiel einer Zusammenarbeit von öffentlicher Hand und Unternehmen [...], die angesichts städtischer Finanznot die 90er Jahre prägen könnte" (FR 21. Dezember 1992). So hob auch der damalige Frankfurter „Oberbürgermeister

ANDREAS VON SCHÖLER (SPD) [...] die bislang in Deutschland einmalige public private partnership hervor" (vgl. FAZ 20. Februar 1993).

Aber auch eine große Anzahl weiterer Vorteile sprachen für diese Vorgehensweise: die bisherige Praxis – der Verkauf unentwickelter Gelände an private Investoren – brachte dem Kämmerer zwar Einnahmen aus dem Grundstücksverkauf, eine weitere ökonomische Partizipation (höherer Erlös durch die Erhöhung des Verkehrswertes baureifer Grundstücke im Vergleich zu unerschlossenen Grundstücken) war jedoch nicht gegeben. Mit einem Grundstücksverkauf verliert eine Stadtverwaltung darüber hinaus weit reichende Möglichkeiten der Einflussnahme auf die Projektgestaltung. Mit der Bildung einer PPP hingegen sichert sie sich ein Mitspracherecht, profitiert gleichzeitig vom privaten Know-how der Projektpartner und partizipiert an deren (Personal-)Ressourcen. Darüber hinaus ist eine enge Zusammenarbeit in der Planungsphase zielführend für ein schnelles Vorankommen im Projektverlauf.

Allerdings ist

*„eine stabile Projektentwicklung [...] immer nur dann zu erwarten, wenn tatsächlich eine echte Partnerschaft entsteht, in der beide Seiten aus wechselseitigem Interesse in einer Allianz aus privatem Gewinnstreben und sozialstaatlicher Aufgabenerfüllung zusammenarbeiten"* (WENTZ 1995b, 64),

sich also Gewinnchancen und Risiken unter Beachtung städtebaulicher Ziele gleichermaßen auf die privaten und öffentlichen Partner verteilen.

Mit diesen Leitgedanken im Hintergrund wurde eine geeignete Organisationsform erarbeitet (vgl. Abb. 61). Dabei bildet die Dienstleistungsgesellschaft Westhafen Projektentwicklungs-GmbH (WPG) das Kernstück der Konstruktion. Die WPG wird zu je gleichen Teilen von den Anteilseignern Stadt Frankfurt am Main und dem Konsortium aus heute noch drei (von ehemals sieben) Projektpartnern – der privaten Grundstücksgesellschaft Westhafen GmbH (GWG) – gehalten. Das vorangegangene rund zweieinhalbjährige iterative Vorbereitungs-, Planungs- Auswahl- und Verhandlungsverfahren (vgl. BERGE 2002b, 3) der Partner, die sich in der GWG zusammenschlossen (vgl. Kap. 5.4.1) bezog sich hauptsächlich auf die Klärung der ökonomischen Bedingungen und organisatorischen Herangehensweise. Das Bauprogramm spielte hierbei weniger eine Rolle. Die GWG ist eine Gesellschaft, die die privaten Investoren (und deren Interessen) bündelt und alle Aufwendungen vorfinanziert (vgl. BERGE 2002b, 4). Sie ist gleichzeitig auch die Käuferin des Westhafenareals, das sie für 45 Mio. DM von der Stadt Frankfurt erwarb. Diese Summe entspricht dem Verkehrswert des Geländes vor Entwicklung. Im Kaufvertrag enthalten sind Vereinbarungen über die geplante Entwicklung des Gebiets.

*„Die Aufgabe der Westhafen Projektentwicklungs GmbH [WPG] ist die Planung, Koordination und Kontrolle der Projektentwicklung. Sie arbeitet, so die vertragliche Regelung, im Auftrag der neuen Grundstückseignerin, der Grundstücksgesellschaft Westhafen GmbH [GWG]"* (SCHELTE 1999: 108).

Im einzelnen umfasst das Aufgabenspektrum der WPG die Umsiedelung der bisherigen Hafennutzer, das Management der Planung, der Baureifmachung und der Verwertung des Areals im Rahmen der Bauleitplanung der Stadt, die Sanierung der Altlasten, den Vertrieb des Areals, die Durchführung von Erschließungsmaßnahmen und die Übernahme von Bauherrenfunktionen für Wohnungs- und sonstige Baumaßnahmen (vgl. Abb. 61).

Die WPG ist also mit der gesamten Projektentwicklung betraut. „Nur für die Sanierung der mit Altlasten behafteten Hafenflächen ist [in finanzieller Hinsicht] eine Sonderreglung getroffen worden. Diese beinhaltet bewusst eine Beteiligung der Grundstücksgesellschaft [GWG] an den Sanierungskosten, um darauf einzuwirken, dass sich beide Partner – Stadt wie Private – um Kostenreduzierung bemühen" (WENTZ 1995b, 63). Nach dieser Vereinbarung trägt die Stadt Frankfurt am Main 60%, das Konsortium die restlichen 40% der Kosten für die Altlastensanierung. Dies ist insbesondere deshalb hervorzuheben, weil bei der Altlastenentsorgung in rechtlicher Hinsicht das Verursacherprinzip gilt. Dies bedeutet, dass eigentlich der Verursacher, also die Stadt Frankfurt am Main als Gesellschafterin der Hafenbetriebe, die Kosten der Altlastensanierung zu tragen hat. Durch die finanzielle Beteiligung der privaten Partner an diesen Kosten wurde gewährleistet, dass in jedem Fall Kosten sparend vorgegangen wird, da davon die Gewinnmarge aller Partner abhing.

Während die Geschäftsführung der WPG bei einem privaten Partner liegt, stellt die Stadt Frankfurt am Main den Vorsitz des Aufsichtsrates. Als „Informationskanal" zwischen beiden dient ein von der Stadt Frankfurt am Main an die WPG „geliehener" Prokurist. Dieser ist darüber hinaus für die Koordination der „beteiligten städtischen Fachabteilungen, Ämter und Betriebe [zuständig] und vertritt als Ansprechpartner vor Ort die städtischen Interessen" (BERGE 2002b, 4). Somit setzt sich die WPG aus zwei Personen – dem Geschäftsführer und dem „Verbindungsmann" – zusammen. Für alle Planungsmaßnahmen und in Verbindung mit der Projektentwicklung stehenden Arbeiten bedient sich die WPG der Personalkapazitäten und des Know-hows der Konsortiumsmitglieder der GWG. Lediglich wenn das vorhandene Know-how nicht mehr ausreicht, werden Dienstleistungen spezialisierter Dritter in Anspruch genommen. Innerhalb des Konsortiums sind die Aufgaben zwischen den einzelnen Mitgliedern klar geregelt (vgl. Abb. 51, und Abb. 61). „Alles in allem handelt es sich um eine schlanke, hochflexible Struktur, die die Westhafen Projektentwicklungs-GmbH in die Lage versetzt, ohne Vorhaltung größerer, kostenintensiver Personalkapazitäten unverzüglich auf Engpasssituationen zu reagieren" (BERGE 2002b, 4). „Das [...] Verfahren [...] war von Anfang an als ein Dialog zwischen dem politisch verantwortlichen Magistrat und seinem Planungsteam auf der einen Seite sowie den Privatinvestoren und Fachleuten aus der Immobilienwirtschaft auf der anderen Seite ausgelegt. Das Wesentliche ist, dass die fortlaufende Kommunikation und die ständigen Kontakte zwischen der Stadt und den Privaten zu einem ´Früherkennungssystem für Schwierigkeiten´ und zu einem Verständnis für die Probleme der jeweils anderen Seite geführt haben. Dieses so wichtige Verständnis und das damit gewachsene Vertrauen [...] führen zu gemeinsamen Lösungsansätzen und damit letztlich zu der beabsichtigten Projektbeschleunigung" (BERGE 2002b, 5).

Nach der Veräußerung der Grundstücke, die nach Abschluss aller Planungs-, Freimachungs- und Erschließungsmaßnahmen entweder an Endinvestoren oder zu einem Schätzwert an Mitglieder des Konsortiums erfolgte, werden vom „erzielten Gesamterlös [...] die Grundstückseinstandskosten, die Entwicklungskosten (Planung, Neuregelung bestehender Miet- und Erbpachtverhältnisse, Verlegung störender Infrastrukturanlagen, anteilige Dekontaminierung, Abbruch und Erschließung etc.) sowie die Finanzierungskosten (ohne

Grundstück) abgezogen" (BERGE 2002b, 3f). Der Nettogewinn wird dann zu gleichen Teilen zwischen der Stadt Frankfurt am Main und dem Investorenkonsortium aufgeteilt, woraus im Idealfall die Gewinnerhöhung der Stadt (im Vergleich zur reinen Baulandveräußerung ohne Partizipation in einer PPP) resultiert.

Abb. 61: Organigramm zur Entwicklung des Westhafen-Areals

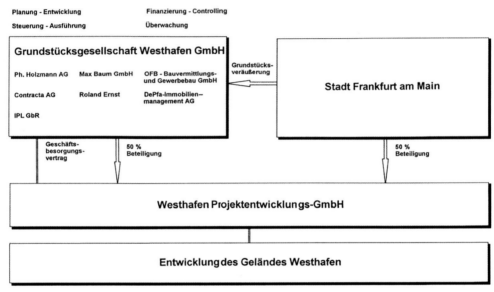

Quelle: WENTZ (1995b, 63). Anmerkung: Die Grundstücksgesellschaft Westhafen GmbH setzt sich mittlerweile nur noch aus den Teilhabern Max Baum GmbH, OFB Bauvermittlungs- und Gewerbebau GmbH und der AAREAL Immobilien Management AG (ehemals DePfa) zusammen.

### 5.4.4 Das Projekt Westhafen im Spiegel der Akteure

*Die planungsrechtliche Seite – Der Bebauungsplan*

Aus den Erfahrungen, die mit dem Deutschherrnviertel gemacht worden waren, entschloss man sich im Planungsdezernat dazu, bei der Aufstellung des B-Plans für das Westhafenareal eine andere Strategie zu verfolgen. Insofern kann der Westhafen-B-Plan als Antwort auf das Deutschherrnviertel betrachtet werden. Wie in Kap. 5.3.4 dargestellt worden ist, ergaben sich dort vor allem durch eine sehr hohe Regelungsdichte im B-Plan Deutschherrnviertel große Schwierigkeiten hinsichtlich der Vermarktbarkeit und auch architektonischen Freiheit der potentiellen Investoren. Daher wurde beim B-Plan für das Westhafenareal von dieser Strategie abgerückt und man entschloss sich für eine weitaus geringere Regelungsdichte. Die Kombination aus diesem B-Plan „light", einem starken Planungsdezernenten, einer ebenfalls starken Bauaufsicht und der städtischen Beteiligung in der PPP sollte für eine hochwertige städtebauliche und architektonische Qualität sorgen. Jedoch war bei dieser Lösung vor allem ein starker Planungsdezernent von Nöten:

> *„Einer der Ausgangspunkte war der ganz anders gestrickte B-Plan, der hier viel großzügiger war. Sagen wir mal das war ein B-Plan, der war hier danach bemessen, dass man einen Planungsdezernenten hat, der sagt, hier mach ich einen großzügig formulierten B-Plan und steuere dann nachträglich. Das Dumme war nur, als dann hier gesteuert werden musste, es einen schwachen Dezernenten gab, der überhaupt nicht gewillt war zu steuern".*

Diese Rolle sei nach einem Wechsel in der Bauaufsicht dann vom Baudezernat übernommen worden. Hier wird einmal mehr die Rolle von Personen, also von Akteuren gegenüber denen der Strukturen hervorgehoben.

## *Die organisatorische Seite – Die Public-Private-Partnership im Focus der Akteure*

Die Entwicklung des Westhafens sei nicht von Anfang an in Form einer PPP geplant gewesen, sondern diese habe sich erst nach und nach herauskristallisiert. Ausgehend von einer reinen Landaufbereitungsgesellschaft, die einzelne Baufelder an Investoren veräußern sollte, entwickelte sich Schritt für Schritt das Konstrukt der PPP (hier zeigt sich besonders deutlich das rekursive Verhältnis von Handlung und Struktur, d.h. die gegenseitige Beeinflussung. Denn die organisatorischen Strukturen können nicht anders als das Ergebnis von Handlungen von Akteuren betrachtete werden, die sich auf die gesammelten Erfahrungen in bisherigen Projekten und den dort vorgefundenen Strukturen berufen). Dieses Konstrukt wurde nach anfänglichen Vorbehalten, die in Kap. 5.4.3 dargestellt wurden, von den befragten Akteuren fast ausschließlich positiv beurteilt.

Ausgehend von der Feststellung, dass PPP die logische Konsequenz der Entwicklungen der letzten Jahrzehnte des 20. Jahrhunderts sei, da sich die öffentlichen Baugesellschaften aus finanziellen Gründen immer weiter aus dem Neubau von neuen Wohnsiedlungen zurückziehen mussten und sich auf die Instandhaltung der eigenen Bestände konzentrieren, wurden eine Reihe von mit PPP verbundenen Vorteilen genannt. Diese Vorteile können unterteilt werden in solche, die hauptsächlich der Stadt Frankfurt, also der kommunalen Seite, zugute kamen, solchen, die den privaten Partnern entgegen kamen und einer dritten Gruppe, die für beide Seiten positive Effekte mit sich brachten.

Für die städtische Seite kann festgehalten werden, dass eine PPP der Kommune den Zugriff auf privates Engagement, Ressourcen und Knowhow (bspw. beim Altlastenmanagement, kostengünstigere Strukturen, andere Ausschreibungsmöglichkeiten (nicht an VOB[39] gebunden), Erfahrungen, professionelles Management außerhalb einer Ämterstruktur, kaufmännische und juristische Kenntnisse) eröffnet, das ihr selbst nicht bzw. nur gegen Entgelt zur Verfügung stehen würde. Bei den Anforderungen, die aktuelle Projektentwicklungen mit sich brächten, könne auf das Wissen, über das Projektentwickler und Investoren verfügen, nicht mehr verzichtet werden.

Eng damit verknüpft ist die Tatsache kontinuierlich sinkender finanzieller Ressourcen der Kommunen (vgl. Kap. 4.1.2), die letztlich Partnerschaften mit privaten Partnern erfor-

---

[39] Vergabe- und Vertragsordnung für Bauleistungen

dern, da Kommunen alleine nicht mehr in der Lage seien, solch enorm kostspielige Projekte aus eigener Kraft zu realisieren und finanzieren. Zusätzlich 'erobert' sich die Stadt neben ihrem hoheitlichen Recht ein Stück privatrechtlichen Einfluss, den sie in früheren Jahrzehnten hauptsächlich über öffentliche Baugesellschaften noch besaß, zurück. Dadurch könne die Kommune gezielter Einfluss nehmen auf die Qualität beim Bau, der Festlegung und Wahl der Nutzungen, der Nutzer selbst und der Mieter. Somit ist der einer Kommune erwachsende Vorteil aus einer PPP, dass „[...] sie ihr öffentliches, ihr hoheitliches Recht voll ausnutzen [kann]. [...] Sie kann über die privatrechtliche Schiene zusätzlich mitbestimmen, wie ein Bauherr. [...] Das Besondere eines PPP-Modells ist nun, dass die Stadt neben dem öffentlichen Recht auch privatrechtlich engagiert ist". Zusätzlich eröffnet sich der Kommune die Partizipation am finanziellen Gewinn, der von der PPP erwirtschaftet wird und im Idealfall weit über den Erlös des Grundstücksverkaufs hinausgeht.

Beide Seiten profitieren von der Beschleunigung der Prozesse, die durch hohe Transparenz und schnellen und intensiven Informationsfluss ermöglicht und begünstigt werden. Transparenz und Informationsfluss wiederum waren zumindest für die Projektpartner durch die Struktur der PPP gegeben. Durch die Einbindung von Parteienvertretern aller in der Stadtverordnetenversammlung zum damaligen Zeitpunkt vertretenen Parteien, des Ortsbeirates, des Verbindungsmannes und der Privaten Partner im Aufsichtsrat war von Anfang an für einen regen Informationsaustausch aller an der PPP Beteiligten gesorgt:

„*Bis heute gibt es regelmäßige Teamsitzungen. Das ist ein Austausch, wo alle Beteiligten am Runden Tisch sitzen, das ist auch einer der Erfolgsfaktoren aus der PPP, das man zusammensitzt und Dinge zu Ende denkt und für die gegenseitigen Positionen Informationen und Verständnis bekommt. Und sich eben akzeptiert und versteht und sich aufeinander einstellt. Das hat dazu geführt, dass wir hier sehr viele positive Sachen bewegen konnten. Da gab es nie unangenehme Auseinandersetzungen, die irgendwas zum Verzögern gebracht hat, sondern es wurde immer im Einvernehmen gelöst*".

So sei einer der großen Stärken von PPP, dass die Prozessbeteiligten im Laufe der Zeit ein Verständnis für die Zwänge der anderen entwickeln würden.

Dadurch kommt es insgesamt zu einer Risikominderung für beide Seiten: für die private Seite wird die Risikominderung dadurch erreicht, dass sie schon frühzeitig Einfluss auf die Planungen (gemeinsame Erarbeitung des B-Plans) und durch die enge Zusammenarbeit auch Einfluss auf den Hoheitsträger nehmen kann, wodurch Probleme frühzeitig erkannt und beseitigt und der Projektverlauf beschleunigt werden können. Für die kommunale Seite wiederum verringert sich das Risiko durch die bereits weiter oben erwähnte privatrechtliche Einflussnahmemöglichkeiten (bspw. auf Nutzungen, Mieter, Architektur) im Rahmen der PPP und erhöhen sich die Einfluss- und Steuerungsmöglichkeiten im Prozessverlauf. Anders formuliert kann günstigstenfalls eine ausgewogene(re) Machtbalance zwischen öffentlichen und privaten Partnern erreicht werden, wenn im Rahmen der PPP kontinuierlich aufeinander zugegangen wird, wodurch der gegenseitige Informationsvorsprung (als Machtmittel) verringert, Vertrauen erhöht und größeres Verständnis für den jeweils anderen Akteur geschaffen werden.

Ein weiterer Vorteil, der durch die Westhafen-PPP erreicht wurde, war, dass das Projekt nicht in die Mühlen der Tagespolitik geriet. Dies wurde vor allem durch die weiter oben bereits angesprochene Integration von Vertretern aller Parteien erreicht:

*„Wir hatten auch das Glück, dass es über unser Projekt quasi von Anfang an gelungen ist, die drei wesentlichen Fraktionen [...] ins Boot zu bekommen. [...] Ich könnte mir vorstellen, dass so eine PPP schwieriger wird, wenn es anfängt politisch umstritten zu werden. In unserem Aufsichtsrat ist niemals negative Politik gemacht worden, obwohl wir drei Fraktionen drin haben. Die haben nie die Klingen gekreuzt, sondern sind nach Hause, haben ihre Fraktionen informiert und haben dafür gesorgt, dass der Informationsfluss da war und dass da kein Gegenwind kam. Das muss nicht zwingend so sein. Aber das empfinde ich auch als Vorteil, dass so ein Projekt, das einen langen Atem braucht, nicht in politische Glaubwürdigkeitsdiskussionen kommt".*

Begünstigend haben sich hier aber auch erste sichtbare Erfolge des Projektes Deutschherrnviertel ausgewirkt.

Aber die Beteiligung aller Fraktionen allein reicht noch nicht aus, um ein Projekt politisch zu neutralisieren. Eine große Rolle spielt die rechtliche Situation, in die sich die Stadt im Rahmen einer PPP begibt, denn im Falle eines Ausstiegs der Kommune bzw. eines Projektstops durch die Kommune, tritt ein Schadenshaftungsfall ein. Dies bedeutet, dass zwar in der Regel den beteiligten handelnden Akteuren eine höhere Bedeutung als den Strukturen zukommt. Im Falle des Westhafens jedoch trug explizit die Schaffung der PPP-Struktur einen großen Teil zum positiven Projektverlauf bei. Dies kann aber nicht unabhängig von den am Projekt beteiligten Personen gesehen werden. In Rekurs auf das Projekt Deutschherrnviertel äußerste sich ein Akteur wie folgt:

*„Es wäre besser gewesen, schon private Partner reinzuholen. [...] Das hätte dazu geführt, dass die Opposition nicht mehr sagen kann, wir ändern es [das Projekt] bei der nächsten Kommunalwahl, weil dann wäre Schadenshaftung entstanden. Bei einer städtischen Gesellschaft entsteht zwar theoretische Schadenshaftung. Aber das kann ja der Gesellschafter, die Stadt, den Geschäftsführern untersagen, das einzuklagen. Wenn sie aber einen privaten Partner haben – und das ist die positive Lehre vom Westhafen – dann entsteht wirklich ein Schadenhaftungsfall. Und die Privaten, die können das wirklich einklagen. Das haben die in anderen Städten auch schon getan. Und das führt zu einer politischen Beruhigung des Projekts".*

Für die Privaten ergeben sich hauptsächlich zwei große Vorteile aus dem privatöffentlichen Engagement. Zum einen kann es aus der Summe der oben genannten Vorteile zu einer Beschleunigung der Projektentwicklung kommen, die wiederum eine Kostenreduzierung und Gewinnsteigerung nach sich zieht:

*„wir machen eine PPP-Gesellschaft, weil sie damit natürlich über die privatrechtliche Form vielmehr Einfluss auf den Hoheitsträger haben. Informationen vermitteln konnte man, man saß zusammen, man hat zusammen den Bebauungsplan entwickelt, man hat die Kostenstrukturen zusammen durchgerechnet. Und das ist natürlich für die private Seite eine enorme Risikominderung. Das ist noch kein Gewinn, der direkt*

*sich umsetzen lässt. Aber jede Risikominderung führt natürlich dazu, dass sie den Gewinn vergrößern könne".*

Ein weiterer positiver Effekt kann sich als Zeitvorteil durch eine zügige, unbürokratische Durchführung von B-Plan oder Genehmigungsverfahren einstellen, die sich durch die Abstimmungsnähe und enge Zusammenarbeit aller Beteiligten ergeben können.

Ebenso wie die städtische Seite höhere Einflussmöglichkeiten auf die private Seite gewonnen habe, gelte dies natürlich analog für die andere Seite. Bedingt durch die enge Zusammenarbeit bieten sich vielfältigste Möglichkeiten an, die eigenen Interessen besser und leichter durchzusetzen, als dies bei einem nicht-privat-öffentlichem Projekt der Fall sei. Dies ist eine besonders interessante Feststellung. Erfolgt die Durchsetzung eigener Interessen in der Regel durch das Ausspielen von der dem jeweiligen Akteur zur Verfügung stehenden Ressourcen (Machtverfügungsrahmen), so entwickelt sich im Rahmen einer PPP offenbar ein viel subtileres Instrument der Interessensdurchsetzung: das Vertrauen des anderen Partners. Insofern stellt sich hier die Frage, inwieweit im Rahmen von PPP die Gefahr besteht, dass auf Basis einer (freundschaftlichen) Vertrauensebene, die durch die enge Zusammenarbeit der Akteure entstehen kann, die üblichen Kontrollmechanismen außer Kraft gesetzt werden und es letztlich doch zu unerwünschten Entwicklungen kommt.

Der Erfolg einer PPP wurde allerdings von den Interviewpartnern auch an verschiedene Bedingungen geknüpft. Besonders hervorgehoben wurde dabei die Personenabhängigkeit. Entscheidend sei die Einbindung der richtigen, engagierten Persönlichkeiten, die solch einen Prozess initiieren, begleiten und am Leben erhalten. Mit den richtigen Personen stehe und falle der Erfolg einer PPP:

*"In der Frage, ob es zu solchen Kooperationen kommt, zu PPP-Konzepten kommt, [sind] Personen [wichtiger als Strukturen]. Eindeutig. Es sind immer Personen, die so etwas machen. Die Unternehmensführung, die Unternehmen leiten. Aufsichtsrat und Geschäftsführung oder Vorstände, die ein Unternehmen leiten. Für solche Konzepte".*

Eng damit verknüpft ist die Feststellung, dass PPP für die städtische Seite nur dann Sinn mache, wenn Sie sich als Projektentwickler und nicht ausschließlich als Hoheitsträger betrachte, denn nur dann könne sie den neu gewonnen privatrechtlichen Einfluss auch voll ausschöpfen:

*"Der Apparat ist sozusagen auf das Ausführen der hoheitlichen Instrumente getrimmt, erzogen. Den werden sie in einer Generation auch nicht umerziehen. [...] Und dieses Bewusstsein, diese Verkörperung, führt dazu, dass die Apparate, also sozusagen der Ausdruck des gemeinsamen Schaffens der Einzelpersönlichkeiten – das ist ja ein Apparat, ein Apparat ist nichts autonomes, sondern Ausdruck des Schaffens vieler Einzelpersönlichkeiten – und dass die Apparate in diesem Sinne gemeint und nicht im anonymen Sinne gemeint, immer eher hoheitlich funktionieren. Und ganz wenige da drin sind, die sagen, 'Moment mal'! Neben meiner hoheitlichen kann ich ganz anderes Potential an Entscheidungskompetenz und Steuerungskompetenz mir erschließen, wenn ich eben privatrechtlichen Einfluss darüber hinaus gewinne. Die reinen Hoheitstechniker haben immer Angst, sie würden hoheitliche Kompetenzen einbüßen in der Partnerschaft, was gelinde gesagt aus der Praxis und*

*aus der Rechtslage heraus totaler Käse ist. Das ist dann eher nur Unsicherheit, denn praktisches Einbüßen. Denn mich kann keiner zu etwas zwingen, was ich nicht will. Als Hoheit. Das ist ja gerade der Sinn von Hoheit". „Eine Stadt kann natürlich solche Flächen entwickeln in rein hoheitlicher Form. Das Instrumentarium ist ausreichend. Aber, wenn die Verantwortlichen der Stadt sich nur als Hoheitsträger [betrachten...]. Sie können mit dem Baurecht alles machen. Der höchste Preis ist aber, dass nicht gebaut wird. Deswegen ist es im Prinzip ausreichend. Wenn sie sich aber als Projektentwickler empfinden und nicht als Hoheitsträger nur, sozusagen Spaß daran haben Projekte zu initiieren und zu begleiten und in der Durchführung mit zu kontrollieren – das ist eine ganz andere Tätigkeit – da tut sich ein Planungsamt zum Beispiel schwer. Denn ein Planungsamt ist getrimmt auf Hoheit. Bauaufsicht ist getrimmt auf Hoheit. Tut sich schwer damit. Aber wenn in der Stadt Personen sind oder Strukturen vorhanden sind, dann gewinnen sie mit PPP einen extrem hohen Einfluss auf das ganze Projekt".*

Vereinzelt wurde die Meinung vertreten, dass die Stadt allerdings die eigentliche Stärke einer PPP nicht ausgenutzt habe, nämlich die neu gewonnene Einflussnahmemöglichkeiten durch einen starken Dezernenten, der jedoch mit einem Dezernentenwechsel im Planungsamt im Jahre 2000 nicht mehr vorhanden war, wobei gleichzeitig von anderer Seite festgestellt wurde, dass das Projekt auch nach dem Dezernentenwechsel Chefsache geblieben sei.

### *Informationspolitik und Einbindung der Öffentlichkeit in das Projekt*

Im Gegensatz zu den Projekten Galluspark und Deutschherrnviertel, wurde beim Westhafen von einer intensiven, vielfältigen und von verschiedenen Seiten ausgehenden Informationspolitik berichtet. Als Mittel des Informationstransportes wurden unterschiedlichste Produkte verwendet. Bereits sehr frühzeitig wurden zweiseitig bedruckte Informationsflyer als Postwurfsendung verteilt, die über den Fortgang des Projektes die Bevölkerung im Stadtteil unterrichteten. Während teilweise berichtet wurde, dass dies hauptsächlich aufgrund des Drucks, der aus verschiedenen Richtungen gegen das Projekt aufgebaut wurde, erfolgte, scheinen die Äußerungen anderer Akteure wahrscheinlicher. Da einzelne Akteure des Westhafenprojektes in Teilen bereits mit dem Projekt Galluspark befasst waren, konnte auf die Erfahrungen mit OBR und Stadtteilbevölkerung, die dort gesammelt werden konnten, zurückgegriffen werden: *„Da waren auch welche dabei, die auch schon für den Galluspark Öffentlichkeitsarbeit gemacht haben. Aus diesen Erfahrungen heraus [wurden] von Anfang an Informationsflyer verteilt. Gerade um diesen gefilterten und tendenziösen Darstellungen in der Presse entgegentreten zu können"*. Gleiches gilt für die Information und Einbindung des Ortsbeirates in das Projekt, der aufgrund der Erfahrungen, die mit dem Gallusparkprojekt gesammelt wurden, frühzeitig als Informationsplattform genutzt wurde. So schlugen sich also die Erfahrungen aus früheren Projekten beim Westhafenprojekt dahingehend nieder, dass Vertreter der WPG regelmäßig den OBR besucht und informiert haben.

Der Wirkungsweise dieser Plattform seien jedoch Grenzen gesetzt. So stellte ein Akteur fest: *„Die Ortsbeiratssitzungen sind ja immer öffentlich und da gibt es immer auch 'ne Informationsviertelstunde auch zum Westhafen. Aber das ist vergleichsweise nicht dasselbe. Wer geht denn schon hin zu politischen Veranstaltungen?"*. Angespielt wird hierbei auf die Bevölkerungsstruktur des Gutleuts. Die Bevölkerungsgruppen, die potentiell am stärksten von den Folgen des Projektes Westhafen betroffen sein werden, seien gleichzeitig auch diejenigen, die nicht an den Sitzungen des Ortsbeirates teilnehmen würden, da sie sich nicht von politischen Veranstaltungen angesprochen fühlten. An dieser Stelle tritt die evangelische Kirchengemeinde auf den Plan, die ihre Rolle darin sieht, diese Lücke auszufüllen und über die Verbindung von Kultur und Sozialem die Stadtteilbevölkerung zu informieren. Als Beispiel wurde eine von der evangelischen Kirchengemeinde organisierte Fotoausstellung angeführt, die „wiederum ein Beitrag [ist] um das Viertel auf den neuesten Stand der Informationen zu bringen".

Ein weiteres Mittel zur Erhöhung der Akzeptanz des Projekts im Viertel, waren Feste, die zu bestimmten Anlässen von der WPG veranstaltet wurden. Als Beispiel wurde der Guss der Betonplatte des Hochhauses genannt, die in einem Stück durchgängig gegossen werden musste, wodurch also auch nachts eine erhebliche Lärmbelästigung hervorgerufen wurde. Um auf diese nächtliche Lärmbelästigung zu reagieren wurde der Plattenguss in einen Event für die Stadtteilbewohner uminterpretiert, bei dem sie sich bei kostenlosem Essen und Getränken über das Projekt außerhalb eines offiziellen Rahmens, wie bspw. bei einer Ortsbeiratssitzung, informieren und Fragen stellen konnten. Ein Akteur beschrieb die Situation:

> „Es gibt da ein paar Beispiele, wie man versucht hat, auf eine faire Nachbarschaft zu setzen. Als diese Bodenplatte von dem Tower gegossen wurde, da wusste man, das geht über ein, zwei Nächte. [...] Und da haben wir auch überlegt, wie kriegen wir den Ärger aus den Leuten heraus. Was machen wir denn da. Ladet die Leute ein in der Nachbarschaft, wir feiern ein Fest. Es gibt Äppelwoi, es gibt was zu essen. Guckt mal zu, wie das läuft".

Ein weiteres Beispiel dafür, dass von Seiten der WPG versucht wurde, möglichst frühzeitig das Entstehen von Konfliktherden zu vermeiden, war die Verteilung von Autowaschanlagengutscheinen im Wert von 10.000 DM während der Abbrucharbeiten. Auf potentielle Belästigungen der Bevölkerung sei also möglichst frühzeitig reagiert worden. Es kann also festgehalten werden, dass auf unterschiedlichste Arten und Weisen Konfliktvermeidungsstrategien zur Verhinderung von Eskalationen ersonnen und umgesetzt worden sind.

Ein weiterer Beitrag zur Versachlichung der Diskussion und der Beruhigung des Viertels wurde mit der offiziellen Einweihung der Infobox im April 2002 (vgl. Abb. 57) erreicht, die von diesem Zeitpunkt an als zentraler Punkt für einen kontinuierlichen Informationsfluss an Interessierte zur Verfügung stand. Wenn auch insgesamt die Infobox von den Akteuren als sehr positiv eingeschätzt wurde, so wurden auch Stimmen laut, die feststellten, dass sie viel zu spät eingerichtet worden sei. Die Schaffung der Infobox als Informationszentrum ist als positives Signal zu werten, die betroffene Bevölkerung kontinuierlich und umfassend über die Projektentwicklungen zu informieren, wodurch dem Akteur „Bürger" ein neuer Stellenwert im Planungsprozess zugewiesen wird (zumindest was die Information, nicht die Integration in den Planungsprozess selbst betrifft).

Insgesamt wurden die Maßnahmen, die die WPG ergriffen hatte, als aktives Konfliktmanagement bezeichnet, das zu einer Beruhigung des Projektes und zur Versachlichung der Debatten führte und letztlich die Akzeptanz für das Projekt in der Bevölkerung steigerte.

Die in den vorangegangenen Kapiteln vorgestellten Bürgerinitiativen WOBIG und Westhafen-Initiative wurden in den Befragungen übereinstimmend beurteilt und eingeschätzt. Zunächst wurde festgestellt, dass es sich im Wesentlichen um die gleiche Initiative handelte, die im Gutleut agiere, und dass der programmatische Kopf beider Initiativen ebenfalls identisch sei. Teilweise wurde als Grund für die Gründung der Initiative die Schaffung eines Rahmens für eine Diplomarbeit im Studiengang Architektur vermutet. Mehrfach wurde auch darauf hingewiesen, dass es eine Verwerfungslinie zwischen den Interessen der Initiative und denen der Bevölkerung gegeben habe. So seien die Initiativen sehr stark studentisch geprägt gewesen und kaum Kontaktstellen zur ortsansässigen Bevölkerung vorhanden. Sie habe es allerdings verstanden, die Presse für sich zu instrumentalisieren und so eine große Resonanz zu erfahren. Diese Resonanz sei innerhalb der betroffenen lokalen Bevölkerung nicht erreicht worden. Darüber hinaus wurde darauf hingewiesen, dass die Initiative von Projektentwicklung keine Ahnung hatte:

> *„Wir hatten eine riesen Bürgerinitiative [...] von Studenten aus Darmstadt, die einen Gegenentwurf gemacht haben. [...] Die hatten überhaupt keine Ahnung im wirtschaftlichen Sinne. Die haben nicht verstanden, wie teuer das Ganze ist, das Grundstück herzurichten. Warum das so teuer sein muss. [...] Das ist völlig falsch eingeschätzt worden von diesen Jungs. Aber die waren sehr hartnäckig, sehr aktiv, haben eine riesige Resonanz in der Presse bekommen, was in meinen Augen völlig lächerlich war. Die haben dann immer zu Versammlungen und Protesten aufgerufen. [...] Außer mir war da nur Presse da. Es gibt überhaupt keinen Bürger, der sich dafür interessiert, wirklich. [...] Es war also eine kleine Interessengemeinschaft da, die sehr gut und sehr aggressiv agiert hat. [...] Da ist es uns dann in vielen Schlachten im OBR, das ist ein gutes Medium dafür, gelungen, da Paroli zu bieten und das Vertrauen der echten Basis im Viertel zu erhalten".*

Ein anderer Akteur wiederum betonte, dass die BI eine extrem ideologische Herangehensweise verfolgt habe, die an der Zielgruppe vorbei gegangen sei und die BI sich selbst dadurch ins Aus manövriert habe. Die beiden BIs sind auf jeden Fall ein gutes Beispiel dafür, wie Medien im Rahmen großer stadtentwicklungspolitischer Projekte instrumentalisiert werden können. Dies ist ein weiterer Hinweis darauf, dass auch die Medien als ernstzunehmende Akteure in Planungsprozessen wahrgenommen und einbezogen werden müssen. Deren Macht ist zwar nicht finanzieller Natur. Aber allein die Fähigkeit Einfluss auf die Meinungsbildungsprozesse in der Bevölkerung zu nehmen ist ein nicht zu unterschätzender Faktor, der massive Auswirkungen nach sich ziehen kann (vgl. Projekt Deutschherrnviertel).

### *Das Consilium zur Entwicklung des Stadtraumes Main*

Das Projekt Westhafen war auf der Zeitachse etwas später angesiedelt als das Deutschherrnviertel. Daher ist auch das Consilium bei den Akteuren nicht mehr allzu präsent gewesen bzw. sie waren nicht mehr direkt in den Prozess involviert:

> *„Da habe ich keinerlei Beziehungen dazu, keinerlei Informationen. [...] Ein einziges Mal gab es eine Nachsitzung, da hat mich der Wentz dazu eingeladen. Ich glaube, dass es historisch der planungspolitische Anfang des Projektes war. Aber da sind wir zu spät eingestiegen. Die Verdienste oder Nicht-Verdienste des Consiliums beurteilen zu können, da habe ich keine Informationen dazu".* Ein anderer Akteur gab

*folgende Einschätzung ab: „ich bin überzeugt, dass von den Akteuren hier im Planungsausschuss, wenn sie mal Fragen würden, wer den in den letzten 5, 6 Jahren in der Hand gehabt hat, werden sie außer dem Herrn X und mich niemanden finden. [...] Sagen wir mal die Dinge wurden damals auf ein Gleis gesetzt. Die B-Pläne. Das alles wurde so gemacht. Und dann kann man ja im Grunde genommen also davon nicht mehr runter".*

Das Entscheidende sei also gewesen, dass sich die Ziele und das Leitbild „Wohnen und Arbeiten am Main" in den Köpfen der Verantwortlichen festgesetzt haben, ohne dass ihnen das übergeordnete Gesamtkonzept präsent gewesen sei. Insofern trifft hier teilweise analog die Darlegung aus Kap. 5.3.4 zum Consilium zu. Es bleibt jedoch festzuhalten, dass diese Strukturen in Form eines Leitbildes insbesondere deshalb so erfolgreich waren, weil sie von einer breiten Masse getragen worden sind. Dies bedeutet im Umkehrschluss, dass von wenigen Akteuren getragene Strukturen/Regeln (Beschlüsse, Leitbilder, B-Pläne, Gesetze etc.) eher dazu verleiten, diese auch zu brechen bzw. zu versuchen die eigenen dagegen stehenden Interessen durchzusetzen. Je höher der allgemeine Konsens ist, desto unwahrscheinlicher wird wohl der Versuch ausfallen, diesen Konsens zu brechen und zu den eigenen Gunsten umzulenken.

*Netzwerke*

Mehrfach kam bei einzelnen Interviewten zum Ausdruck, dass es sich bei verschiedenen Beteiligten am Projekt Westhafen um „Alte Bekannte" handele, die bereits früher gut miteinander zusammengearbeitet hätten: *„ Und dann haben wir das neue Konsortium gestrickt. [...] Also eigentlich mit den Partnern, mit denen wir gut im Galluspark zusammengearbeitet haben".* Dies unterstreicht noch einmal die weiter oben geschilderte Tatsache, dass weniger Strukturen als Personen für solche ein Projekt von Bedeutung seien.

*Weitere einzelne Themen zum Projekt Westhafen*

Ein Problemfeld, das bereits in Kap. 5.3.4 dargestellt wurde, betrifft die Anzahl der Wettbewerbe, die im Rahmen einer Projektentwicklung durch die zunehmende Beteiligung der Kommune, drastisch zurückgegangen sei. An dieser Stelle sei auf die Ausführungen in Kap. 5.3.4 verwiesen.

Ein weiteres Problemfeld, das von einem Interviewten aufgemacht wurde, ist die Frage, inwieweit ehrenamtlich tätige Stadtverordnete die Rolle als Aufsichtsratsmitglieder in städtischen Beteiligungen voll erfüllen können. Dabei wurde auf zweierlei hingewiesen. Einerseits seien Stadtverordnete eben nur neben dem Beruf Stadtverordnete und ihnen sei daher automatisch ein zeitliches Limit gesetzt, das sie für ihr Ehrenamt aufbringen könnten. Andererseits würden die Anzahl und Komplexität der Aufsichtsrats- und Gremientätigkeiten stetig zunehmen. Hier tut sich ein Spannungsverhältnis auf: denn im Aufsichtsrat treffen Vertreter privatwirtschaftlich organisierter Unternehmen mit entsprechenden Fachabteilungen und Fachwissen im Hintergrund auf ehrenamtlich tätige Stadtverordnete, die „nach bestem Wissen und Gewissen" agierten:

*„Und das führt natürlich manchmal schon zu so einer Frage, inwieweit diese ehrenamtliche Stadtverordnetentätigkeit mit solchen Aufgaben eine Schimäre ist, die De-*

*mokratie theoretisch begründbar ist, sie aber mit den faktischen Aufgaben die [man als Stadtverordneter hat] relativ wenig zu tun hat. Wer das am Besten machen kann sind entweder Privatiers, Rentner, Leute im öffentlichen Dienst, sofern sie an einer Stelle sind, wo das geht. Aber irgendwie Leute, Selbstständige, Privatwirtschaftler, das ist total schwierig".*

So stellt sich letztlich die Frage, ob sich in Städten in der Größenordnung Frankfurts das Ehrenamt als Form der parlamentarischen Aufsicht in Aufsichtsräten noch sinnvoll ist und die damit verbunden Aufgaben und Verantwortung erfüllbar sind. Die abschließende Einschätzung lautet, dass ehrenamtliche Stadtverordnete in der Regel weder zeitlich, noch finanziell, noch von der Qualifikation her in der Lage seien, den zunehmenden Steuerungs- und Kontrollfunktionen in städtischen oder PPP-Gesellschaften gerecht zu werden. Allerdings wurde auch keine Alternative zum Ehrenamt vorgeschlagen:

*„Und wenn man so strukturell über Konsequenzen nachdenkt, dann ist das Ganze, diese Veränderungen im Bereich der Kommunen, da müsste es einen Prozess geben auch auf einer demokratischen Ebene, der sich überlegt, was für Konsequenzen muss das daraus haben. Und das geht bisher nicht darüber hinaus, dass man mal ein Handbuch für Aufsichtsräte kriegt oder dass es eine Diskussion gibt darüber, wie viel darf man denn als Stadtverordneter als Aufwandsentschädigung kriegen und so was. Aber im Grunde genommen stellt sich die Frage, inwieweit in einer Stadt in der Größe Frankfurts nicht die Ehrenamtlichkeit der parlamentarischen Tätigkeit, also inwieweit sie sinnvoll ist. Ob das dann andersrum geht, weiß ich jetzt nicht. Oder ob man dann daraus die ganze Vielzahl von Ausgründungen in Frage stellen muss. Es gab ja gute Gründe, weshalb es in diese Richtung gegangen ist. Weil man solche Projekte innerhalb der Ämterstruktur nicht steuern kann. Das Ganze ist aber, das ist für mich, da habe ich im Moment mehr Fragen als Antworten darauf".*

Eng damit verbunden ist auch die Feststellung, inwieweit politisch-demokratische Kontrollgremien, wie die Stadtverordnetenversammlung oder der Planungsausschuss, bei einem solchen PPP-Konstrukt vom demokratischen Prozess ausgeschaltet werden:

*„diese Geschichten laufen dann im Grunde genommen erst einmal innerhalb dieses Aufsichtsrates dann auch drin. Also es läuft auf einer anderen Ebene. Es ist schon eine Verlagerung. Ein Konflikt, der ansonsten in der Regel öffentlicher und auch im Planungsausschuss läuft, läuft da innerhalb des Aufsichtsrates. Das ist natürlich auch ein Problem. [...] Im Grunde genommen war der Planungsausschuss dabei außen vor. Wenn es irgendwo die parlamentarische Kontrolle gab, dann lag die im Ortsbeirat. Und sie war über den Aufsichtsrat [vorhanden], wo ja die ganzen Fraktionen vertreten sind".*

Als eine der größten Herausforderungen wurde die Entmietung des Areals von mehreren Respondenten bezeichnet. Die mit den Mietern zusammenhängende Problematik wurde bereits in Kap. 5.4.1 dargelegt. Verschärft wurde diese Situation aber zusätzlich durch einen zeitlichen Druck, der von Seiten des damaligen Planungsdezernenten aufgebaut wurde: „Und die Hauptprobleme waren zum Beispiel, dass [...die Fa. A] eine Laufzeit hatte im Erbbaurecht bis 2050. Wenn wir uns mit dem nicht ge-

*einigt hätten [...] wäre es sehr schwierig gewesen hier überhaupt zu bauen. Draußen [auf der Mole] war [die Fa. B]. Alle haben am Anfang unheimlich auf Abfindung gezockt. [...] Da habe ich dann die Entscheidung herbeigeführt, [...] dass wir uns Zeit lassen. Weil am Anfang hat der Dr. Wentz ein sehr hohes Zeitdruckelement darauf gebracht gehabt, weil er schnell Früchte sehen wollte. Das machte aber keinen Sinn, das wird nichts, wenn die spüren, dass wir unter Druck sind, kriegen wir die Verhältnisse nicht gelöst. Wir nehmen die Luft heraus, warten ab, machen ganz langsam voran, Schritt für Schritt. Dann haben wir auch beschlossen, dass wir auch teilweise das Auslaufen der Verträge abwarten. Bis 2003 haben wir abgewartet, dass die [Fa. C] geht. Der hat auch sehr viel Geld verlangt".*

## 5.5 Kritische Momente

In den Grundlagenkapiteln 2–4 wurden die Ausgangsvoraussetzungen und Strukturen der untersuchten Projekte ausführlich dargestellt. Diese können kurz zusammengefasst an dieser Stelle noch einmal genannt werden.

Die römischen Ziffern I–XV in diesem Kapitel beziehen sich auf die im folgenden Kapitel 6 dargelegten Handlungsempfehlungen. Sie werden bereits in diesem Kapitel gekennzeichnet, um transparent zu machen, welche Schlüsse aus den unten dargestellten kritischen Momenten gezogen und welche Handlungsempfehlungen vom Verfasser daraus abgeleitet werden.

- Knappheit der Ressource Boden und voranschreitende Suburbanisierungs-tendenzen (v.a. der besser gestellten Einkommensschichten) in Frankfurt am Main (durch die geringe Gemarkungsfläche) (→XI),
- kontinuierlich steigende Wohnungsnachfrage und ein daraus resultierender Wohnraummangel in Frankfurt am Main Ende der 1980er Jahre durch Nachfrage insbesondere der über 25-jährigen Personen, die einen eigenen Haushalt gründen wollten. Dadurch nahm das Missverhältnis zwischen Haushaltsanzahl und Wohnungsanzahl auf rechnerisch 50.000 fehlende Wohnungen zu (→XV),
- kontinuierliche Zunahme der Verfügbarkeit von Brachflächen durch unterschiedlichste Entwicklungen (v.a. Internationalisierung und Globalisierung und deren Folgen) (→II, VIII, XV),
- Vernachlässigung des Wohnungsbaus bis Ende der 1980er Jahre zugunsten der Förderung von Gewerbe und Kultur. Wechsel dieser Ausrichtung mit dem politischen Machtwechsel im Frankfurter Römer zu einer SPD/Die Grünen Koalition im Jahre 1989,
- Wandel der normativen Grundsätze der Raumordnung und raumordnerischen/städtebaulichen Leitbilder hin zur Nachhaltigen Entwicklung und zur Ressourcen schonenden innerstädtischen Entwicklung, die zu einem Bedeutungszuwachs von Brachflächen als städtebauliche Ressource führte (→XI, XII) und

- die Entwicklung des Leitbildes Wohnen und Arbeiten am Main zu Beginn der 1990er Jahre in Frankfurt am Main als neue Leitlinie der Stadtentwicklung Ende des 20. Jahrhunderts (→XI, XII).

Mit diesen Ausgangsvoraussetzungen waren die Rahmenbedingungen für die Stadtentwicklung der 1990er Jahre in Frankfurt am Main gelegt, welche im neuen planungspolitischen Schwerpunkt „Wohnungsneubau" als Wahlversprechen der SPD Frankfurt gipfelte. Dieses Wahlversprechen im Kommunalwahlkampf von 1989 in Frankfurt am Main trug maßgeblich zum politischen Machtwechsel im Römer zu einer SPD/DIE GRÜNEN-Koalition bei, so dass sich die Koalition – und vor allem der von der SPD gestellte Planungsdezernent WENTZ – nach dem Wahlsieg sofort unter enormem Druck wieder fand, dieses auch schnellstmöglich einzulösen. Dazu wurden zahlreiche Projekte initiiert, zu denen auch die drei in dieser Arbeit untersuchten Projekte gezählt werden können.

In den folgenden Kapiteln 5.5.1–5.5.3 werden zusammenfassend die kritischen Momente – verstanden als Konflikt-, Problem- oder Gefahrensituationen sowie Push-Faktoren (Konfliktvermeidungsstrategien, Eskalationsverhinderung) – als Ergebnis der Untersuchung der drei Flächenrecyclingprojekte dargelegt.

### 5.5.1 Kritische Momente des Projektes Galluspark

Das erste größere Projekt, das nach der Kommunalwahl im Jahre 1989 realisiert werden sollte, ist auf die privatwirtschaftliche Initiative der Projektentwickler Roland Ernst und Holzmann zurückzuführen. Als die „kritischen Momente" des Projektes Galluspark können im Wesentlichen drei Punkte genannt werden, die im Anschluss weiter ausgeführt werden:
- Strukturwandel im Gallus als auslösendes Moment für Ängste in der Bevölkerung durch drohenden Arbeitsplatzverlust und Invasion neuer (finanzkräftiger) Bevölkerungsgruppen und Nutzungen,
- die planungsrechtliche Genehmigung nach §34 BauGB und
- die mangelnde Bürgerbeteiligung und mangelnder/zu später Informationsfluss zwischen Stadt/Investoren und Bürgern.

*Strukturwandel im Gallus*

Die Bürger und Vertreter sozialer Gruppen im Gallusviertel waren mit Bekanntwerden der Umnutzungspläne der Adlerwerke stark negativ gegen das Projekt eingenommen. Dies ist allerdings zunächst nicht auf das angekündigte Projekt selbst zurückzuführen, sondern liegt hauptsächlich in dem durch den strukturellen Wandel ausgelösten drohenden Arbeitsplatzverlust durch die angekündigte Schließung der Adlerwerke begründet. Verschärfend kam hinzu, dass die Entscheidung des Endeigentümers, die Produktion einzustellen, in der öffentlichen Meinung – forciert durch eine dahingehende Presseberichterstattung – als reiner Spekulationsakt betrachtet wurde, mit dem Ziel eine möglichst hohe Rendite aus dem Verkauf des Areals abzuschöpfen. Die Proteste gipfelten in einem Trauermarsch der Belegschaft und Gallusbevölkerung durch den Stadtteil, bei dem – unterstützt vom damaligen Oberbürgermeister VON SCHÖLER – die Arbeitsplätze symbolisch zu Grabe getragen wurden. Die Ängste der Stadtteilbevölkerung wurden durch die Tatsache verstärkt, dass in zunehmendem Maße neue Nutzungen und Bevölkerungsgruppen in den Stadtteil eindrangen und die sozial schwächer gestellten Bewohner bzw. unrentableren Nutzungen zu verdrängen drohten. Abschließend kann also festgehalten werden, dass weniger das Projekt als solches, als vielmehr die gesellschaftspolitischen Veränderungen die Basis für Proteste gegen das Projekt bildeten, dies von den Betroffenen aber wenig differenziert thematisiert wurde. Folglich hatte das eigentliche Projekt Galluspark keinerlei Bedeutung für die Debatte, in der es zu einer Vermischung global ablaufender Prozesse und deren lokalen Konsequenzen kam (→XIII).

*Planungsrechtliche Genehmigung nach §34 BauGB/Objektblattverfahren*

Die im Rahmen des Projektes Galluspark aufgetretenen Konfliktschwerpunkte sind mit der planungsrechtlichen Genehmigung nach §34 BauGB und dem sog. Frankfurter Objektblattverfahren verbunden. Vom Augenblick der Ankündigung der Anwendung des Verfahrens erfolgten massive Proteste aus der Opposition. Proteste blieben allerdings nicht nur auf die politische Opposition begrenzt, sondern auch die an den Projekten beteiligten Investoren und Entwickler selbst sehen das Verfahren als kritisch an, da die damit verbundene Rechtsunsicherheit durch die geringe Detailsregelungsdichte zu höheren Kosten, Verzögerungen, faulen Kompromissen und Scheitern ganzer Projekte führen kann. Von Seiten der Opposition und der Investoren/Entwickler wird ein klassischer B-Plan in jedem Fall bevorzugt. Diese Haltung hat sich auch dahingehend niedergeschlagen, dass der mittlerweile von der CDU gestellte Planungsdezernent SCHWARZ das Objektblattverfahren nicht mehr anwenden lässt und das konventionelle B-Plan-Verfahren vorzieht.

Einzig der damalige Planungsdezernent betrachtet die damalige Vorgehensweise auch heute noch als sinnvolles Verfahren, obwohl eingeräumt wurde, dass es sich um einen pragmatischen Entschluss handelte, der zur Anwendung des Verfahrens führte: nämlich schnellstmöglich das Wahlversprechen Wohnungsbau erfüllen zu können. Bedingung seien allerdings kooperative Partner als Grundlage für das Verfahren und ein starker Planungsdezernent, der in der Lage ist, nachträglich die Entwicklungen zu steuern und im Bedarfsfall lenkend einzugreifen (→XIV).

Einschränkend muss hinzugefügt werden, dass sich die größtenteils negativen Beurteilungen des Objektblattverfahrens auf Projekte in der Größenordnung der in dieser Arbeit betrachteten Projekte bezieht. Das Objektblattverfahren und Genehmigungen nach §34 BauGB an sich – als Mittel, um schnell Baurecht für einzelne kleinere Baulücken in Bereichen, für die kein B-Plan existiert, schaffen zu können – werden nach wie vor von allen Akteuren als gutes, sinnvolles und richtiges Verfahren bezeichnet.

Darüber hinaus versprach sich der Investor des realisierten BA1 durch den Bau von Sozialwohnungen als Zugeständnis an die Stadt einen Kuhhandel zu erreichen, um doch noch das millionenschwere Campanile-Projekt durchzusetzen.

*Die mangelnde Bürgerbeteiligung und geringer/zu später Informationsfluss zwischen Stadt/Investoren und Bürger*

Das Objektblattverfahren führt dazu, dass die gesamte planungsrechtliche Genehmigung ohne Bürgerbeteiligung erfolgen kann. Insgesamt sind auch die Kontrollmöglichkeiten der demokratisch gewählten Gremien, wie Stadtverordnetenversammlung und Ortsbeirat im Vergleich zum konventionellen B-Plan-Verfahren, beim Objektblattverfahren sehr gering. Einflussnahme kann nur erfolgen, wenn die Planungsprozesse in der Stadt aufmerksam verfolgt werden und im Bedarfsfall von den verantwortlichen Stadtverordneten bzw. Ortsvorstehern eingegriffen wird.

Zur mangelnden Bürgerbeteiligung kommt es schlichtweg dadurch, dass im Rahmen der Genehmigung nach dem sog. Baulückenparagraphen (§34 BauGB) kein formales, verfasstes Bürgerbeteiligungsverfahren vorgesehen ist. Zwar wurde seitens der Verantwortlichen einstimmig berichtet, dass die Stadtteilbevölkerung über das Projekt und dessen Verlauf kontinuierlich informiert worden sei. Eine Beteiligung der Bevölkerung an den Planungen im eigentlichen Sinne ist aber nach den Ergebnissen dieser Untersuchung nicht erfolgt. Anfänglich verlief der Informationsfluss ausschließlich zwischen Stadt und Investor(en), der mit seiner Projektidee an die Stadt herantrat. Erst als das Nutzungskonzept abgeklärt war wurde kontinuierlich, mit verschiedensten Mitteln und Medien auch die Bevölkerung informiert. So kann festgehalten werden, dass es sich bei der Beteiligung und Information der Bürger lediglich um eine Schein-Beteiligung handelte, die auch als „Marketingstrategie" zur Erhöhung der Akzeptanz bei der durch andere Projekte (Campanile) sensibilisierten Bevölkerung bezeichnet und genutzt wurde (→IX).

### 5.5.2 Kritische Momente des Projektes Deutschherrnviertel

Beim Projekt Deutschherrnviertel kann – im Gegensatz zum Galluspark – die Initiative auf die Stadt – namentlich auf den damaligen Planungsdezernenten WENTZ – zurückgeführt werden. Die Situation gestaltete sich auch dahingehend ein wenig anders, als beim Schlachthofprojekt nicht etwa ein privater Betreiber aus wirtschaftlichen Gründen den Betrieb einstellen bzw. verlagern wollte, sondern die Idee zur Schließung, Verlagerung und Umnutzung von Seiten der Stadt als Betreiber und Subventionszahler formuliert wurde. Als die wesentlichen „kritischen Momente" des Projekts Deutschherrnviertel wurden folgende fünf Punkte identifiziert:
- der kommunalpolitische Dissens und seine Auswirkungen auf die Frankfurter Bürger,
- der kommunalpolitische Dissens und seine Auswirkungen auf die Investoren,
- das Consilium zur Entwicklung des Stadtraumes Main,
- der Bebauungsplan und
- die Struktur der Mainufer-Projektentwicklungsgesellschaft mbH MPG.

### Der kommunalpolitische Dissens und seine Auswirkungen auf die Bürger

Als besonders schwerwiegend für den zeitlichen Verlauf des Projektes hat sich die kommunale planungspolitische Debatte herausgestellt. Die über ein Jahrzehnt andauernden parteipolitischen Auseinandersetzungen über die Zukunft des Schlachthofgeländes führten zunächst zu Unstimmigkeiten, dann zu einer massiv ablehnenden Haltung innerhalb der Frankfurter Bevölkerung (Bürgerinitiative) bezüglich des Projektes Deutschherrnviertel, welche zusätzlich durch „Panikmache" von Seiten der ehemaligen Schlachthofnutzer und den Medien (Bürgerbegehren „Rettet den Frankfurter Schlacht- und Viehhof"; Motto: Frankfurt bekommt kein frisches Fleisch mehr) geschürt wurde. Der Widerstand der Frankfurter Bevölkerung ließ erst nach, als die ersten Erfolge im Neubaugebiet erkennbar wurden. Vor allem der Stilllegung des Deutschherrnufers – der parallel zum Main verlaufenden Hauptzubringerstraße von und nach Offenbach am Main – und der Umgestaltung des Tiefkais kommen hierbei Signalfunktionen zu. Die Verwirklichung der ersten Bauten brachte auch eine spürbare Wende in der Berichterstattung der Medien mit sich, sobald sich abzeichnete, dass das lange als Utopie und finanzielles Fiasko angesehene Projekt letztlich doch Realität werden wird (→VIII).

### Der kommunalpolitische Dissens und seine Auswirkungen auf die Investoren

Die langwierige und zähe kommunalpolitische Debatte blieb auch nicht folgenlos für die Investitionsbereitschaft der Investoren. Lange Zeit war überhaupt nicht absehbar, was mit dem Gelände des ehemaligen Schlachthofes geschehen solle bzw. welche Pläne letztlich Realität werden würden. Zu Zeitpunkten, an denen die Planungen für das Deutschherrnviertel weit vorangeschritten bzw. bereits gebaut wurde oder erste Gebäude fertig gestellt waren, kündigte die CDU zu den Kommunalwahlen 1992 und 1997 an, das Projekt bei einem Wahlsieg sofort zu stoppen. Damit brach der Immobilienmarkt für das Projekt zeitweilig komplett zusammen, wodurch die MPG aufgrund ihrer hohen Schuldenlast und den daraus resultierenden Zahlungsverpflichtungen, in finanzielle Schwierigkeiten geriet. Vor diesem Hintergrund war u.a. in der Frankfurter Neuen Presse zu lesen: „Die Investoren warten jetzt noch ein bisschen länger, in der Hoffnung, den einen oder anderen Nutzen aus den Streitereien ziehen zu können" (FRNP 27. Februar 1997). Dieser hier angesprochene Nutzen konnte in zweierlei Hinsicht realisiert werden: Zum Einen erhöhte sich der Spielraum bei den Grundstückspreisen, zum Anderen wurde auch der B-Plan und dessen Festsetzungen zusehends zum Gegenstand von Diskussionen, die letztlich zu zahlreichen Befreiungen führten (→I).

### Das Consilium zur Entwicklung des Stadtraumes Main

Besonders hervorzuheben ist an dieser Stelle das Consilium zur Entwicklung des Stadtraumes Main, denn bei genauerer Betrachtung stellt sich heraus, dass bei den Planungen ein ungewöhnlicher Weg gegangen worden ist. Während üblicherweise die Formulierung von Leitbildern und Zielvorstellungen vor einer Projektinitiierung erfolgen, wurde hier der umgekehrte Weg beschritten. So entwickelte sich also das Projekt Deutschherrnviertel nicht aus dem vom Consilium erarbeitetem übergeordneten Leitbild „Wohnen und Arbeiten am Main", mit dem heute zahlreiche Projekte verbunden sind, sondern vielmehr wurde das

Consilium als Konfliktbewältigungsstrategie ersonnen, um den fortwährenden Widerstand, der gegen das Projekt bestand zu reduzieren und schließlich zu brechen. Insofern ist dem damaligen Planungsdezernenten mit der Initiierung des Consiliums ein großer Wurf gelungen, der das Projekt in „ruhigere Gewässer" führte. Damit wurde letztlich Dreierlei erreicht. Zum Ersten konnte der Widerstand der Opposition gebrochen worden, vor allem deswegen, weil der Vorsitzende des Consiliums ein Experte war, der bereits von der vorherigen CDU-Regierung in Anspruch genommen wurde. Außerdem saßen Vertreter aller wichtigen Ämter und Parteien in der einen oder anderen Funktion im Consilium. Zweitens konnte mit dem Ergebnis des Consiliums – dem übergeordneten neuen Leitbild für Frankfurt am Main „Wohnen und Arbeiten am Fluss" – die Bevölkerung für das Projekt gewonnen werden. Drittens – und dies ist wohl die wichtigste Aussage – wurde mit dem Consilium die Richtung der Stadtentwicklung der 1990er Jahre festgelegt, die bis heute spürbar wahrgenommen werden kann und noch immer in den Köpfen der Verantwortlichen fest verankert ist (vgl hierzu auch Kap. 5.5.3) (→VII, X).

*Der Bebauungsplan im Focus der Akteure*

Insbesondere von Seiten der Investoren wurde bemängelt, dass die „wesentlichen" Akteure des Prozesses nicht bereits im Vorfeld an den Planungen beteiligt worden sind. Diese Kritik bezieht sich sowohl auf die Austragung der Wettbewerbe, als auch auf die Aufstellung des B-Planes selbst. Dadurch sei ein B-Plan entstanden, der der Realität nicht Stand halten könne (unrentabel, unpraktikabel). Im Kern der Kritik stand einerseits die hohe Anzahl an Festsetzungen, die – so die Meinung vieler Akteure – über das städtebaulich Notwendige hinaus, weit in den Bereich der Architektur und Gestaltung hinein reichten. Die hohe Regelungsdichte war einerseits einem Misstrauen gegenüber potentiellen Investoren geschuldet, andererseits waren mit dem derart gestalteten B-Plan der Wunsch und das Ziel verbunden, ein urbanes Stadtquartier entstehen zu lassen, das von Vielfalt und Ideenreichtum geprägt ist. Andererseits galt auch lange Zeit die von der Stadt Frankfurt angestrebte kleinteilige Eigentumsstruktur als Hemmnis, da die Investoren den hohen Koordinationsaufwand (hauptsächlich die große gemeinsame Tiefgaragen unter den einzelnen Baublöcken) scheuten. Diese Situation konnte nur durch die Genehmigung zahlreicher Befreiungen vom B-Plan gelöst werden (→IV).

Aber auch die Bürgerbeteiligung im Rahmen des B-Plan-Verfahrens stand im Fokus der Kritik. Zwar wurde festgestellt, dass die Bürgerbeteiligung nach den Maßgaben des BauGB durchgeführt worden ist. Es hat darüber hinaus neben der Presseberichterstattung aber keinerlei Informationsfluss zwischen Stadt/Investoren und (betroffenen) Bürgern gegeben (→IX).

*Die Struktur der Mainufer-Projektentwicklungsgesellschaft mbH*

Die enge Verbindung der MPG mit der Stadt Frankfurt wurde in Abb. 48 (S. 135) dargestellt. Konflikte, die in Zusammenhang mit der MPG stehen, sind in erster Linie auf den Verkauf des städtischen Geländes an die MPG und die daraus resultierende hohe Schuldenlast zurückzuführen. Besonders fragwürdig erscheint der Verkauf des Geländes insbesondere dann, wenn man sich vor Augen führt, dass sich der gezahlte Preis von 110 Mio. DM auf den Wert des entwickelten und von Altlasten befreiten Geländes bezieht, während die MPG das Gelände unentwickelt und altlastenverseucht übernommen hat und die Sanierungs- und Entwicklungskosten selbst erwirtschaften musste. Der Vertrag über den Verkauf des Geländes entstand zu einem Zeitpunkt, zu dem die Kosten für die Altlastensanierung noch nicht abschließend geklärt waren. Der Verkauf zu diesen Bedingungen war nur möglich, da es sich bei der MPG um eine städtische Gesellschaft handelte. Ein privater Investor oder Projektentwickler hätte das Gelände zu diesen Bedingungen kaum übernommen.

Die hohe Schuldenlast führte von dem Moment der Gründung der MPG an zu einem hohen finanziellen Erfolgsdruck, der aus mehreren Gründen nicht ohne weiteres erfüllbar war. Der finanzielle Druck konnte nur durch einen zügigen Verkauf der Parzellen gemindert werden. Dem standen jedoch die oben dargestellten Konflikte entgegen. Zusätzlich kam es verstärkt ab Mitte der 1990er Jahre zu einer Rezession auf dem Immobilienmarkt, so dass viele Investoren zunächst eine abwartende Haltung einnahmen. Diese Rahmenbedingungen wurden von den Investoren dazu genutzt, ihre Vorstellungen und Ziele durchzusetzen, wodurch auch zahlreiche Befreiungen vom B-Plan zu erklären sind. So wurden die MPG und ihre Informationskanäle in die städtische Verwaltung von den Investoren instrumentalisiert und zu deren Gunsten eingesetzt. Dies spiegelt sich auch deutlich in den Einschätzungen der Investoren bezüglich ihres Verhältnisses zur MPG und den städtischen Ämtern wieder. Während das Verhältnis zur MPG als sehr partnerschaftlich beschrieben wird, zeigt sich bei der Einschätzung des Verhältnisses zu den städtischen Ämtern ein breiter gefächertes Bild, dessen Bewertung von „partnerschaftlich" und „kooperativ" bis hin zu „von gegensätzlichen Interessen und Zielen geprägt" reicht. Somit kann abschließend festgehalten werden, dass die Entscheidung eine städtische Tochtergesellschaft MPG zu Gründen, den Anforderungen nicht angemessen war, da damit eine zu große Stadtnähe und Tagespolitikanfälligkeit verknüpft waren. Die oben geschilderte Unsicherheit bei den Investoren ist vor allem auf diese Tagespolitikanfälligkeit zurückzuführen (→I).

### 5.5.3 Kritische Momente des Projektes Westhafen

Als drittes und jüngstes Projekt wurde das Projekt Westhafen untersucht. Ebenso wie beim Deutschherrnviertel geht die Initiative zur Realisierung des Projektes auf die Stadt Frankfurt am Main als Grundstückseigentümerin zurück. Ähnlich dem Schlachthofbetrieb war auch der Erhalt des Westhafenbetriebs an dieser Stelle nicht mehr notwendig, da sich das Frachtvolumen in den Jahrzehnten zuvor kontinuierlich verringerte und die Hafennutzung im Westhafen kaum mehr eine Rolle spielte. Festzuhalten ist an dieser Stelle zunächst, dass die organisatorischen Strukturen des Projektes Westhafen als logische Konsequenz vorangegangener Projekte, zu denen sowohl Galluspark als auch Deutschherrnviertel zählen, betrachtet werden kann. Einerseits deshalb, weil sich die ehemaligen Akteure des Wohnungsbaus – etwa städtische, private oder genossenschaftliche Unternehmen – kontinuierlich aus dem Wohnungsbau zurückzogen und ihren Schwerpunkt auf Bestandserhalt, teilweise sogar Bestandsabbau, verlagerten. Andererseits, da die Kommunen mit der bisherigen Praxis der Ausgründung städtischer Tochtergesellschaften an ihre Grenzen stießen und die gewaltigen Aufgaben auf diesem Wege nicht mehr bewältigen konnten.

Als wesentliche kritische Momente konnten folgende Punkte identifiziert werden:
- Informationspolitik als aktive Konfliktvermeidungsstrategie,
- der Bebauungsplan,
- das Consilium zur Entwicklung des Stadtraumes Main und
- mit PPP verbundene Chancen und Probleme.

### *Intensive Informationspolitik als aktive Konfliktvermeidungsstrategie*

Kennzeichnend für das Projekt Westhafen ist eine intensive und umfassende Informationspolitik der Bevölkerung, die auf unterschiedlichsten Wegen und mit verschiedensten Medien erfolgt(e). Neben zahlreichen Printprodukten, die der Stadtteilbevölkerung per Postwurfsendung zugestellt wurde, erfolgte die Information mittels der vorgestellten Infobox und verschiedenen Aktionen, wie bspw. Grillfeste zu besonderen Bauphasen oder die Verteilung von Autowaschgutscheinen. Auch kontinuierliche Information des Ortsbeirats und Darstellung des Fortschritts des Projektes im Ortsbeirat gehörten zu den Maßnahmen. Diese wurden nicht zuletzt ergriffen, weil sich die Akteure der PPP gegen die negative Presseberichterstattung zur Wehr setzen wollten. Die Wirkungsweisen der Bürgerinitiativen müssen als sehr gering beurteilt werden, allerdings nicht, weil deren Anregungen nicht aufgegriffen worden sind, sondern vielmehr, da es sich um Initiativen handelte, die nicht im und mit dem Viertel verankert waren und darüber hinaus kaum Rückhalt in der Bevölkerung hatten, also deren Interessen nicht vertraten.

Auch wenn die Information der Bevölkerung an sich als sehr umfangreich und positiv bewertet werden kann, bleibt dennoch festzustellen, dass die Rolle der Bürger am Verfahren selbst als untergeordnet bezeichnet werden muss. Analog zum Deutschherrnviertel erstreckte sich die Bürgerbeteiligung auf das nach BauGB verfasste Verfahren. Eine weitergehende Einbindung der Bevölkerung und deren Interessen im Rahmen des Planungsverfahrens ist nicht erfolgt (→IX).

### *Der Bebauungsplan*

Wie beim Deutschherrnviertel wurde auch für das Areal des Westhafens ein B-Plan erstellt. Dieser unterscheidet sich im Vergleich zum Deutschherrnviertel insbesondere durch eine deutlich geringere Regelungsdichte. Auch dies kann als Antwort auf die Probleme, die sich aus dem Schlachthof-B-Plan ergaben, angesehen werden. Die Idee war, dass die geringere Regelungsdichte nachträglich durch einen (starken) Planungsdezernenten aufgefangen und nachgesteuert wird, so dass insgesamt ein leichteres Planungsverfahren erreicht, aber dennoch hohe städtebauliche und architektonische Qualität gewährleistet werden können, ohne sich den Problemen, die eine zu hohe Regelungsdichte mit sich bringt, auszusetzen. Als problematisch wurde von einigen Akteuren letztlich die Tatsache beurteilt, dass es an einem starken Planungsdezernenten mangelte, der hätte steuernd begleiten und eingreifen können.

### *Das Consilium zur Entwicklung des Stadtraumes Main*

Während das Consilium beim Deutschherrnviertel noch ein strategischer Schachzug war, um Widerstände zu brechen, Investoren für das Projekt zu gewinnen und politische Mehrheiten zu schaffen sowie zu sichern, waren die Ergebnisse des Consiliums bereits zu Beginn konsequent in die Planungen des Westhafens eingeflossen. Dies kann deutlich an den in Kapitel 5.4.1 dargelegten städtebaulichen Leitlinien für das Westhafenareal abgelesen werden. Somit stellt der Westhafen das erste Projekt dar, das im Rahmen des übergreifenden Leitbildes „Wohnen und Arbeiten am Main" angegangen und realisiert wurde und immer noch wird. Verdienst des Consiliums ist sicherlich, dass es im Gegensatz zum Projekt Deutschherrnviertel kaum Widerstände gegen das Westhafenprojekt innerhalb der politischen Fraktionen gegeben hat – vor allem deswegen, weil am Beispiel Deutschherrnviertel gezeigt werden konnte, dass die als Utopie verschrienen Planungen in die Realität umgesetzt wurden und welchen Gewinn diese Entwicklungen für die Stadt Frankfurt am Main darstellen. So betrachtet muss das Consilium als großer Erfolg bezeichnet werden, vor allem auch deswegen, weil die planerische Idee offensichtlich so klar und einprägsam war, dass die mit dem Westhafen befassten Akteure un(ter)bewusst die Consiliums-Leitbilder umsetzten ohne dass ihnen das Consilium selbst präsent im Gedächtnis war (→X).

*Chancen und Probleme von PPP*

Die Chancen, die mit der Gründung einer PPP verbunden sind, wurden aus theoretischer Perspektive zwar an anderer Stelle bereits thematisiert, sie werden aber dennoch hier noch einmal kurz zusammengefasst – jetzt als empirisch nachgewiesener Befund – wiedergegeben.

Die Initiierung einer PPP hat der Stadt Frankfurt am Main einen neuen privatrechtlichen Zugang und neue Möglichkeiten der Einflussnahme auf Projektentwicklungen eröffnet, da sie neben ihrem hoheitlichen Planungsrecht noch ein Mitspracherecht im Rahmen der PPP hinzugewonnen hat, wodurch sie steuernd auf die Entwicklung einzelner Projekte eingreifen kann (→I).

Durch die konsequente Beteiligung aller politischen Akteure in der PPP konnte eine politische Beruhigung des Projektes erreicht werden. Dadurch wurde wiederum die Gefahr minimiert, dass das Projekt in die Mühlen der Tagespolitik – mit ähnlich gravierenden Folgen, wie beim Deutschherrnviertel – gerät. Außerdem besteht durch die Partizipation der Stadt an der PPP Schadenshaftung, sollte sie das Projekt stoppen bzw. aus dem Projekt aussteigen. Dieser Tatbestand reduziert zusätzlich die Gefahr, dass die Uhren nach einem politischen Wechsel zurückgestellt werden und erhöht damit die Planungssicherheit der Investoren und Projektentwickler. Durch die Nähe und intensive Zusammenarbeit der verschiedenen Partner wiederum wurde erreicht, dass nach und nach eine Vertrauensbasis geschaffen werden konnte und das gegenseitige Verständnis für Probleme und Verhaltensmuster sich vergrößerte. Konsequenz davon kann bestenfalls eine Prozessbeschleunigung sein. Zuletzt sei noch der potentiell höhere finanzielle Gewinn für die Stadtkämmerei durch die Partizipation genannt, die sich durch Bodenwertsteigerungen ergeben (→I). Hervorzuheben ist an dieser Stelle außerdem noch das Beispiel der Verknüpfung einzelner Grundstücke aneinander. So wurde der Verkauf des lukrativsten Baufeldes auf der Mole an ein anderes Grundstück gebunden, womit die Errichtung eines Gastronomiebetriebs, ebenfalls auf der Mole, verknüpft ist. Durch solch eine Kopplung kann erreicht werden, dass weniger lukrative Baufelder, die bspw. wichtige Bausteine der Versorgungsinfrastruktur betreffen, auch im Idealfall frühzeitig entwickelt werden (→III).

Aber auch einige kritische Bemerkungen zur PPP müssen angeführt werden. Allen voran gilt es festzuhalten, dass die Bildung einer PPP hauptsächlich nur dann sinnvoll ist, wenn sich die städtischen Planungsverantwortlichen als Projektentwickler begreifen, wodurch der oben dargestellte Zugewinn an Einfluss ausgeschöpft werden kann. Geht es nur um die Ausschöpfung hoheitlichen Rechts, so ist eine PPP überflüssig, sogar eher zeitlich behindernd (→I).

Sehr kritisch wurde angemerkt, dass die Aufgaben, die sich den Stadtverordneten als Vertreter im Aufsichtsrat der PPP darlegten, an der Grenze des Machbaren und Überschaubaren bewegten. Zweifelsohne sei das „Outsourcing" projektentwicklerischer Aufgaben in eine PPP sinnvoll und begründbar. Fraglich sei jedoch, ob die Anforderungen, die dadurch auf die gewählten ehrenamtlichen Stadtverordneten oder Ortsbeiräte übertragen werden, von diesen überhaupt noch erfüllt werden können, oder ob hier nicht eine durch den eigentlichen Hauptberuf bedingte zeitliche Überforderung vorliegt. Eng damit verwoben ist die Frage der Qualifikation bzw. Kompetenz, denn in den seltensten Fällen sind Stadtverordnete auch beruflich mit den Aufgaben, die ihnen in ihren politischen Ämtern zugetragen werden, vertraut (→XI).

Je nach Konstruktion der PPP kann es auch zu einer Beschneidung der politisch-demokratisch legitimierten Kontrollgremien kommen. So wurde die parlamentarische Kontrolle beim Westhafen in erster Linie noch vom Ortsbeirat und den politischen Vertretern im Aufsichtsrat der PPP wahrgenommen. Die Stadtverordnetenversammlung und der Planungsausschuss selbst waren nicht mehr direkt am Verfahren beteiligt. Das hierdurch beim Projekt Westhafen Probleme auftraten konnte zwar nicht nachgewiesen werden, deshalb sollte aber nicht automatisch davon ausgegangen werden, das hierin kein Konfliktpotential liegt (→I).

## 5.5.4 Kritische Momente von Großprojekten im Kontext von Flächenrecycling

Zusammenfassend können stichpunktartig folgende Punkte als Ergebnis festgehalten werden:
- Projekte im Rahmen von Flächenrecycling sind häufig das Ergebnis von auf übergeordneter nationaler oder globaler Ebene ablaufender Entscheidungsprozesse, deren Ergebnisse sich lokal, bspw. durch die Verlagerung oder Schließung von Betrieben, niederschlagen (→VIII).
- Da diese Prozesse nur auf der lokalen Ebene thematisiert werden können, kann es zu einer Vermischung der mit den Projekten verbundenen Diskussionen kommen, was dazu führen kann, dass Widerstände, die gegen die Verlagerungs- oder Schließungsabsichten gerichtet sind, auf konkrete Projekte auf den betroffenen Arealen umgelenkt werden (→VIII).

- Je nach dem, welche Position die lokale Presse zu bestimmten Projekten bezieht, kann sie die vorherrschende Stimmung zu Projekten in die eine oder andere Richtung beeinflussen. Die Presse allgemein ist insofern im Rahmen von Projektentwicklung ein mächtiger Akteur. Dies konnte an den vorgestellten Projekten dokumentiert werden, nicht zuletzt alleine über die schiere Anzahl der zu den Projekten publizierten Zeitungsberichte (→VIII).
- Proteste werden von den ehemaligen Nutzern oder direkt Betroffenen Bürgern initiiert (Schlachthof: Metzger; Westhafen: Unternehmer auf dem Areal; Galluspark: gekündigte Arbeiter und Angestellte bzw. Vertreter in Sozialverbänden) (→VIII).
- Bei allen drei Projekten kann festgestellt werden, dass die Beteiligung der Bürger im Planungsverfahren das im BauGB vorgesehene Mindestmaß nicht übersteigt. Die Rolle der Bürger für die untersuchten Planungsprozesse muss daher als untergeordnet bezeichnet werden. Fraglich bleibt indes, inwieweit Planungsbetroffene selbst ihre Partizipationsmöglichkeiten noch wahrnehmen wollen. Insofern kann festgehalten werden, dass es einerseits zu sinkenden Partizipationsmöglichkeiten kommt, andererseits unklar ist, inwieweit Bürger noch Interesse daran haben, sich in komplexen Planungsverfahren zu engagieren (→IX).
- Bei den Projekten Galluspark und Westhafen kam es nach den Planfeststellungsbeschlüssen zu einer kontinuierlichen und umfangreichen Information der Bevölkerung durch die Investoren bzw. PPP. Diese kann als aktive Konfliktvermeidungsstrategie bezeichnet werden, die das Ziel verfolgte, die Debatte um die Umnutzung der Areale zu versachlichen. Bedeutsam ist sicherlich auch der Tatbestand, dass es sich bei den untersuchten Projekten teilweise um die gleichen Akteure handelte (→XIII). Dieser Tatbestand wurde jedoch nicht weiter verfolgt.
- Rechtsunsichere Planungsverfahren (Galluspark), zu dicht geregelte B-Pläne (Deutschherrnviertel) mit daraus resultierenden zahlreichen Befreiungen oder B-Pläne mit wenigen Vorgaben (Westhafen), die Nachjustierung durch einen starken Planungsdezernenten verlangen, bringen ein enormes Konfliktpotential mit sich. Insgesamt ist die Tendenz einer Aufgabe der Bauleitplanung zugunsten pragmatischer Genehmigungsverfahren nachzuvollziehen und dies obwohl das Instrumentarium der Bauleitplanung für die Entwicklung innerstädtischer Brachflächen eigentlich ausreichend ist (→XIV).
- Insgesamt kann ein wachsender Einfluss von Investoren bzw. Projektentwicklern auf die bauliche Entwicklung festgestellt werden, während die Partizipationsmöglichkeiten der Bürger an den Planungen stark eingeschränkt sind (→VIII, IX).
- Tagespolitikanfälligkeit von Projekten entsteht, wenn organisatorische Strukturen – bspw. in Form von städtischen Tochtergesellschaften – zu stadtnah sind. Aufgrund der daraus resultierenden Rechtsunsicherheit können ganze Projekte ins Wanken geraten und für den Immobilienmarkt uninteressant werden. Durch die Partizipation an einer PPP gerät die Stadt in Schadenshaftung, sollte sie einen Projektstopp herbeiführen. Die damit verbundenen finanziellen Risiken tragen zu einer politischen Stabilisierung von Projekten bei. Aber auch die konsequente Einbindung aller politischen Parteien und aller kommunalpolitischer Ebenen stellen einen Beitrag zur politischen Stabilisierung dar (→I).

- Die Bedeutung der organisatorischen Strukturen muss insgesamt als hinter der Bedeutung einzelner Personen nachgeordnet bezeichnet werden (→V).
- PPP kann finanziellen Gewinn der Stadt steigern, gegenseitiges Verständnis herbeiführen, das Tempo erhöhen, die Einflussnahmemöglichkeiten der Stadt auf Projekte durch den neu gewonnenen privatrechtlichen Zugang steigern und durch die Einbindung von Vertretern aller Parteien zu einer politischen Beruhigung von Projekten führen (→I, II).
- PPP ist nur sinnvoll, wenn sich die verantwortlichen städtischen Planer als Projektentwickler begreifen und die neu gewonnenen Einflussmöglichkeiten neben ihrem ohnehin vorhandenen hoheitlichem Recht voll ausschöpfen (→I).
- Fraglich ist, ob die in zahlreiche Ausschüsse, Gremien und Aufsichtsräte gewählten politischen Vertreter (Ortsvorsteher, Stadtverordnete) den damit verbundenen Aufgaben aufgrund wachsenden zeitlichen Bedarfs und zunehmender inhaltlicher Komplexität noch gewachsen sind oder ob es zu einer Überforderung kommt. Wenn dieser Fall eintritt, dann resultiert daraus unweigerlich eine Verschiebung des Gleichgewichts und der Machtbalance in den aus privaten und politischen Vertretern zusammengesetzten Aufsichtsräten, da den privaten Vertretern Know-how der Fachabteilungen ihrer Unternehmen zur Verfügung steht, während die politischen Vertreter weitestgehend auf sich alleine gestellt sind. Es besteht also die Gefahr eines wachsenden Einflusses von Projektentwicklern oder Investoren auf die künftige Stadtentwicklung (→VI).
- Extrem hohe Bedeutung haben übergeordnete Leitbilder, wie die im Consilium zur Entwicklung des Stadtraumes Main entwickelten, die einzelne Projekte in einen übergeordneten Sinnzusammenhang einbetten können. Durch diese Überhöhung kann erreicht werden, dass die Akzeptanz von Einzelprojekten als Teil eines Großen und Ganzen, steigt (→X). Dies ist insbesondere dann der Fall, wenn bei der Bearbeitung des Leitbildes auf externe Experten zurückgegriffen wird, da unabhängigen Externen in der Regel eine höhere Glaubwürdigkeit zugesprochen wird (→VII).
- Die Entwicklung eines Leitbildes sollte im Interesse des raumordnerischen Postulats der Nachhaltigkeit und der Reduzierung des Flächenverbrauchs auf die regionale Ebene ausgeweitet werden (→XV).

# 6 Konsequenzen für künftige Flächenrecycling-Vorhaben

Die zu Beginn dieser Arbeit aufgestellte Hypothese lautete:

*Aufgrund neuer gesellschaftlicher und städtebaulicher Leitbilder steigt die Bedeutung innerstädtischer Brachflächen für die künftige Stadtentwicklung kontinuierlich an, da sie einen Beitrag zur Reduzierung des Flächenverbrauchs in den Städten und deren Umland leisten können. Die Entwicklung dieser Brachflächen ist jedoch aufgrund ihres historischen Erbes, der in der Regel beträchtlichen Größe, dem mit Brachflächen verbundenem Problempotential (Altlasten, Nutzer, kollidierende Verwertungsinteressen) und ihrer zentralen Lage potentiell mit Konflikten behaftet, da unterschiedlichste Akteure konkurrierende Ansprüche an die immer knapper werdende Ressource Raum – insbesondere in großstädtischen Gebieten – stellen.*

In den vorangegangenen Kapiteln konnte gezeigt werden, dass dieser Hypothese prinzipiell zugestimmt werden muss. Insbesondere in einer Stadt wie Frankfurt am Main, die an ihren Grenzen des „inneren" Wachstums auf ihrer Gemarkungsfläche angekommen ist, kommt dem Brachflächenrecycling eine nicht zu hoch zu bewertende Bedeutung für die künftige Stadtentwicklung zu. Von Vorteil ist sicherlich auch, dass die seit den 1990er Jahren richtungweisenden raumordnerischen Leitbilder und Grundsätze augenfällig auf eine derartige Entwicklung hindeuten.

An den drei untersuchten Projekten konnte darüber hinaus auch gezeigt werden, dass Projekte im Kontext von Flächenrecycling i.d.R. problembehaftet sind. Dabei konnte allerdings nicht ein einziges, durchgängiges, allen Projekten gleichermaßen anhaftendes Problemfeld ausgemacht werden, sondern vielmehr stellte sich heraus, dass Großprojekte grundsätzlich in vielfältiger Hinsicht potentiell konflikträchtig sind. Dies wurde im vorangegangenen Kapitel 5.5 ausführlich dargelegt.

Bevor abschließend die aus den untersuchten Projekten ableitbaren Handlungsempfehlungen formuliert werden, soll aber noch kurz auf den theoretisch-methodischen Hintergrund der Arbeit eingegangen werden, der sich grundsätzlich als positives Konzept herausgestellt hat. Im Focus der kurzen Auseinandersetzung soll der Konfliktbegriff stehen. Es konnte gezeigt werden, dass zahlreiche Akteure mit den unterschiedlichsten Motiven, Motivationen und Hintergründen an Projekten im Kontext von Brachflächenrecycling beteiligt sind. Dabei können zunächst zwei Hauptgruppen voneinander unterschieden werden: die Planungsbetroffenen, darunter ehemalige Nutzer der einem Wandel unterliegenden Areale, die vor Ort ansässigen Stadtteilbewohner und andere interessierte Bürger, oder Bürgerinitiativen. Die zweite Gruppe wiederum bildet die Gruppe der Planungsdurchführenden, wobei diese Gruppe noch weiter in zwei Untergruppen unterteilt werden kann: den privaten Part, der die beteiligten Investoren und Projektentwickler umfasst und den öffentlich-rechtlichen Part, also die Stadt mit ihren politischen Vertretern und ihrem Verwaltungsapparat. Die Untersuchung hat ergeben, dass die Konfliktkonstellationen keinesfalls alle an den Planungsprozessen beteiligten Akteure gleichermaßen betreffen. Vielmehr konnte festgestellt werden, dass eine unterschiedliche Bewertung von „Konflikt" durch die einzelnen Akteure erfolgt. Während die Interaktionen zwischen Bürgern bzw. Bürgerinitiativen und Planern und Entwicklern eindeutig als Konfliktbeziehungen bezeichnet werden können, so wurde der Konfliktbegriff von den Akteuren i.d.R. nicht auf das Verhältnis zwischen Entwicklern/Investoren und den städtischen Vertretern und Planern übertragen. Diese Beziehung wurde als Aushandlungsprozess betrachtet, der zum Tagesgeschäft gehört und ganz normaler Bestandteil von Projektentwicklungen ist. Dazu zählen bspw. Verhandlungen beim Kaufpreis, über die künftige Nutzungsstruktur und über die flächenmäßige Ausnutzung. Insofern kann hier festgehalten werden, dass unterschiedliche Bewertungsmuster bei der Einschätzung der Beziehungsmuster einzelner Akteure zueinander zugrunde gelegt werden. Je stärker die den Akteuren zur Verfügung stehenden Machtmittel voneinander abweichen, desto eher wird das Verhältnis – vor allem von den „schwächeren" Akteuren – als Konfliktbeziehung angesehen. Die Interaktionen zwischen Stadt und Investoren hingegen werden tendenziell eher als weniger konfliktträchtig eingestuft und Differenzen als Bestandteil des Alltagsgeschäfts betrachtet. Abschließend kann also festgehalten werden, dass die Konzentration auf Konflikte im Rahmen von stadtplanerischen Prozessen und Entwicklungen ein lohnendes Konzept darstellt, sofern ein „weicher" Konfliktbegriff zu Grunde gelegt wird, der sowohl Platz für die im Vorfeld von auftretenden Konflikten erfolgenden Konfliktvermeidungsstrategien einräumt, als auch „weichere" Interaktionen, wie die der genannten Aushandlungsprozesse umfasst. Denn nur so können die eigentlich interessanten Fragestellung im Rahmen einer angewandt ausgerichteten, praxisorientierten geographischen Forschung bearbeitet und der wissenschaftlichen Forschung ein Sinn verliehen werden.

Der Schwerpunkt dieses Schlusskapitels soll jedoch, wie bereits angedeutet, auf den aus der Untersuchung ableitbaren Konsequenzen liegen, wie bereits die gesamte Arbeit angewandt und praxisorientiert konzipiert war. In den vorangegangenen Kapiteln wurden die drei untersuchten Projekte ausführlich dargestellt und zahlreiche Problemfelder und Konfliktsituationen aufgedeckt. Die folgenden Handlungsempfehlungen sind (bis auf wenige Ausnahmen, dann aber gekennzeichnet) direkt aus der Untersuchung abgeleitete Konsequenzen für künftige Vorhaben im Kontext von Flächenrecycling.

## I. Schaffung privatwirtschaftlich organisierter Strukturen in Form von PPP, wenn Kommunen Eigentümer von Brachflächen sind

Durch PPPs kann erreicht werden, dass geringere Reibungsverluste und eine bessere Zusammenarbeit der einzelnen Akteure zu einer Beschleunigung von Projekten führen. Aus klaren Zuständigkeiten und Handlungsabläufen wiederum resultieren effizientere Entscheidungsstrukturen, die ebenfalls in Beschleunigungs-effekten von Projekten münden können, wodurch eine potentiell höhere Wirtschaftlichkeit von Projekten entstehen kann.

Im Rahmen der PPP kommt es in unterschiedlichen Gremien zu stärkeren Kontakten zu den beteiligten Akteuren, die ein besseres gegenseitiges Verständnis ermöglichen. Außerdem verschafft sich die Kommune eine höhere Einflussnahme auf die Entwicklung von Projekten durch die Erweiterung ihres hoheitlichen Rechts um privatwirtschaftliche

Einflussnahmemöglichkeiten, was insbesondere bei Großprojekten als enorme Chance zu betrachten ist. Dies kann allerdings nur erreicht werden, wenn städtische Planer sich nicht nur als Vertreter des hoheitlichen Rechts betrachten, sondern ihre Rolle als Projektentwickler annehmen. Aber auch höhere finanzielle Erlöse können der Kommune durch die PPP zufließen.

Von großer Bedeutung ist außerdem die Tatsache, dass es in zweifacher Hinsicht zu einer politischen Beruhigung von Projekten kommt. Erstens durch die Schadenshaftungssituation, in die sich die Kommune begibt, wenn sie Partner in einer PPP ist und zweitens durch die Abkopplung von der Tagespolitik. Denn wenn einmal die Entscheidung für eine PPP getroffen und entsprechende Verträge unterzeichnet sind, kann die Kommune nicht mehr ohne weiteres aus Projekten aussteigen ohne in den o.g. Schadenshaftungsfall zu geraten.

## II. Konsequenter Aufkauf von Brachen durch die Kommune

Aus den §§24 bis 27a BauGB ergibt sich das Vorkaufsrecht der Kommunen beim Verkauf von Grundstücken. Hierdurch kann sich die Kommune in mehrfacher Hinsicht höhere Beteiligungsmöglichkeiten (Finanzen, Städtebau, Architektur) sichern. Sie verschafft sich durch den Flächenankauf bessere Lenkungsmöglichkeiten auf die Schwerpunkte der künftigen städtebaulichen Entwicklung. Dies ist insbesondere in immobilienwirtschaftlich schlechten Zeiten von Bedeutung. Außerdem kann durch gezielten Ankauf die künftige städtebauliche Entwicklung stärker auf Brachflächen ausgerichtet werden. Die zur Verfügung stehenden Instrumente sind ausreichend. Sobald die Kommune Eigentümerin von Grundstücken wird, gilt Handlungsempfehlung I.

## III. Kopplung von Grundstücksverkäufen:

Beim Verkauf von Flächen sollten die hochwertigsten Baugrundstücke mit eher schwer zu vermarktenden Teilstücken gekoppelt werden. So kann Sorge getragen werden, dass weniger rentable Teilprojekte ebenso realisiert werden, wie die rentabelsten. Dies kann zur Sicherung der Realisierung ausreichender Infrastruktur und Teilentkopplung von reinem Renditedenken der potentiellen Investoren einen Beitrag leisten.

## IV. Unterteilbarkeit von Großprojekten in kleinere Teilabschnitte

Wenn Großprojekte in kleinere Teilprojekte zerlegbar sind, kann auch in immobilienwirtschaftlich schwächeren Zeiten die Basis für eine beginnende Entwicklung gelegt werden. Damit ist allerdings nicht gemeint, dass darauf verzichtet werden soll eine Gesamtkonzeption für Großprojekte zu entwerfen. Der Vorschlag zielt vielmehr darauf ab, Projekte derart zu gestalten, dass diese auch schrittweise entwickelt werden können, so dass es nicht zu einer Überforderung einzelner Investoren kommt bzw. sich die Suche nach potenten Investoren zu lange hinzieht.

Andererseits sollte wiederum auch nicht zu klein parzelliert werden. Das Deutschherrnviertel hat gezeigt, dass es hierdurch zu enormen zeitlichen Verzögerungen kommen kann, wenn mit einer sehr großen Anzahl kleinerer Parzellen gleichzeitig das Ziel verbunden wird, viele verschiedene Bauherren einzubeziehen, um eine möglichst große architektonische Vielfalt zu erzielen.

### V. Bestimmung projektverantwortlicher Personen als Identifikationsperson/ "Galionsfigur" und hochrangige Ansiedlung der Projekte in Politik und Verwaltung

Mit der Benennung von hochrangig angesiedelten projektverantwortlichen Personen als 'Galionsfigur' wird Großprojekten eine Art Chefsachencharakter verliehen, der die Basis für die Schaffung eines positiven Images bildet. Die symbolische Überhöhung, durch die Verknüpfung von Projekten mit einzelnen Persönlichkeiten, soll zu einer Erhöhung der Transparenz und Akzeptanz in der Bevölkerung führen. Mit steigender Akzeptanz in der Bevölkerung wiederum sind Projekte politisch weniger angreifbar und werden stabilisiert, wodurch eine Vermarktung erleichtert wird. Außerdem können klare Strukturen und weniger Konflikte zu einer Verfahrensbeschleunigung beitragen. Insofern wird die Galionsfigur im Idealfall zum Verfahrensmotor, sofern sie ausreichend Charisma, Durchsetzungskraft, ein gewisses Ansehen und einen starken Willen mitbringt. Projekte stehen und fallen dann aber auch mit diesen Personen, die als Ansprechpartner nach innen und außen fungieren sollten. In diesem Punkt wird vor allem deutlich, dass es weniger Strukturen als Personen sind, die den größten Einfluss auf den Projektverlauf nehmen. Die besten Strukturen werden nicht zum Erfolg führen, sofern nicht geeignete Persönlichkeiten dahinter stehen.

### VI. Unterstützung der demokratisch gewählten Vertreter in ihrer Aufsichtsrattätigkeit

Die Untersuchung hat gezeigt, dass es in Teilen zur Überforderung der in Aufsichtsräten städtischer Beteiligungsgesellschaften abgesandten Stadtverordneten und Vertreter des Ortsbeirats kommt. Diese Überforderung kann an verschiedenen Punkten festgemacht werden. Zum einen liegt sie darin begründet, dass die Wahrnehmung des ehrenamtlichen politischen Mandats in aller Regel neben einem Hauptberuf erfolgt. Insofern ist das für die politische Arbeit zur Verfügung stehende Zeitbudget von vornherein beschränkt. Außerdem sind die Abgesandten häufig mit Themen konfrontiert und Aufgaben betraut, die nichts mit ihrer hauptberuflichen bzw. erlernten Tätigkeit gemein haben, so dass es zu mangelnden Fachkenntnissen kommen kann. Dies wiegt umso schwerer bei Beteiligungen in Form von PPP, da in dieser Konstellation Personen aufeinander treffen, die unterschiedliche Voraussetzungen mitbringen. Während den privatwirtschaftlichen Vertretern große Fachabteilungen zur Verfügung stehen, fehlt es an einer derartigen Unterstützung auf Seiten der (Frankfurter) öffentlichen Partner. Es bedarf also unbedingt der Entwicklung von Kontroll- und Prüfinstanzen als Hilfestellung und (rechtliche) Beratung bei wichtigen Entscheidungen im Prozessverlauf. Insbesondere bei rechtlichen und/oder vertraglichen Fragen ist eine Unterstützung der kommunalen Vertreter erforderlich, um gleiche Ausgangsvoraussetzungen auf beiden Seiten zu schaffen.

### VII. Einbindung externer Experten in Planungen und querschnittsorientierte, interdisziplinäre Zusammensetzung von beratenden Gremien

Durch die konsequente Einbindung externer Experten in die Planungsprozesse einer Stadt können parallel mehrere Ziele erreicht werden. Allen voran sei der „ungetrübte Blick von außen" angeführt, der zu neuen Impulsen für die Stadtentwicklung führen kann. Aber auch die Angreifbarkeit durch die Kommunalpolitik kann durch solch eine Maßnahme reduziert werden. Nicht deshalb, weil externe Experten stets Recht hätten, sondern vielmehr, weil ein neutraler Rat von außen in der Regel eine höhere Beachtung erfährt, als der vom politischen Gegner. Neutralität könnte bspw. dadurch gewährleistet werden, dass nur Experten in Anspruch genommen werden sollten, die mehrheitlich von allen Parteien getragen werden. Alternativ ist denkbar, ausgewiesene, nicht mit der Stadtpolitik verbundene Experten zu bestimmten Themen einzuladen, und sie in größere Planungen als Ratgeber einzubeziehen.

Parallel dazu ist darauf zu achten, dass kommunal initiierte Gremien, Ausschüsse, Kolloquien oder Consilien, die sich mit der künftigen Entwicklung einer Stadt befassen, von Anbeginn an interdisziplinär und querschnittsorientiert besetzt werden. Eingebunden werden sollten dabei alle an den Planungen beteiligten Ämter und Abteilungen, aber ebenso Vertreter der politischen Parteien. Dadurch können im Idealfall potentielle Widerstände reduziert, Reibungsverluste minimiert und Beschleunigungseffekte erzielt werden. Insgesamt betrachtet würde eine solche Vorgehensweise der Komplexität von Projekten im Kontext von Flächenrecycling Rechnung tragen. Darüber hinaus würde der Bedeutung von Brachflächen angemessen Ausdruck verliehen und deren herausragende Stellung für die künftige Stadtentwicklung unterstrichen.

### VIII. Konsequenter und frühzeitiger Einbezug aller Planungsbetroffenen und Interessierten in die Planungen und Projekte und kontinuierlicher Informationsfluss.

Aufgrund der massiven Einschnitte in gewachsene Stadteile und historisch manifestierter Strukturen rücken Projekte im Kontext von Flächenrecycling in den Focus öffentlichen und politischen Interesses. Dies ist insbesondere dann der Fall, wenn mit der Nutzungsänderung massive Einschnitte in den Stadtteil erfolgen (Arbeitsplatzverlust/struktureller Wandel, deutliche bauliche Veränderung, strukturelle Veränderung etc.). Transparenz und Offenheit gegenüber den Planungsbetroffenen, die durch einen kontinuierlichen und umfassenden Informationsfluss erreicht werden können, sind ein Beitrag zum Abbau psychologischer Vorbehalte von Bürgern gegenüber Projekte (vgl. Umweltbundesamt 2000: 106) und künftige Nutzer, die als Invasoren betrachtet werden könnten. Durch frühzeitigen Einbezug der Betroffenen in die Planungen ist es möglich deren Anregungen, Befürchtungen und Ängste aufzugreifen und im Rahmen einer aktiven Konfliktvermeidungsstrategie und eines aktiven Konfliktmanagements bestehende Ressentiments ernst zu nehmen und abzubauen. Informationsfluss kann auf vielfältige Weise erreicht und gesichert werden. Die untersuchten Projekte haben einige Beispiele hierfür hervorgebracht: die Ausrichtung von Festen, die Verteilung von Postwurfsendungen, die Ausgabe von Autowaschanlagengutscheinen bei Staub induzierenden Arbeiten und das Ausrichten von Informationsveranstaltungen (Diskussionsrunden, Berichte über den Fortschritt, Fotoausstellungen). Dies sind nur einige wenige erfolgreiche Maßnahmen, die als Vorbild auch weiterhin im Rahmen eines aktiven Konfliktmanagements Anwendung finden sollten.

Der Informationsfluss darf allerdings nicht nur direkt auf die Bürger gerichtet werden. Auch die Medien, die sich als einflussreiche Multiplikatoren herausgestellt haben, müssen hierbei integriert werden. Dies soll kein Plädoyer für die Instrumentalisierung und Manipulation der Presse sein, deren Aufgabe es ja auch ist und sein muss, auf Fehlentwicklungen hinzuweisen. Durch einen kontinuierlichen Informationsfluss und Bereitstellung der nötigen Informationen wird aber eine Basis für ein gegenseitiges Verständnis gelegt, wodurch Polemik und Fehlinterpretationen vermieden werden können. Dies ist insbesondere deshalb wichtig, weil die Medien die Stimmung für oder gegen ein Projekt – zumindest in der Bevölkerung – stark beeinflussen können. Sobald Projekte innerhalb der Bevölkerung in Misskredit geraten, werden sie zudem – insbesondere in Wahlkampfzeiten – anfällig für politische Attacken. Auch hiergegen kann ein aktives Konfliktmanagement präventiv erfolgreich eingesetzt werden.

## IX. Stärkung der Bürgerbeteiligung.

Die Bürgerbeteiligung bei den untersuchten Großprojekten kann insgesamt lediglich als Pro-forma-Beteiligung bezeichnet werden, die zwar die Maßgaben des BauGB erfüllte, darüber hinaus jedoch kaum ernstzunehmende Einflussnahmemöglichkeiten eröffnete. Verstärkter Einsatz informeller Planungsinstrumente im Vorfeld der Einleitung des Baugenehmigungsverfahrens bspw. mittels Runder Tische, Mediations- und Moderationsverfahren sind Möglichkeiten, die Beteiligung der Bürger an Planungsverfahren zu stärken und deren Wünsche, Sorgen, Ideen und Anregungen in den Planungsprozess frühzeitig aufzunehmen. Dadurch wird signalisiert, dass Bürgerinteressen Ernst genommen werden und der vielfach beschriebenen nachlassenden Partizipationsinteressen der Bürger aktiv entgegengewirkt.

Vermieden werden sollten in jedem Fall planungsrechtliche Genehmigungen nach §34 BauGB bei großflächigen Projekten, da Bürger hierbei vollständig aus den Planungen ausgeschlossen werden.

Zuletzt stellt eine stärkere Bürgerbeteiligung einen weiteren Beitrag zu Offenheit und Transparenz bei Planungsprozessen dar, so dass hierin auch ein wichtiges Element zur Konfliktvermeidung liegt. Denn es ist nicht ausreichend, dass die in I. empfohlene Forderung der engeren Zusammenarbeit zwischen Investoren und städtischen Vertretern mit dem Ziel, ein besseres gegenseitiges Verständnis zu erreichen, im Rahmen von PPP umgesetzt wird. Die gleiche Forderung wird analog auch auf die Beziehungen zwischen Investoren und Bürgern bzw. städtischen Vertretern und Planungsbetroffenen übertragen. Denn durch die Forcierung der persönlichen Kontakte wird auch bei diesen Konstellationen der Grundstein für ein besseres gegenseitiges Verständnis gelegt. Werden Bürger erst dann in einen Planungsprozess einbezogen, wenn dieser weit vorangeschritten ist und die künftige Nutzung und Struktur weitestgehend feststehen, so darf man sich auch nicht darüber verwundert zeigen, dass das Interesse der Bürger an der Planung insgesamt gering ist und zunehmend nachlässt. Daher sind die im Kontext von Urban und Regional Governance diskutierten Instrumente weiterzuentwickeln und deren Einsatz zu forcieren.

## X. Einbettung von Großprojekten in übergeordnete städtebauliche Gesamtkonzepte und Leitbilder

Entscheidendes Moment für das Projekt Deutschherrnviertel war – wie ausführlich dargestellt wurde – das Consilium zur Entwicklung des Stadtraumes Main. Durch die Darstellung und Multiplikation der gesamtstädtischen Bedeutung wurde eine höhere Akzeptanz für das Projekt erreicht und ihm ein positive(re)s Image verliehen. Eng damit verwoben waren eine steigende Transparenz und bessere Nachvollziehbarkeit.

Daraus folgt, dass Großprojekte, die in aller Regel weit reichende Auswirkungen für ihr direktes und weiteres Umfeld nach sich ziehen, möglichst in ein übergeordnetes, gesamtstädtisches und leitbildorientiertes Gesamtkonzept eingebettet werden sollten. Damit können mehrere Ziele, die für die Stadtentwicklung im 21. Jahrhundert von Bedeutung sind, erreicht werden. Zunächst ermöglicht ein übergeordnetes Konzept eine bessere Steuerbarkeit der städtebaulichen Entwicklung durch Schwerpunktsetzung und Konzentration auf Entwicklungskerne. Dies ist vor allem in immobilienwirtschaftlich schwachen Zeiten von großer Bedeutung, da hierdurch eine gezielte Entwicklung und die Konzentration auf einige wenige Entwicklungskerne ermöglicht werden. Zweitens kann durch eine leitbildorientierte und steuernde Planung, die das Augenmerk auf Brachflächen legt, das raumordnerische Ziel der Reduzierung des Flächenverbrauchs und der Nachhaltigen Entwicklung erreicht werden. So wird Brachflächenrecycling zum wichtigen Baustein einer flächensparenden Stadtentwicklung.

## XI. Normative Festlegung des Vorrangs der Entwicklung innerstädtischer Brachen gegenüber Entwicklungen auf der „Grünen Wiese"

Grundsätzlich ist festzustellen, dass das Instrumentarium der Bauleitplanung im Grunde genommen ausreichend und den Aufgaben, die die Stadtentwicklung stellt, gewachsen ist. Den ersten Schritt sollte daher ein gesamtstädtisches Stadtentwicklungskonzept bilden, dass sich zu diesem o. g. Leitbild bekennt. Dieses Leitbild kann darüber hinaus in der Lokalen Agenda21 (LA21) als demokratische Willenserklärung einer Stadt verankert sein. Dabei ist es allerdings wichtig, dass die LA21 mehr als eine bloße Willenserklärung einer Stadt darstellt. Sie muss (selbst)verpflichtender Bestandteil der politischen Absichten einer Stadt(region) werden. Dies ist bspw. in Frankfurt am Main nicht der Fall, denn das LA21-Papier hat keinen verpflichtenden Charakter erlangt (vgl. SCHELLER & WOLF 2000). In Zeiten, in denen weiche Standortfaktoren ein immer stärkeres Gewicht erhalten, sollte die Chance, die sich hieraus ergibt, nicht ignoriert werden.

Staatliche Förderinstrumente, die gezielt Mittel für die Entwicklung von Brachflächen zur Verfügung stellen, könnten diese Maßnahmen ergänzen. Auch die Änderung bzw. Ergänzung des BauGB stellt einen denkbaren Weg dar: Das Umweltbundesamt hat hierzu bereits im Jahre 2000 einen Vorschlag unterbreitet, der bisher aber keinen Eingang in das BauGB gefunden hat. Dieser Vorschlag wird hier ausdrücklich unterstützt: Kern der Anregung war das Postulat, dass dem Flächenrecycling regelmäßig Vorrang gegenüber der Neuausweisung von Baugebieten gegeben werden sollte. Konkret wurde „vorgeschlagen, den Stellenwert des Flächenrecyclings dadurch deutlich werden zu lassen, dass die Bodenschutzklausel in §1a Abs. 1 BauGB durch einen neuen Satz 2 ergänzt wird. [Das Umweltbundesamt] schlägt die Formulierung vor:

Es sind vorrangig Brachflächen einer neuen Nutzung zuzuführen" (Umweltbundesamt 2000: 123).

Mit dieser kleinen Änderung wäre die Abwägung Grüne Wiese – Brache endgültig vom Tisch, denn Brachen müssten in jedem Falle vorrangig entwickelt werden. Diese Änderung durch den Gesetzgeber würde einen immensen Beitrag zum Ereichen des Ziels der Reduzierung des Flächenverbrauchs und dem Leitbild der Nachhaltigen Entwicklung leisten. Gleichzeitig erhielten Kommunen, die sich vor das Verwertungsproblem von Brachflächen gestellt sehen, eine Handhabe gegenüber potentiellen Investoren.

## XII. Schaffung einer „Sonderabgabe Flächenverbrauch"

Bereits vor fünf Jahren, im Jahre 2000, schlug das Umweltbundesamt vor, eine „Sonderabgabe Flächenverbrauch" einzuführen. Das Argument dafür war, dass der Grundstückspreis „nicht mit ordnungspolitischen Faktoren belastet [ist], so dass die „Grüne Wiese" grundsätzlich ein positives Ergebnis gegenüber der Industrie- bzw. Gewerbebrache bietet" (Umweltbundesamt 2000: 96). Mit der Einführung einer solchen Abgabe – entweder in Form einer steuerlichen Entlastung von Projekten auf Brachflächen bzw. einer steuerliche Belastung von Projekten auf der „Grünen Wiese" – verringert sich die sonst bei Projekten auf der Grünen Wiese übliche höhere Rendite beim direkten Vergleich. Außerdem wird der raumordnungspolitische Willen der Wiedernutzung von Brachen deutlich gemacht und unterstrichen.

Als Ergänzung des Vorschlags des Umweltbundesamtes wird hier angeregt, bei Neubaugebieten auf der „Grünen Wiese" die tatsächlichen Infrastrukturkosten (inkl. der Folgekosten, die aus der geringeren Auslastung der Infrastruktur in der Kernstadt resultieren) auf die Baugrundstücke vollständig umzulegen. Das heißt in die Berechnung müssen also auch bspw. der Bau von Zubringerstraßen, ÖPNV-Einrichtungen und die Errichtung der sozialen Infrastruktur einfließen. Damit wird sich das günstigere Renditeverhältnis zwischen „Grüner Wiese" und Brachen eindeutig in Richtung Brachen verschieben. Solche ordnungspolitischen Maßnahmen könnten solange Gültigkeit behalten, wie entwickelbare Brachen für die Stadtentwicklung zur Verfügung stehen. Neben der verstärkten Entwicklung von Brachen könnte hierdurch eine Forcierung der Nachverdichtungsbemühungen durch die Schließung von kleinen Baulücken oder Aufstockung von Gebäuden forciert werden.

## XIII. Schaffung der Möglichkeit Ausgleichsmaßnahmen nach §1a Abs. 3 auf Recyclingflächen auszuweiten bzw. umzulenken

In vielen Städten sehen sich die mit der Stadtplanung befassten Ämter mit der Tatsache konfrontiert, dass sie zahlreiche Flächen für Ausgleichsmaßnahmen bereitstellen müssen. Insbesondere in Städten, die nur über eine geringe Gemarkungsfläche verfügen und gleichzeitig eine hohe Bautätigkeit verzeichnen können, wird es immer schwieriger entsprechende Flächenpotentiale für Ausgleichsmaßnahmen zur Verfügung zu stellen. In Frankfurt am Main hat sich mittlerweile die Situation dahingehend gewandelt, dass im großen Stil stadteigene landwirtschaftliche Nutzflächen für Ausgleichsmaßnahmen herangezogen werden, um diese in Grünland oder Wald umzuwandeln. Allein in den Jahren 1999 bis 2004 gingen den Landwirten dadurch 174ha an bewirtschafteter Fläche verloren. Im Jahr 2005 sollen noch einmal zusätzlich rund 100ha entwidmet werden (vgl. FR 24. Juni 2005).

Angesichts dieser Tatsache sollte in Erwägung gezogen werden, ob nicht Mittel aus dem Bereich „Ausgleichsmaßnahmen" für ein Brachflächenrecycling zur Verfügung gestellt werden könnten. Denkbar dabei ist, dass diese Mittel für städtische Areale oder kontaminierte Flächen, bei denen der Verursacher als Kostenträger der Sanierung unbekannt oder nicht mehr verfügbar ist, eingesetzt werden, um das Renditeverhältnis zu Gunsten der Brachen zu verbessern. Dies wäre ein weiterer bedeutender Schritt zur normativen Unterstreichung der Bedeutung von Brachflächen für die künftige Stadtentwicklung. Durch eine Ausweitung bzw. Umlenkung der Ausgleichsmaßnahmen auf Brachen kann ein großer Beitrag zur Verringerung des weiteren Flächenverbrauchs geleistet werden. Außerdem würde durch die Entwicklung von Brachflächen kein erneuter Bedarf an zusätzlichen Ausgleichsflächen resultieren, so dass sich auch das Problem der weiteren Bereitstellung von Ausgleichsflächen reduzieren würde.

## XIV. Keine Entwicklung nach Objektblattverfahren bzw. §34 BauGB

Wenn es sich bei Bauvorhaben nicht ausdrücklich um kleinere einzelne Baulücken handelt, muss auf eine Entwicklung nach §34 BauGB bzw. dem Frankfurter Objektblattverfahren verzichtet werden, denn die Folge ist eine Aufgabe der Bauleitplanung zugunsten pragmatischer Genehmigungsverfahren. Dies hat in erster Linie Konsequenzen für die Bürgerbeteiligung, die im Rahmen von Genehmigungsverfahren nach §34 BauGB nicht vorgesehen ist. Aber nicht nur die Bürger sind beim Objektblattverfahren außen vor, sondern auch die Stadtverordneten bzw. Ortsvorsteher haben – wenn überhaupt – lediglich eine nachgeordnete Rolle beim Verfahren inne. Durch den Verzicht auf die Anwendung des §34 BauGB bei Großprojekten können also die demokratischen Einflussnahmemöglichkeiten der gewählten politischen Vertreter und die Beteiligung der Bürger an Planungsverfahren gesichert werden.

Darüber hinaus sollte dem konventionellen B-Planverfahren auf jeden Fall Vorrang vor dem Objektblattverfahren gegeben werden, da im Gegensatz zu Objektblättern mit B-Plänen Rechtssicherheit verbunden ist. Mangelnde Rechtssicherheit führt zur Unsicherheiten und ist auch bei Investoren und Entwicklern kein gerne gesehenes Verfahren, da es mit zu hohen Risiken behaftet ist, die sich in finanzieller Unkalkulierbarkeit und zeitlichen Verzögerungen niederschlagen können.

## XV. Aufbau von Flächenpools und Ausbau der regionalen Kooperation

Lokale Anstrengungen alleine reichen nicht aus, um das raumordnerische Ziel der Reduzierung des Flächenverbrauchs und des Nachhaltigkeitspostulats in der Stadtentwicklung zu erreichen. Daher ist es dringend erforderlich, dass Altlasten- und Brachflächen auf regionaler Ebene systematisch erfasst und in einer einheitlichen Datenbank zusammengestellt werden. So kann ein überörtlicher regionaler Flächenpool erarbeitet werden, der Flächen für die unterschiedlichsten Bedürfnisse und Anforderungen bereitstellen könnte.

Diese Maßnahme alleine wird aber nicht ausreichend sein – zu groß sind noch die Begehrlichkeiten in den meisten Kommunen. Daher müssen die regionale Ebene selbst und die regionale Kooperation auch bei anderen Aufgaben als Voraussetzung gestärkt werden, vor allem im Bereich Wirtschaftsentwicklung/Ansiedlung von Gewerbe und Wohnungsneubau. Dies kann nur gelingen, wenn gleichzeitig andere, bisher kommunalpolitische, Aufgaben auf die regionale Ebene verlagert werden, so dass es insgesamt zu einem regionalen Kosten- bzw. Lasten-Nutzenausgleich kommt.

Ein Instrument zur gezielten Reduzierung des Flächenverbrauchs kann dann bspw. ein regionaler FNP darstellen, wie er zurzeit im Bereich des Planungsverbands Ballungsraum Frankfurt Rhein Main erarbeitet wird. Würden die im zu erarbeitenden Flächenpool erfassten Flächen konsequent im FNP als vorrangige Bauflächen festgesetzt, könnte ohne weiteren Flächenverbrauch dennoch ein weiteres Wachstum der Region ermöglicht werden, ohne die wertvollen freien Bereiche in der Zwischenstadt weiter reduzieren zu müssen.

Mit der vorgelegten Arbeit sollte gezeigt werden, dass eine modern ausgerichtete Angewandte Geographie in der Lage ist, einen Beitrag zur Lösung gesellschaftspolitischer Problem- und Fragestellungen zu leisten. Würden nur einige der aufgeführten Thesen bei Großprojekten – nicht nur im Kontext von Brachflächenrecycling – beherzigt, könnten bereits positive Effekte erzielt werden. Insbesondere für das Ziel der Reduzierung des Flächenverbrauchs stellt die konsequente Reintegration von Brachflächen in den Grundstückskreislauf einen wichtigen Baustein für die künftige Entwicklung unserer Städte dar. Auch für die Verwirklichung des Leitbildes der Nachhaltigen Entwicklung ist die Wiedernutzung von Brachflächen ein Mittel, um konsequent zum Erhalt der natürlichen Ressourcen für die nachfolgenden Generationen beizutragen. Insofern stellen Brachflächen eine große Chance, aber auch Herausforderungen für die Stadtplanung des beginnenden 21. Jahrhunderts dar.

# 7 Zusammenfassung

Sowohl Stadtentwicklung als auch die von ihr zu erfüllenden Aufgaben unterliegen einem steten Wandel. Insbesondere im letzten Jahrzehnt vollzog sich eine Verlagerung der Leitbilder weg vom flächenhaften Siedlungswachstum auf der Grünen Wiese hin zur Innenentwicklung der Städte.

Mit der Untersuchung dreier jüngerer Frankfurter Flächenrecyclingprojekte (Galluspark/Adlerwerke, Deutschherrnviertel/ Schlachthofareal und Westhafen), wurde das Ziel verfolgt, auf Basis umfangreicher statistischer Auswertungen, Medienanalysen und qualitativer Interviews, Handlungsempfehlungen für künftige Projekte im Kontext von Brachflächenrecycling im Besonderen und der nachhaltigen Stadt- und Regionalentwicklung im Allgemeinen abzuleiten. Dies ist insbesondere deshalb von hoher Bedeutung, weil davon ausgegangen werden muss, dass die Ressource Raum in hoch verdichteten Räumen künftig immer knapper und damit stärker in den Focus divergierender Verwertungsinteressen treten wird. Kurz gesagt: die Konflikte um die wertvoller werdende Ressource Raum werden zunehmen. Daher treten Neue Kooperationsformen auch immer stärker in den Fokus der beteiligten Akteure an Planungsprozessen (PPP, Urban Governance-Konzepte etc.).

Die Arbeit ist in der Angewandten Geographie angesiedelt und verfolgt das Ziel mittels eines handlungsorientierten konflikttheoretischen Ansatzes die mit Projektentwicklungen verbundenen Aushandlungsprozesse aufzudecken und praxisnahe Empfehlungen daraus abzuleiten. Damit stellt sie einerseits einen theoretischen Beitrag dar. Schwerpunk ist jedoch die angewandt orientierte, praxisnahe Formulierung von Lösungsansätzen für Akteure im Planungs- und Projektentwicklungsbereich.

# 8 Summary

**Inner city Brownfield development as a an expression of complex social and economic processes of change - represented by negotiation processes of three Frankfurt brown field development projects**

Town Development and its purposes are subject to constant change. Particularly in the last decade there was a shift from the overall concept of extensive growth on the green field to the overall concept of inner-city development as a result of the new approach of "sustainable development".

The investigation of three recent brown field development projects in Frankfurt am Main (Galluspark/Adlerwerke (former industrial sight), Deutschherrnviertel (former slaughterhouse area and Westhafen (former port area)) has aimed at acquiring recommendations for future projects of brown field development and of sustainable town and spatial planning on the basis of comprehensive statistic evaluations, media analyses and qualitative interviews.

An issue of high importance as it must be assumed that the resource "space" will run short in highly populated metropolitan areas in the future – and as a result "space" will be into the focus of diverging interests of utilization. Briefly said: the number of conflicts relating to the resource "space", which will become more and more valuable, will constantly increase. Therefore new forms of co-operations will more and more move into the focus of the participants of planning processes (PPP, urban and regional Governance).

This study is a research of applied human geography. By means of an action orientated conflict-theoretical approach it aims at uncovering the negotiation processes, which are connected with project development, and at giving practical recommendations for future inner-city town development projects. Thus it represents on one hand a theoretical contribution. On the other hand the emphasis is the applied oriented formulation of solutions for participants in the planning and project development sector.

# 9 Schriftenverzeichnis

## 9.1 Publikationen

ALBERS, GERD (1995): Stadtplanung. – In: AKADEMIE FÜR RAUMFORSCHUNG UND LANDESPLANUNG /ARL) (Hrsg.) (1995): Handwörterbuch der Raumordnung. 899-905. – Braunschweig (VSB).

ALTVATER, ELMAR & MAHNKOPF, BIRGIT (1993): Gewerkschaften vor der europäischen Herausforderungen. – Münster (k.A.).

ARLT, GÜNTER & Pfeil, F. (1995): Ökologisch und ökonomisch verträgliche Lösungen von Flächennutzungskonkurrenzen in urbanen Systemen – Typisierung von Nutzungskonflikten. – In: Beiträge zur ökologischen Raumentwicklung I, Festschrift für Gerd Albers zum 75.Geburtstag, IÖR-Schrift, H. 11, 58-73. – Dresden (Leibniz-Inst. für Ökologische Raumentwicklung e.V.).

ATTESLANDER, PETER (2003): Methoden der empirischen Sozialforschung. – Berlin, New York (Walter de Gruyter).

BALSER, FROLINDE (1995): Aus Trümmern zu einem europäischen Zentrum. Geschichte der Stadt Frankfurt am Main 1949 – 1989. = Frankfurter Historische Kommission (Hrsg.) (1995): Veröffentlichungen der Frankfurter Historischen Kommission, H. XX. – Sigmaringen (Thorbecke).

BERGE, THOMAS (2002a): Der Westhafen in Zahlen. unveröffentlicht. – Frankfurt am Main.

BERGE, THOMAS (2002b): Public Private Partnership. Die Baulandentwicklung Westhafen. unveröffentlicht. – Frankfurt am Main.

BERGE, THOMAS (1991): Gewerbeerosion in den Agglomerationskernen: Entwicklungstendenzen und Revitalisierungsmöglichkeiten durch die Ansiedlung von Bürobetrieben. Das Beispiel Frankfurt am Main. = Rhein-Mainische Forschung, H. 108. – Frankfurt am Main (KSR).

BFLR [HRSG.] (1996): Nachhaltige Stadtentwicklung – Herausforderungen an einen ressourcenschonenden und umweltverträglichen Städtebau. – Bonn.

BMBAU (1985): Umwidmung brachliegender Gewerbe- und Verkehrsflächen. = Schriftenreihe 03 "Städtebauliche Forschung", H. 112. – Bonn (BMBau).

BÖRDLEIN, RUTH (1996): Internationalisierungsprozesse in einer polyzentrischen Region. Das Beispiel Rhein-Main-Gebiet. – In: SCHMID, ALFONS & WOLF, KLAUS (Hrsg.) (1996): Rhein-Main 2000 – Perspektiven einer regionalen Raumordnungs- und Strukturpolitik. 58-70. – Frankfurt (Rahe).

Bundesamt für Bauwesen und Raumordnung (1999a): Gute Beispiele aus dem Experimentellen Wohnungs- und Städtebau. Werkstatt: Praxis, **6**. – Bonn (Bundesamt für Bauwesen und Raumordnung).

Bundesamt für Bauwesen und Raumordnung (1999b): Pilotprojekt zur beschleunigten und verbilligten Bereitstellung bundeseigener Konversionsgrundstücke für den familiengerechten Wohnungsbau. – Bonn (Bundesamt für Bauwesen und Raumordnung).

Bundesamt für Bauwesen und Raumordnung (1998): Gute Beispiele aus dem Experimentellen Wohnungs- und Städtebau. Werkstatt: Praxis, 4. – Bonn (Bundesamt für Bauwesen und Raumordnung).

Bundesforschungsanstalt für Landesplanung und Raumordnung (1992): Möglichkeiten zur Wiedernutzung aufgegebener Bundesbahnflächen. Forschungsvorhaben des experimentellen Wohnungs- und Städtebaus. – Bonn-Bad Godesberg (Bundesministerium für Raumordnung, Bauwesen und Städtebau).

Bundesregierung (2002): Perspektiven für Deutschland. Unsere Strategie für eine nachhaltige Entwicklung. – Bonn (Presse- und Informationsamt der Bundesregierung).

BUNZEL, ARNO Hrsg. (1999): Städtebauliche Großvorhaben in der Umsetzung. – Berlin (DIFU).

BUTZIN, BERNHARD (1982): Elemente eines konfliktorientierten Basisentwurfs zur Geographie des Menschen. – In: SEDLACEK, PETER (Hrsg.) (1982): Kultur- / Sozialgeographie. Beiträge zu ihrer wissenschaftstheoretischen Grundlegung. 93-214. – Paderborn (Schöningh).

CALIENDO, SUSANNA (2003): Nachhaltigkeitsindikatoren als Element der Nachhaltigkeitsstrategie Deutschlands. Versuch eines theoretisch-empirischen Nachvollzugs. Frankfurt am Main (unveröffentlicht).

CDU Stadtverordnetenfraktion Frankfurt am Main (21/2/1990): Antrag der CDU-Fraktion: "Galluspark" auf Teilen des Geländes der Adlerwerke. – Frankfurt am Main.

DALLGAHS, INGO (2001): Der Planungsprozess "Europaviertel" als Netzwerk. Stadtgeographische Forschung im Zeichen von Handlungstheorie, Strukturationstheorie und Spätmoderne. – Frankfurt (unveröffentlicht).

Deutschland & Enquête-Kommission Schutz des Menschen und der Umwelt – Ziele und Rahmenbedingungen einer nachhaltig zukunftsverträglichen Entwicklung (1998): Konzept Nachhaltigkeit: vom Leitbild zur Umsetzung; Abschlußbericht der Enquête-Kommission "Schutz des Menschen und der Umwelt – Ziele und Rahmenbedingungen einer Nachhaltig Zukunftsverträglichen Entwicklung" des 13. Deutschen Bundestages. – Bonn (Dt. Bundestag, Referat Öffentlichkeitsarbeit).

Die Grünen im Ortsbeirat 1 (1995): Neue Ideen zum Westhafen! – Frankfurt.

DIEKMANN, ANDREAS (1996): Empirische Sozialforschung: Grundlagen, Methoden, Anwendungen. – Reinbek (Rowohlt).

DOETSCH, PETER & RÜPKE, ANKE (1998): Revitalisierung von Altstandorten versus Inanspruchnahme von Naturflächen. = UBA-Texte, H. 15. – Berlin (Umweltbundesamt).

DOSCH, FABIAN & BECKMANN, GISELA (1999): Trends und Szenarien der Siedlungsflächenentwicklung bis 2010. – In: Informationen zur Raumentwicklung, H. 11/12, 827-842. – Bonn (Selbstverl. des Bundesamtes für Bauwesen und Raumordnung).

FAAG (1985): Stadtentwicklung für die 90er Jahre. Beispiel Frankfurt am Main. Sonderdruck zum Geschäftsbericht 1984 der FAAG Frankfurter Aufbau AG. – Frankfurt am Main.

FLICH, UWE (1999): Qualitative Sozialforschung. – Reinbek (Rowohlt).

Frankfurter Verein für Geschichte und Landeskunde e.V. (2005): Stadt am Fluß – Frankfurt und der Main. – Frankfurt am Main (Waldemar Kramer).

FRIEDRICHS, JÜRGEN (1985): Methoden empirischer Sozialforschung. – Opladen (Westdeutscher Verlag).

GANSER, KARL (1990): Public Private Partnership. Redutkion des politischen Handlungsspielraums? – In: SWOBODA, HANNES (Hrsg.) (1990): Wien, Identität und Stadtgestalt. k. A.-Wien, Köln (Böhlau).

GANSER, KARL (1991): Die Zukunft der Städte. – Baden-Baden (Nomos).

GIDDENS, ANTHONY (1988): Die Konstitution der Gesellschaft: Grundzüge einer Theorie der Strukturierung. – Frankfurt, New York (Campus).

GIDDENS, ANTHONY (1997): Die Konstitution der Gesellschaft. – Frankfurt / New York (Campus).

GIESEN, BERNHARD (1993): Die Konflikttheorie. – In: ENDRUWEIT, GÜNTER (Hrsg.) (1993): Moderne Theorien der Soziologie. Strukturell-funktionale Theorie, Konflikttheorie, Verhaltenstheorie. 87-134. – Stuttgart (Enke).

HEINZ, WERNER (1993): Public Private Partnership – ein neuer Weg zur Stadtentwicklung? = Schriften des Deutschen Instituts für Urbanistik, H. 87. – Stuttgart, Berlin (Dt. Gemeindeverlag).

HEINZ, WERNER (1998): Public Private Partnership. – In: Archiv für Kommunalwissenschaften, H. II, 210-239. – Stuttgart (Kohlhammer).

HELMS, HANS G. (1992): Die Stadt als Gabentisch. Beobachtungen der aktuellen Stadtentwicklung. – Leipzig (Reclam).

HENKEL, D., NOPPER, E. & KNOPF (1985): Brache und Regionalstruktur: Gewerbebrache – Wiedernutzung – Umnutzung. – eine Bestandsaufnahme. – Berlin (Difu).

HILLMANN, KARL-HEINZ (1994): Wörterbuch der Soziologie. Stuttgart (Kröner).

HÖHMANN, MARTIN (1999): Flächenrecycling als raumwirksame Interaktion. = Kölner Geographische Arbeiten, H. 71. – Köln (Geographisches Institut der Universität zu Köln).

HÖHMANN, MARTIN (2000): Raumbezogene Konfliktforschung auf der lokalen Ebene – Das Beispiel Flächenrecycling in Köln. – In: Berichte zur deutschen Landeskunde, H. Bd. 74, H.1, 11-29. – Meisenheim (Hain).

HUNSCHER, MARTIN (o. J.): Organigramm zur Entwicklung des Geländes des alten Schlachthofes. Ragtime-Datei. Unveröffentlicht.

IHK Frankfurt am Main (1990): Zur Entwicklung der Industrie in Frankfurt am Main 1981 – 1988.

ILS (1984): Flächenverbrauch und Wiedernutzung von Brachflächen. – Dortmund (wazdruck).

Institut für Kulturgeographie, Stadt- und Regionalforschung (2000): Regionalatlas Rhein-Main. Natur – Gesellschaft – Wirtschaft. = Rhein-Mainische Forschungen, H. 120. Frankfurt am Main (Main).

JUCKEL, LOTHAR & PRAECKEL, DIETRICH (1996): Stadtgestalt Frankfurt: Speers Beiträge zur Stadtentwicklung am Main 1964 – 1995. – Stuttgart (Deutsche Verlags-Anstalt GmbH).

KIRSCH, D. (1996): Public Private Partnership: eine empirische Untersuchung der kooperativen Handlungsstrategien in Projekten der Flächenreschließung und Immobilienentwicklung. – Köln (Müller).

KÖRNER, ACHIM (1995): Zur Entwicklung des vorhandenen Sozialmietwohnungsbestandes (1. Förderweg) 1990 bis 2010 in Frankfurt am Main. – unveröffentlichte Diplomarbeit.

KRÄTKE, STEFAN (1991): Strukturwandel der Städte. Städtesystem und Grundstücksmarkt in der post-fordistischen Ära. – Frankfurt am Main/New York (Campus).

KRÄTKE, STEFAN (1995): Stadt, Raum, Ökonomie – Eine Einführung in aktuelle Problemfelder der Stadtökonomie und Wirtschaftsgeographie. – Basel (Birkhäuser Verlag).

KRÄTKE, STEFAN (2001): Institutionelle Ordnung und soziales Kapital der Wirtschaftsregionen: zur Bedeutung von Raumbindungen im Kontext der Globalisierung. – In: Geographische Zeitschrift, H. 2+3, 144-164. – Wiesbaden/Stuttgart (Franz Steiner Verlag).

LAMNEK, SIEGFRIED (1995): Qualitative Sozialforschung Band 2: Methoden und Techniken. – Weinheim (Beltz PsychologieVerlagsUnion).

Landesbausparkasse Hessen-Thüringen (1995): Der Wohnungsmarkt in Hessen: Stadt Frankfurt am Main. – Hannover.

LANGHAGEN-ROHRBACH, CHRISTIAN (2003): Räumliche Planung in Deutschland und der Schweiz im Vergleich. = Rhein-Mainische Forschungen, H. 123. – Frankfurt (Selbstverlag "Rhein-Mainische Forschung").

LANZ, STEPHAN (1996): Demokratische Stadtplanung in der Postmoderene. = Wahrnehmungsgeographische Studien zur Regionalentwicklung, H. 15. – Oldenburg (bis-Verlag).

LAUMANN, WILHELM (1984): Handlungsspielräume in der kommunalen Wohnungspolitik: Methoden und Konzepte zur Analyse der Problemlösungsfähigkeit des kommunalen Steuerungssystems. – In: AFHELDT, HEIKE (Hrsg.) (1984): Werkzeuge qualitativer Stadtforschung. 65-82. – Gerlingen (Bleicher).

Magistrat der Stadt Frankfurt am Main (1968): Protkoll-Auszug der Stadtverordneten-Versammlung Frankfurt am Main. – Frankfurt am Main.

Magistrat der Stadt Frankfurt am Main (1990): Beschluß der Stadtverordnetenversammlung Nr. 5262 vom 15. November 1990. Frankfurt am Main.

Magistrat der Stadt Frankfurt am Main (1994): Wohnungsbericht 1990-1993. – Frankfurt am Main.

Magistrat der Stadt Frankfurt am Main – Amt für Kommunale Gesamtentwicklung und Stadtplanung (1995): Bericht zur Stadtentwicklung Frankfurt am Main 1995. – Frankfurt (Magistrat der Stadt Frankfurt am Main).

Magistrat der Stadt Frankfurt am Main – Stadtkämmerei (1995): Frankfurt am Main – Die Metropole stärken. – Frankfurt am Main.

MAYRING, PHILIPP (1995): Qualitative Inhaltsanalyse. In: FLICK, UWE & KARDORFF, VON ERNST, KEUPP, HEINER, ROSENSTIEL VON, LUTZ & WOLFF, STEPHAN (Hrsg.) (1995): Handbuch Qualitative Sozialforschung: Grundlagen, Konzepte, Methoden und Anwendungen. 209-212. – Weinheim (Beltz).

MAYRING, PHILIPP (2002): Einführung in die qualitative Sozialforschung. – Basel/Weinheim (Beltz).

MAYRING, PHILIPP (2003): Qualitative Inhaltsanalyse. – Basel/Weinheim (Beltz).

MEUSBURGER, PETER (1999): Subjekt – Organisation – Region. Fragen an die subjektzentrierte Handlungstheorie. – In: Erdkundliches Wissen, H. 130: 95-132. – Stuttgart (Steiner).

MEUSER, MICHAEL & NAGEL, ULRIKE (1991): ExpertInneninterviews – vielfach erprobt, wenig bedacht. Ein Beitrag zur qualitativen Methodendiskussion. – In: GARZ, DETLEV & KRAIMER, KLAUS (Hrsg.) (1991): Qualitativ-empirische Sozialforschung: Konzepte, Methoden, Analysen. 441-471. – Opladen (Westdeutscher Verlag).

MEUSER, MICHAEL & NAGEL, ULRIKE (2003): Das ExpertInneninterview-Wissenssoziologische Voraussetzungen und methodische Durchführung. – In: FRIEBERTSHÄUSER, BARBARA & PRENGEL, ANNEDORE (Hrsg.) (2003): Handbuch Qualitative Forschungsmethoden in der Erziehungswissenschaft. 481-491. – München/Weinheim (Juventa).

MÜLLER-RAEMISCH, HANS-REIMER (1996): Frankfurt am Main: Stadtentwicklung und Planungsgeschichte seit 1945. – Frankfurt am Main, New York (Kramer).

N.N. (2002): Flächenrecycling. – In: BRUNOTTE, ERNST, GEBHARDT, HANS, MEURER, MANFRED, MEUSBURGER, PETER UND NIPPER, JOSEF (Hrsg.) (2002): Lexikon der Geographie. Bd. 1. 383-Heidelberg, Berlin (Spektrum Akademischer Verlag).

NOLLER, PETER (1994): Stadt-Welt. = Zukunft des Städtischen, H. 6. – Frankfurt (Campus).

NOLLER, PETER & RONNEBERGER, KLAUS (1995): Die neue Dienstleistungsstadt. Berufsmilieus in Frankfurt am Main. – Frankfurt am Main/New York (Campus).

ODENAHL, RONALD (1994): Truppenreduzierungen und Stadtentwicklung – Zielvorstellungen, Massnahmen und Instrumente im Zusammenhang mit der Umnutzung aufgelassener Militärliegenschaften, erläutert am Beispiel der Städte Diez, Giessen und Frankfurt am Main. = Materialien, H. 16. – Frankfurt am Main (Institut für Kulturgeographie, Stadt- und Regionalforschung).

OSSENBRÜGGE, JÜRGEN (1983): Politische Geographie als räumliche Konfliktforschung. = Hamburger Geographische Studien, H. 40. – Hamburg.

OSSENBRÜGGE, JÜRGEN (1984): Zwischen Lokalpolitik, Regionalismus und internationalen Konflikten: Neuentwicklungen in der anglo-amerikanischen politischen Geographie. – In: Geographische Zeitschrift, H. 1, 22-33. – Stuttgart (Franz Steiner Verlag Wiesbaden GmbH).

PETERS, PAULHANS (1997): AS & P, Albert Speer & Partner: Planen und Bauen. – Basel, Berlin, Boston (Birkhäuser).

Philipp Holzmann Bauprojekt AG (o. J.): Die Adlerwerke in Frankfurt am Main. – Frankfurt.

POHL, JÜRGEN (1998): Qualitative Verfahren. – In: Akademie für Raumforschung und Landesplanung (ARL) (Hrsg.) (1998): Methoden und Instrumente räumlicher Planung. 95-112. – Braunschweig (VSB).

PRIEBS, AXEL (1997): Die Stadtregion als Verwaltungs- und Planungseinheit. Erfahrungen, aktuelle Herausforderungen und Perspektiven für die Region Hannover. – In: Arbeitsmaterialen des Zentralinstituts für Raumplanung und Umweltforschung, H. 11, 5-32. – München (TU München).

PRIEBS, AXEL (1999): Die Region – notwendige Planungs- und Handlungsebene in Verdichtungsräumen. Erfahrungen und Perspektiven im Großraum Hannover. – In: Rhein-Mainische Forschung, H. 116, 11-33. – Frankfurt (KSR).

RAMB, HANS (1996): Motive der aus Frankfurt am Main wegziehenden Haushalte: Ergebnisse einer Wegzugsbefragung. – In: Frankfurter Statistische Berichte, H. 4, Jg. 58, 265-275. – Frankfurt am Main (Amt für Statistik).

REUBER, PAUL(1996): Gemeindegebietsreform und Zentralität: Lokale Entscheidungskonflikte und ihre räumlichen Folgen. – In: Berichte zur deutschen Landeskunde, H. 2 / 70, 503-521. – Trier.

REUBER, PAUL (1999): Raumbezogene Politische Konflikte: Geographische Konfliktforschung am Beispiel der Gemeindegebietsreform. = Erdkundliches Wissen, H. 131. – Stuttgart (Steiner).

ROGGENCAMP, SIBYLLE (1999): Public Private Partnership: Entstehung und Funktionsweise kooperativer Arrangements zwischen öffentlichem Sektor und Privatwirtschaft. – Frankfurt am Main (Lang).

SASSEN, SASKIA (2000): Die "Global City". Einführung in ein Konzept und seine Geschichte. – In: Mitteilungen der Österreichischen Geographischen Gesellschaft, H. 142, 193-214. – Wien (Österreichische Geographische Gesellschaft).

SCHELLER, JENS (1998): Rhein-Main. Eine Region auf dem Weg zur politischen Existenz. = Materialien, H. 25. – Frankfurt (KSR).

SCHELLER, JENS & WOLF, KLAUS (2000): Lokale Agenda 21 in Frankfurt am Main. Ein Evaluationsbericht. = Materialien, H. 28. – Frankfurt am Main (Inst. für Kulturgeographie, Stadt- und Regionalforschung).

SCHELTE, JEANNETTE (1999): Räumlich-struktureller Wandel in Innenstädten. Moderne Entwicklungsansätze für ehemalige Gewerbe- und Verkehrsflächen. – Dortmund (IRPUD).

SCHEMBS, HANS-OTTO (2000): Sachsenhausen. Von 1806 bis zur Gegenwart. – Frankfurt am Main (Frankfurter Sparkasse).

SCHMID, ALFONS & WEINBÖRNER, ANDREAS (1996): Wohnungsreport Frankfurt am Main. = IWAK-Berichte, H. 1. – Frankfurt am Main (Selbstverlag).

SCHMID, HEIKO (2002): Der Wiederaufbau des Beiruter Stadtzentrums. Ein Beitrag zur handlungsorientierten politisch-geographischen Konfliktforschung. – Heidelberg (Geograph. Inst. der Univ.).

SCHNELL, RAINER, HILL, PAUL B. & ESSER, ELKE (1999): Methoden der empirischen Sozialforschung. – München (Oldenbourg Verlag).

SCHÜTZ, ALFRED (1972): Der gut informierte Bürger. – In: BRODERSON, ARVID (Hrsg.) (1972): Gesammelte Aufsätze: Studien zur soziologischen Theorie. 85-101. – Den Haag (Nijhoff).

SELLE, KLAUS (1996): Was ist bloß mit der Planung los? Erkundungen auf dem Weg zum kooperativen Handeln – Ein Werkbuch. = Dortmunder Beiträge zur Raumplanung, H. 69. – Dortmund (Institut für Raumplanung Universität Dortmund).

SIEVERTS, THOMAS (1991): IBA Emscher Park: Zukunftswerkstatt für Industrieregionen. – Köln (Müller).

SIEVERTS, THOMAS (1998): Zwischenstadt. – Braunschweig/ Wiesbaden (Friedrich Vierweg & Sohn Verlagsgesellschaft GmbH).

SÖFKER, WILHELM (2004): Baugesetzbuch. – 36. Auflage. München (Beck Texte im DTV).

SPRONDEL, WALTER M. (1979): Experte und Laie: Zur Entwicklung von Typenbefriffen in der Wissenssoziologie. – In: SPRONDEL, WALTER M. & GRATHOFF, R. (Hrsg.) (1979): Alfred Schütz und die Idee des Alltags in den Sozialwissenschaften. 104-154. – Stuttgart (Enke).

Stadt Frankfurt am Main (1990a): Neues Wohnen im Stadtviertel Alter Schlachthof. Ergebnisse des städte- und wohnungsbaulichen Wettbewerb. – Frankfurt.

Stadt Frankfurt am Main (1991a): Wohnungsbauwettbewerb Deutschherrnufer: Ergebnis des Architekten-Wettbewerbs zur Gestaltung von elf Einzelhäusern am Main. Strohbach GmbH. – Frankfurt.

Stadt Frankfurt am Main – Amt für Kommunale Gesamtentwicklung und Stadtplanung (1994a): Bebauungsplan Nr. 691 – Stadtviertel Alter Schlachthof. Frankfurt. – Frankfurt am Main.

Stadt Frankfurt am Main – Amt für Kommunale Gesamtentwicklung und Stadtplanung (1994b): Begründung zum Bebauungsplan Nr. 691 – Stadtviertel Alter Schlachthof. Frankfurt. – Frankfurt am Main.

Stadt Frankfurt am Main – Amt für Kommunale Gesamtentwicklung und Stadtplanung (1992b): Leitplan Wohnen 1992: Bericht zum Instrumentarium der Wohnungsbauförderung. – Frankfurt am Main.

Stadt Frankfurt am Main – Amt für Kommunale Gesamtentwicklung und Stadtplanung (1992a): Stadtraum Main. Abschlussbericht des Consiliums 1990-1992. – Frankfurt am Main (Hassmüller).

Stadt Frankfurt am Main – Amt für Kommunale Gesamtentwicklung und Stadtplanung (1988): Wohnen im Westend – Arbeiten an der Mainzer Landstraße. – Frankfurt am Main.

Stadt Frankfurt am Main – Amt für Statistik, Wahlen und Einwohnerwesen (1992a): Gebäude und Wohnungen in Frankfurt am Main. Strukturdaten der Gebäude- und Wohnungszählung vom 25. Mai 1987 – nach Ortsteilen und Stadtbezirken. = Frankfurter statistische Berichte / Sonderheft, H. 54. – Frankfurt am Main (Amt für Statistik, Wahlen und Einwohnerwesen).

Stadt Frankfurt am Main – Amt für Statistik, Wahlen und Einwohnerwesen (1992b): Gebäude- und Wohnungen in Frankfurt am Main. = Frankfurter Statistische Berichte, H. 54. – Frankfurt am Main.

Stadt Frankfurt am Main – Amt für Statistik, Wahlen und Einwohnerwesen (1995): Statistisches Jahrbuch Frankfurt am Main. Frankfurt am Main.

Stadt Frankfurt am Main – Bürgeramt, Statistik und Wahlen (1992): Statistisches Jahrbuch der Stadt Frankfurt am Main 1992. – Frankfurt. Frankfurt am Main.

Stadt Frankfurt am Main – Bürgeramt, Statistik und Wahlen (1995): Statistisches Jahrbuch der Stadt Frankfurt am Main 1995. – Frankfurt. Frankfurt am Main.

Stadt Frankfurt am Main – Bürgeramt, Statistik und Wahlen (1996): Statistisches Jahrbuch der Stadt Frankfurt am Main 1996. – Frankfurt. Frankfurt am Main.

Stadt Frankfurt am Main – Bürgeramt, Statistik und Wahlen (1997): Statistisches Jahrbuch der Stadt Frankfurt am Main 1997. – Frankfurt. Frankfurt am Main.

Stadt Frankfurt am Main – Bürgeramt, Statistik und Wahlen (1999): Statistisches Jahrbuch der Stadt Frankfurt am Main 1999. – Frankfurt. Frankfurt am Main.

Stadt Frankfurt am Main – Bürgeramt, Statistik und Wahlen (2000): Statistisches Jahrbuch der Stadt Frankfurt am Main 2000. – Frankfurt. Frankfurt am Main.

Stadt Frankfurt am Main – Bürgeramt, Statistik und Wahlen (2001): Statistisches Jahrbuch der Stadt Frankfurt am Main 2001. – Frankfurt. Frankfurt am Main.

Stadt Frankfurt am Main – Bürgeramt, Statistik und Wahlen (2002): Statistisches Jahrbuch der Stadt Frankfurt am Main 2002. – Frankfurt. Frankfurt am Main.

Stadt Frankfurt am Main – Bürgeramt, Statistik und Wahlen (2003): Statistisches Jahrbuch der Stadt Frankfurt am Main 2003. – Frankfurt. Frankfurt am Main.

Stadt Frankfurt am Main – Bürgeramt, Statistik und Wahlen (2004): Statistisches Jahrbuch der Stadt Frankfurt am Main 2004. – Frankfurt. Frankfurt am Main.

Stadt Frankfurt am Main - Dezernat Planung (1990): Objektliste Nr. 131. Bauvorhaben Büro- und Wohnungsprojekt Galluspark. – Frankfurt am Main.

Stadt Frankfurt am Main - Dezernat Planung (1992): Objektliste Nr. 140. Bauvorhaben Galluspark II. Büro- und Wohnungsprojekt. – Frankfurt am Main.

Statistisches Bundesamt (1992): Statistisches Jahrbuch 1992 für die Bundesrepublik Deutschland. – Wiesbaden (Metzler-Poeschel).

Statistisches Bundesamt (2004): Statistisches Jahrbuch 2004 für die Bundesrepublik Deutschland. – Wiesbaden (Metzler-Poeschel).

Statistisches Bundesamt (2000): 50 Jahre Wohnen in Deutschland. Ergebnisse aus Gebäude- und Wohnungszählungen, -stichproben, Mikrozensus-Ergänzungserhebungen und Bautätigkeitsstatistiken. – Stuttgart (Metzler-Poeschel).

Statistisches Landesamt Hessen (1986): Hessische Gemeindestatistik 1986. – Wiesbaden (HSL).

Statistisches Landesamt Hessen (1992): Hessische Gemeindestatistik 1992. – Wiesbaden (HSL).

Statistisches Landesamt Hessen (1993): Hessische Gemeindestatistik 1993. – Wiesbaden (HSL).

Statistisches Landesamt Hessen (1996): Hessische Gemeindestatistik 1996. – Wiesbaden (HSL).

Statistisches Landesamt Hessen (2003): Hessische Gemeindestatistik 2003. – Wiesbaden (HSL).

STRATMANN, BERNHARD (1999): Stadtentwicklung in globalen Zeiten. Lokale Strategien, städtische Lebensqualität und Globalisierung. – Basel, Boston, Berlin.

STRUBELT, WENDELIN (1999): Projektorientierte Planung: Das Beispiel IBA Emscher Park. = Informationen zur Raumentwicklung, H. 3/4. – Bonn (BBR).

THARUN, ELKE (1986): Stadtentwicklungspolitische Probleme von Binnenhäfen – das Beispiel der öffentlichen Frankfurter Häfen. – In: Berichte zur deutschen Landeskunde, H. 60/2, 289-318. – Trier (Selbstverlag des Zentralausschuß für deutsche Landeskunde e.V.).

THARUN, ELKE (2000): Strukturwandel im Frankfurter Ostend (Stadtbezirk 261). – Frankfurt.

THARUN, ELKE & UNTERWERNER, PETRA (1993): Transformationsprozesse in innerstadtnahen Industrie- und Arbeitsvierteln – Das Beispiel des Frankfurter Gallusviertels. – In: Frankfurter Beiträge zur Didaktik der Geographie, H. 13, 304-315. – Frankfurt am Main (Selbstverlag des Instituts für Didaktik der Geographie).

THEISS, ALEXANDER (2002): Konversion des ehemaligen Schlachthofgeländes in Frankfurt am Main zum Wohn- und Arbeitsquartier Deutschherrenviertel – Ein Großprojekt mit Vorbildcharakter für städtebauliche Vorhaben? – Frankfurt am Main (unveröffentlichte Diplomarbeit).

Tom Bock Kommunikation (1999): Computersimulation Deutschherrnviertel. Unveröffentlicht.

TOMERIUS, STEFAN UND PREUß, THOMAS (2001): Flächenrecycling als kommunale Aufgabe. – Berlin.

Umweltbundesamt (2000): Handlungsempfehlung für ein effektives Flächenrecycling. = Texte Umweltbundesamt, H. 10/00. – Berlin (Umweltbundesamt).

WENTZ, MARTIN (1995b): Perspektiven der Stadtentwicklung durch Public Private Partnership – Anforderungen und Modelle in Frankfurt am Main. – In: HEWEL, BRIGITTE (Hrsg.) (1995b): Verwaltung reformieren. 60-64. – Frankfurt am Main (Fachhochschulverlag Frankfurt am Main).

WENTZ, MARTIN (1995c): Sozialer Wandel und Planungskultur. – In: Wohnraumbeschaffungsinitiative Gutleut WBIG (Hrsg.) (1995c): Handlungs-möglichkeiten im Frankfurter Wohnungsbereich. Alternativen zur Politik in Frankfurt. 11-16. – Frankfurt am Main (Selbstverlag).

WENTZ, MARTIN (Hrsg.) (1995d): Wohnen in Frankfurt am Main: Wohnformen, Quartiere und Städtebau im Wandel der Zeit . -In: Zukunft des Städtischen, Bd. 8. – Frankfurt am Main (Campus).

WENTZ, MARTIN (Hrsg.)(1991): Stadtplanung in Frankfurt: Wohnen, Arbeiten, Verkehr. Die Zukunft des Städtischen. Bd. 1. – Frankfurt am Main, New York (Campus).

WENTZ, MARTIN (Hrsg.) (1993): Die Zukunft des Städtischen. Bd. 4: Wohn-Stadt. – Frankfurt am Main, New York (Campus).

WENTZ, MARTIN (Hrsg.) (1993): Wohn-Stadt. – Die Zukunft des Städtischen. Bd. 4. – Frankfurt am Main, New York (Campus).

WENTZ, MARTIN (Hrsg.) (1998): Die Zukunft des Städtischen. Bd. 10: Neuer Wohnungsbau: Frankfurter Projekte. – Frankfurt am Main, New York (Campus).

WERLEN, BENNO (1987): Gesellschaft, Handlung und Raum: Grundlagen handlungstheoretischer Sozialgeographie. = Erdkundliches Wissen, H. 89. – Stuttgart (Steiner).

WERLEN, BENNO (1995): Sozialgeographie alltäglicher Regionalisierungen. Bd. 1: Zur Ontologie von Gesellschaft und Raum. = Erdkundliches Wissen, H. 116. – Stuttgart (Steiner).

WERLEN, BENNO (1997): Sozialgeographie alltäglicher Regionalisierungen. Bd. 2: Globalisierung, Region und Regionalisierung. = Erdkundliches Wissen, H. 119. – Stuttgart (Steiner).

WERLEN, BENNO (1998): Thesen zur handlungstheoretischen Neuorientierung sozialgeographischer Forschungen. – In: Jenaer Geographische Manuskripte, H. 18, 85-102. – Jena (Selbstverlag des Instituts für Geographie zu Jena).

WERLEN, BENNO (1999): Handlungszentrierte Sozialgeographie. Replik auf die Kritiken. – In: Erdkundliches Wissen, H. 130, 247-268. – Stuttgart (Steiner).

WERLEN, BENNO (2000): Sozialgeographie: Eine Einführung. – Bern, Stuttgart, Wien (UTB).

WESSEL, KARIN (1996): Empirisches Arbeiten in der Wirtschafts- und Sozialgeographie. – Paderborn (Schöningh).

Westhafen Projektentwicklungs-GmbH (o. J.): Der Westhafen Frankfurt am Main. Bürgerinformation. – Frankfurt.

Westhafen Projektentwicklungs-GmbH (2002): Der Westhafen nimmt Konturen an. Bürgerinformation. – Frankfurt.

Westhafeninitiative (WHI) (1995): Pressemitteilung der Westhafeninitiative zur Sitzung des OBR 1. – Frankfurt.

WIEGANDT, CLAUS-CHRISITAN (1997): Stadtumbau auf Brachflächen – damit es zukünftig nicht mehr 100 Fußballfelder am Tag sind. – In: Informationen zur Raumentwicklung, H. 8./9., 621-642. – Bonn (BFLR).

WIEGANDT, CLAUS-CHRISITAN (2003): Flächeninanspruchnahme trotz Leerstand. Herausforderungen an die Stadtentwicklung in Deutschland. – In: Rhein-Mainische Forschungen, H. 124, 123-136. – Frankfurt am Main (Selbstverlag).

Wohnraumbeschaffungsinitiative Gutleut Wobig (1995): Westhafen: Presse- und Informationsmappe 1994/95. – Frankfurt.

WOLF, KLAUS (1989a): Entscheidungsstränge für die Stadtentwicklung in der Dienstleistungsgesellschaft. – In: Bochumer Geographische Arbeiten, H. 50, 73-78. – Bochum (Geographisches Institut der Ruhr-Universität Bochum).

WOLF, KLAUS (1989b): Stadt und Region. Entwicklungstendenzen am Ende der achtziger Jahre. – In: Heidelberger Geographische Arbeiten, H. 85, 33-46. – Heidelberg (Selbstverlag des Geographischen Institutes der Universität Heidelberg).

WOLF, KLAUS (1990): Entwicklungstendenzen der Wirtschaft in der Rhein-Main-Region. – In: Rhein-Mainische Forschungen, H. 107, 25-58. – Frankfurt (KSR).

WOLF, KLAUS (1994): Internationalisierung und städtischer Wandel – Beobachtungen in Deutschland. – In: Acta Geographica Lovaniensia, H. 34, 273-276. – Leuven (Geografisch Instituut).

WOLF, KLAUS (1997): Der Beitrag der Geographie zu Raumforschung und Raumordnung. – In: DELA Socialnogeografski Problemi, H. 12, 95-100. – Ljubljana.

WOLF, KLAUS (1999): Globalisierung und Regionalisierung – Neue Herausforderungen an die geographische Stadtforschung. – In: DELA, H. 14, 91-97. – Ljubljana (Department of Geography).

WOLF, KLAUS (2001): Frankfurt am Main – eine Dokumentation. – In: Rhein-Mainische Forschungen, H. 119, 227-312. Frankfurt am Main (KSR).

WOLF, KLAUS (2003): Die Region Rhein-Main im Europa der Regionen. – In: Geographie und Schule, Bd. 25, H. 144, 16-24. Köln (Aulis).

## 9.2 Zeitungsartikel

**Die Welt**

DIE WELT (05. Februar 2004): Wohnen und Arbeiten, Ahoi! Frankfurts Westhafen wird zur Anlegestelle für neue Immobilien – Büros schwer zu vermarkten.

**Frankfurter Allgemeine Zeitung FAZ**

FAZ (26. Januar 1990): Büros neben Wohnungen.

FAZ (19. Januar 1990): Ein Büroturm im Mittelpunkt.

FAZ (14. November 1990): Vergleich über Häuser an der Holzhausenstraße. Wentz im Planungsausschuß "heilfroh" / Streit um Genehmigung beim "Galluspark".

FAZ (19. März 1990): Wentz: Büroturm im Gallus verhindert.

FAZ (06. Februar 1991): Sorgen um die Zukunft des Gallusviertels.

FAZ (04. März 1993): Kommunikationszentrum oder Polizeipräsidium.

FAZ (20. Februar 1993): Neues Quartier am Westhafen nimmt Gestalt an.

FAZ (06. April 1995): Neue Ideen für Westhafenbebauung. Initiative für billige Wohnungen.

FAZ (08. Januar 1998): Sevgi baut in Frankfurt eine türkisch-deutsche Klinik.

FAZ (16. Februar 1999): Leben am Fluß zwischen Büros und Bootsanlegeplatz.

FAZ (16. Juni 2002): Frankfurt erorbert den Main.

FAZ (06. Juli 2004): "Maintriangel"-Bau wird wieder aufgenommen.

**Frankfurter Neue Presse FRNP**

FRNP (26. Januar 1990): 500 Wohnungen sollen Stadt das Ja erleichtern.

FRNP (31. Januar 1995): Westhafenprojekt: Wurde Gutachten verschwiegen? Anwohner werfen der Stadt Geheimniskrämerei vor.

FRNP (27. Februar 1997): Investoren zögern beim Deutschherrnviertel.

FRNP (29. April 2004): Wohnungen als Alternative zur Schule.

**Frankfurter Rundschau FR**

FR (07. August 1981): Die Pläne sind noch nicht geschlachtet.

FR (09. Oktober 1981): Schlachthof kompakt, aber am alten Ort.

FR (26. Januar 1989): Die CDU entdeckt den Main.

FR (01. August 1989): Gutachten befürwortet Aufgabe des Westhafens.

FR (15. Februar 1990): Gallus: Wentz verspricht Schutz vor Spekulanten.

FR (18. Januar 1990): Grundstück im Gallus verkauft.

FR (10. November 1990): Offene Fragen zum Gallus-Park. Einvernehmen über Großprojekt wird offenbar überschätzt.

FR (16. November 1991): Erhaltungsatzung soll Strukturwandel im Gallus aufhalten.

FR (26. März 1992): Erhaltungssatzung für das Gallus?

FR (21. Dezember 1992): Sportyachten verdrängen Kohlekähne.

FR (28. Februar 1994): Bürger und Investoren am "Runden Tisch".

FR (29. Juni 1995): Chance zur Diskussion verspielt.

FR (13. April 1995): Initiative nennt Konzept "sozial unverträglich".

FR (02. November 1996): SPD: Campanile-Diskussion nioch nicht beendet.

FR (14. November 1997): Nimsch sieht keinen Bedarf für türkische Klinik.

FR (27. August 1998): Vom Balkon den Schiffen auf dem Fluß zuwinken. Die Westhafen Projektentwicklungsgesellschaft will am Main Wohnungen und Büros bauen.

FR (20. Mai 1999): "Eliteviertel am Fluß" oder eine "Vision"?

FR (10. November 1999): Keine Gefahr für Rebstock und Westhafen. Aber: Holzmann-Krise kostet Jobs im Rhein-Main-Gebiet.

FR (07. Oktober 2000): Das Ende der letzten Stahl-Dinosaurier naht. Abschied vom Westhafen: Wohnungen und Büros ersetzen bald die kaum noch belebten Lagerhallen, in deren Schatten längst der Verfall regiert.

FR (05. Dezember 2001): "Gallus-Park" soll weiter wachsen.

FR (01. Juni 2001): Daheim im Förder-Viertel: Studenten und junge Unternehmer entdecken das ehemalige Arbeiterviertel als günstige Adresse.

FR (23. August 2001): Das Projekt "Soziale Stadt" greift fürs Gallus.

FR (22. November 2001): So "sozial" soll das Gallus werden.

FR (01. Juli 2004): Keine Schule im Westhafen.

FR (02. Juni 2004): Sparprogramm: Stadt verzichtet auf Schulbau im Westhafen.

FR (30. Juni 2004): Stadt: Vertrag für IKEA-Markt wird 2004 unterschrieben.

FR (19. Mai 2005): "Little Soho" am Deutschherrenufer. Bauherr Tom Bock stellt ein Wohn- und Geschäftskarree vor, das London und New York nachahmen soll.

FR (24. Juni 2005): Bauern bangen um Frankfurts letzte Äcker.

**Offenbach Post OFP**

OFP (25. Oktober 1989): Setzt Wohnungsnot dem Hafenbetrieb ein Ende?

OFP (07. Dezember 1990): Industriejobs in Frankfurt nehmen ab.

**Süddeutsche Zeitung SZ**

SZ (23. Oktober 1996): Der Stadtentwicklungsplan – pragmatisches Management statt großer Visionen. Das Kursbuch fürs nächste Jahrtausend.

## 9.3  Internetquellen und Graue Literatur

ACKERMANN, FRIEDHELM (2001): Experte? Laie? Dilettant? – Modifikation der Auswertung von ExpertInneninterviews nach Meuser/Nagel. – Abgerufen am 30. Juni 2003. www.qualitative-sozialforschung.de/experte.htm.

Adler-AG (2004): Historie der Adlerwerke vorm. Heinrich Kleyer AG. – Abgerufen am 09. Juni 2004. http://www.adler-ag.de/cms/adler/de/unserunternehmen/historie/historie_adler.html.

BMU (2004): Handlungsempfehlung für ein effektives Flächenrecycling. – Abgerufen am 30. April 2004. http://www.umweltbundesamt.de/altlast/web1/berichte/recycl/recycl-1.html.

Bundesministerium der Verteidigung (2005): Stärke der Streitkräfte. – Abgerufen am 7. September 2005. http://www.bundeswehr.de/C1256EF4002AED30/CurrentBaseLink/N264HU9R434MMISDE

Bundestransferstelle „Soziale Stadt" (2004): Frankfurt am Main. Gallusviertel. – Abgerufen am 17. Juni 2004. http://www.sozialestadt.de/gebiete/gebietAnzeige.php?id=303.

Frankfurter Rundschau Online (2005): "Große Stadtreparatur" mit Riesenbaustelle. – Abgerufen am 1. Juni 2005. http://www.fr-aktuell.de/uebersicht/alle_dossiers /regional/baustelle_frankfurt/technisches_rathaus/?cnt=622845.

GÖTZ, PETER (2005): Globale Verantwortung vor Ort: Strategien einer Politik für nachhaltige Entwicklung. – Abgerufen am 2. Juni 2005. http://www1.kas.de/publikationen/1999/kommunikation/stadt_goetz.html.

HR-Online.de (2005): Rekord-Leerstand bei Büroflächen. – Abgerufen am 1. Juni 2005. http://www.hr-online.de/website/tools/printsite.jsp?key=standard_document_4033972&rubrik=5710&srubrik=1987&ivw=rubriken%2Fnachrichten%2FMeldungen%2Fstandard_document_4033972.

IHK Frankfurt am Main (2004): Frankfurter Hafen. Güterverkehrsknoten für Produkte aus aller Welt. – Abgerufen am 25. Mai 2004. http://www.frankfurt-main.ihk.de/presse/ihk-wirtschaftsforum/2003/0311/hafen/.

Institut für Stadtgeschichte der Stadt Frankfurt am Main (2004): Frankfurter Wirtschaftsarchiv. – Abgerufen am 09. Juni 2004. http://www.stadtgeschichte-ffm.de/abteilungen/abteilung_3/03701inhalt.htm.

JEKEL, THOMAS (2001): Neue sozio-ökonomischen Rahmenbedinungen raumbezogener Planung oder: Wozu eine Aufwertung der regionalen Planungsebene. – www.geo.sbg.ac.at/lv/jekel/jekel.htm.

KNOCHE, JOACHIM. P. (2003): Flächenrecycling von Altstandorten. – Abgerufen am 25. Mai 2003. http://hometown.aol.com/doktorknoche/Recycling.htm.

SCHÖN & LOPEZ SCHMITT GMBH (2005): Frankfurter Immobilienreport Ausgabe 27. – Abgerufen am 1. Juni 2005. http://www.ffm-immobilien.de/deutsch/fir/FIR27.pdf.

SCHRENK, V. (2005): Recycling von Gewerbe- und Industriebrachen. – Abgerufen am 25. Mai 2005. http://www.iws.uni-stuttgart.de/Sonstiges/FIGURA/start/pdf/Figura200010.pdf.

Stadt Frankfurt am Main (2004a): Ortsbeiräte 1-16. – Abgerufen am 18.Juni 2004. http://www.frankfurt.de/sis/Rathaus.php.

Stadt Frankfurt am Main (2004b): Projekt "soziale Stadt Gallusviertel". – Abgerufen am 17. Juni 2004. http://www.frankfurt.de/sis/sis/detail.php?id=90338.

Stadt Frankfurt am Main – Bürgeramt, Statistik und Wahlen (2004a): Frankfurter Statistik Aktuell (FSA) 2004/12: Einwohnerstand und Einwohnerbewegung in Frankfurt am Main Viertes Quartal 2003. – abgerufen am 29. Juni 2004. http://www.frankfurt.de/sixcms/media.php/2235/12_2003Quartal4.pdf.

Stadt Frankfurt am Main – Bürgeramt, Statistik und Wahlen (2004b): Statistisches Jahrbuch Frankfurt am Main 2003. – abgerufen am 29. Juli 2004. http://www.frankfurt.de/sixcms/media.php/2236/JB_03_K02x.pdf.

# 10 Gesprächspartner

BAIER, ULRICH — Stadtverordneter der Stadt Frankfurt am Main, DIE GRÜNEN, Mitglied des Ausschusses für Planen und Bauen, u. a. zuständig für Ortsbeirat 1 (Bahnhof, Gallus, Gutleut, Innenstadt)

BERGE, DR. THOMAS — Stadt Frankfurt am Main Westhafenprojektentwicklungsgesellschaft

BOCK, TOM — Bock Baukunst Development Group, Frankfurt

HEILMANN, HANS — Ortsvorsteher Ortsbeirat 1 (Bahnhof, Gallus, Gutleut, Innenstadt) der Stadt Frankfurt am Main, Mitglied der Westhafenprojektentwicklungsgesellschaft, SPD

HERMANN, JOHANNES — Pfarrer der evangelischen Hoffnungsgemeinde im Gutleutviertel

HUPE, JÜRGEN — ehemaliger Ortsvorsteher im Ortsbeirat 1 (Bahnhof, Gallus, Gutleut, Innenstadt) der Stadt Frankfurt am Main von 1988-1997, Stadtverordneter seit 1997, ehemaliges Mitglied im Aufsichtsrat der Westhafenprojektentwicklungsgesellschaft, SPD

LANG, HEINZ-GÜNTHER — ehemaliger Geschäftsführer der VEBAU, Geschäftsführer der OFB, Geschäftsführer der Westhafenprojektentwicklungsgesellschaft

LÖFFLER, EDMUND — von 1989 bis 1993 Ortsvorsteher im Ortsbeirat 5 (Niederrad, Oberrad, Sachsenhausen), SPD

MAJER, STEFAN — ehemaliges Mitglied im Aufsichtsrat der Mainuferprojektentwicklungsgesellschaft, Mitglied im Aufsichtsrat der Westhafenprojektentwicklungsgesellschaft, Stadtverordneter der Stadt Frankfurt am Main, Mitglied des Ausschusses für Planen und Bauen, u.a. zuständig für Ortsbeirat 1 (Bahnhof, Gallus, Gutleut, Innenstadt) DIE GRÜNEN

STEINWEDEL, FRAU DR.     Bauingenieurin bei VEBAU

WENTZ, DR. MARTIN     ehemaliger Planungsdezernent der Stadt Frankfurt am Main von 1989 – 2001, SPD

Tab. 12: Interviewpartner und deren Beteiligung an den untersuchten Projekten

| Nr. | Galluspark | Deutschherrenviertel | Westhafen | Termin |
|---|---|---|---|---|
| 1 | | | BERGE | 23.09.2004 |
| 2 | WENTZ | WENTZ | WENTZ | 28.09.2004 |
| 3 | BAIER | BAIER | BAIER | 29.09.2004 |
| 4 | | | HERMANN | 07.10.2004 |
| 5 | STEINWEDEL | | | 12.10.2004 |
| 6 | HEILMANN | | HEILMANN | 22.10.2004 |
| 7 | HUPE | | HUPE | 28.10.2004 |
| 8 | | MAJER | MAJER | 05.11.2004 |
| 9 | | LÖFFLER | | 09.11.2004 |
| 10 | | BOCK | | 30.11.2004 |
| 11 | LANG | | LANG | 21.01.2005 |

Quelle: Eigene Abbildung. Einzelne Gesprächspartner waren an verschiedenen Projekten oder in mehreren Funktionen an den Projekten beteiligt.

# RHEIN-MAINISCHE FORSCHUNGEN

Die vollständige Liste finden Sie unter:
http://www.humangeographie.de/forschung/publikationen/rmf

|  |  |
|---|---|
| 2007 | Band 128: RALF GUTFLEISCH: Sozialräumliche Differenzierung und Typisierung städtischer Räume – Ein Methodenvergleich am Beispiel der Stadt Frankfurt am Main. 195 Seiten, EUR 19,-, ISBN 978-3-923184-34-7 |
| 2007 | Band 127: ROBERT FISCHER: Regionales Corporate Citizenship: gesellschaftlich engagierte Unternehmen in der Metropolregion Frankfurt/Rhein-Main. 150 Seiten, 20 Abb., 14 Tab, EUR 19,-, ISBN 978-3-923184-33-0 |
| 2007 | Band 126: ALEXANDER THEISS: Innerstädtisches Brachflächenrecycling als Ausdruck komplexer gesellschaftlicher und ökonomischer Wandlungsprozesse – Dargestellt an Aushandlungsprozessen dreier Frankfurter Revitalisierungsprojekte. 215 Seiten, 61 Abb., 11 Tab, EUR 26,-, ISBN 978-3-923184-32-3 |
| 2004 | Heft 125: ELKE THARUN, THOMAS BERGE und CHRISTIAN LANGHAGEN-ROHRBACH (Hrsg.): Raumentwicklung und Raumplanung in Europa. Vorträge eines Symposiums in Frankfurt am Main aus Anlass der Emeritierung von Herrn Prof. Dr. Klaus Wolf und des 25-jährigen Bestehens der „Regio-Rhein-Main". 115 Seiten, Normalpreis: EUR 12.-, ISBN 3-923184-31-X |
| 2003 | Heft 124: KLAUS WOLF (Hrsg.): Die Zukunft der Städte. Vorträge eines Kolloquiums in Frankfurt am Main am 22. und 23. Okt. 2002. 216 Seiten, EUR 26,00. ISBN 3-923184-30-1 |
| 2003 | Heft 123: CHRISTIAN LANGHAGEN-ROHRBACH: Räumliche Planung in Deutschland und der Schweiz im Vergleich. Rahmenbedingungen, Akteure und praktische Umsetzung, dargestellt an den Beispielen Europaviertel (Frankfurt am Main) und Zürich West. 233 Seiten, 41 Abb., 2 Tab, EUR 24,-, ISBN 923184-29-9 |
| 2002 | Heft 122: KLAUS WOLF und ELKE THARUN (Hrsg.): Stadt- und Regionalmarketing - Vermarktung von Stadt und Region? (Vorträge eines Symposiums am 9. November 2001. 69 Seiten, EUR 7,00, ISBN 3-923184-28-X |
| 2001 | Heft 121: ARNO SEMMEL: Der oberflächennahe Untergrund in der Rhein-Main-Landschaft. Ein Exkursionsführer. 100 Seiten, 5 Abbildungen, 19 Fotos, EUR 9,00, ISBN 3-923184-27-1 |
| 2000 | Heft 120: RHEIN-MAINISCHE FORSCHUNG (Hrsg.): Regionalatlas Rhein-Main. Natur - Gesellschaft - Wirtschaft. 106 Seiten. ISBN 3-923184-26-3 *Vergriffen* |
| 2001 | Heft 119: KLAUS WOLF und FRANZ SCHYMIK (Hrsg.): 75 Jahre Rhein-Mainische Forschung. 1925-2000. 431 Seiten. EUR 25,00. ISBN 3-923184-25-5 |
| 2000 | Heft 118: KLAUS WOLF und ELKE THARUN (Hrsg.): „Rhein-Main" im Europa der Regionen. (Vorträge eines Symposiums am 17. November 1999). 132 Seiten. EUR 9,20, ISBN 3-923184-24-7 |

Bestellungen richten Sie bitte an

Institut für Humangeographie • J. W. Goethe-Universität
Robert-Mayer-Str. 6-8 • 60325 Frankfurt am Main
Telefon: (069) 798 - 2 24 04/2 35 92 • Fax: (069) 798 - 2 81 73/2 35 48
E-Mail: info@humangeographie.de